中国农产品加工业重点行业研究报告
（2016）

农业部农产品加工局
农业部规划设计研究院　编著

中国农业出版社

图书在版编目（CIP）数据

中国农产品加工业重点行业研究报告 . 2016/农业部农产品加工局，农业部规划设计研究院编著 . 一北京：中国农业出版社，2016.12
ISBN 978 - 7 - 109 - 22540 - 4

Ⅰ.①中… Ⅱ.①农…②农… Ⅲ.①农产品加工—加工工业—研究报告—中国—2016 Ⅳ.①F326.5

中国版本图书馆 CIP 数据核字（2016）第 319230 号

中国农业出版社出版
（北京市朝阳区麦子店街 18 号楼）
（邮政编码 100125）
策划编辑　贾　彬
文字编辑　耿增强

中国农业出版社印刷厂印刷　　新华书店北京发行所发行
2016 年 12 月第 1 版　　2016 年 12 月北京第 1 次印刷

开本：787mm×1092mm 1/16　　印张：13.25
字数：320 千字
定价：68.00 元
（凡本版图书出现印刷、装订错误，请向出版社发行部调换）

中国农产品加工业重点行业研究报告

编 委 会

主　　编：李增杰　程勤阳

副 主 编：冯　伟　李春艳　石汝娟

参编人员(按姓氏拼音排序)：

才新义　段玉权　耿晴晴　霍　颖

李　健　刘春和　聂宇燕　夏　虹

王军莉　赵　威　张思谊　赵　毅

张　鹏　张海燕

前　言

　　农产品加工业一头连着农业和农民、一头连着工业和市民，亦工亦农，既与农业血脉相连，又与工商业密不可分，特别是它带动了上下游关联产业的发展，也形成了众多小微企业，建设了现代农业，惠及了广大农民，繁荣了农村经济。农民热情称其为增收的"稳定器"、新农民的"孵化器"、调结构的"转化器"和三次产业融合的"链接器"。当前和今后一个时期，加大力度，进一步促进农产品加工业快速发展，意义十分重大。2015 年是全面深化改革的关键之年，是全面推进依法治国的开局之年，是"十二五"的收官之年，也是我国经济进入新常态下农业农村经济发展的重要一年。在新常态下，促进农产品加工业发展不仅有利于促进农业提质增效、农民增收、农村繁荣稳定，还有助于推进农村一二三产业融合发展。本书在《国民经济行业分类（GB/T 4754—2011）》标准基础上，对农产品加工业涵盖的行业分类进行了重新界定，以翔实的数据对农产品加工业及其重点行业 2015 年经济运行情况进行了全面和深入的分析；为全面、准确、及时掌握农产品加工业发展趋势及特点，了解重点行业发展动向，反映行业热点、难点问题，制定和完善农产品加工业政策规划提供了依据和重要支撑。

　　本书总共分为 11 个章节，第一章对农产品加工业进行了总体的介绍，主要介绍了农产品加工业经济运行情况、主要产品贸易和价格情况、面临的主要问题及 2015 年的热点事件。第二章到第十章分别对包括粮食加工、饲料加工、植物油加工、肉类加工、乳品加工、蛋品加工、果蔬加工、精制茶加工、水产品加工和制糖业在内的十个重点农产品加工产业进行了系统性的分析。根据十个重点农产品加工产业的不同特点，各章节的分析框架略有不同，每章节均包括行业经济运行情况、主要产品贸易情况分析、主要产品价格趋势分析和行业热点事件四个部分，除蛋品加工无上市企业外，其他章节从上市企业年报数据角度考察了各重点产业内沪深上市公司的基本情况。其中，行业经济运行情况通过企业数量、主营业务收入和利润总额等主要指标阐述了各重点产业的规模及其增长情况；主要产品贸易情况从子行业涉及的主要商品的贸易方式、进出口目的地、进出口省份等方面对其进出口情况进行分析；主要产品价格趋势分析则以国家统计局、农业部、国家发改委等部门公开的价格数据为基础，阐述各重点产业的价格趋势及特征；本书还将2015年对行业发展有深刻影响的政策、事件进行了梳理，总结形成了各行业的热点事件。除此之外，本书还对行业面临的主要问题及相关的对策建议进行了分析和阐述。

《中国农产品加工重点产业研究报告》聚焦中国农产品加工业的产业发展，对中国农产品加工业经济运行情况进行了系统性的梳理和总结，也是农业部规划设计研究院农产品加工工程研究所农产品加工统计与监测分析工作成果的集中体现。报告对于了解和掌握中国农产品加工业发展现状与趋势，制定和完善农产品加工业发展措施及政策，改善和加强各级政府对农产品加工业发展的宏观指导都具有十分重要的参考和借鉴意义。

目 录

图目录

表目录

第1章/总　论

2015年，我国规模以上农产品加工业增加值同比增长6.5%，较2014年回落1.4个百分点，高于规模以上工业增加值0.6个百分点，总体稳中有进、稳中向好，中小型农产品加工企业活力增强，企业效益明显好转，盈利能力提高，进出口总额降幅继续收窄，固定资产投资稳步增长。

一、行业经济运行情况

2015年，我国规模以上农产品加工业增加值同比增长6.5%，总体运行平稳。分规模情况看，大中型农产品加工企业效益较好；分投资类型情况看，私人控股企业效益保持较快增长，高于农产品加工业平均水平；分区域情况看，中部、西部地区总体发展较快，东部、东北多数省份增长放缓。

（一）主营业务收入增速持续下降，利润增速明显加快

2015年，全国规模以上农产品加工业企业数量为78 427家，比2014年增加2 734家，比2013年增加3 918家。其中食用类农产品加工企业41 380家，粮食加工与制造企业11 068家，占食用类农产品加工企业数量的26.7%；饲料加工企业4 117家，占9.9%；粮食原料酒制造企业2 274家，占5.5%；植物油加工企业2 184家，占5.3%；果蔬加工企业5 298家，占12.8%；精制茶加工企业1 687家，占4.1%；肉类加工企业4 039家，占9.8%；蛋品加工企业187家，占0.5%；乳品加工企业638家，占1.5%；水产品加工企业2 170家，占5.2%；制糖业297家，占0.7%；烟草制造企业129家，占0.3%；中药制造企业2 602家，占6.3%；其他食用类农产品加工企业4 690家，占11.3%；非食用类农产品加工企业37 047家，棉麻加工企业9 452家，占非食用类农产品加工企业25.5%；皮毛羽丝加工企业5 955家，占16.1%；木竹藤棕草加工企业18 669家，占50.4%；橡胶制品制造企业2 971家，占8.0%。

全年累计完成主营业务收入193 689.3亿元，同比增长5.0%，比全国规模以上工业主营业务收入增速高4.2个百分点，但比2014年同比增速下降3.2个百分点，比2013年同比增速下降8.8个百分点。从月度变化看，年初主营业务收入累计同比增速逐月下降，在4、5月达到低点，6月开始缓慢提高，11月起又略有下降；全年累计实现利润总额12 908.0亿元，同比增长5.3%，比全国规模以上工业利润总额增速高7.6个百分点，比2014年同比增速上升3.1个百分点，比2013年同比增速下降9.7个百分点。农产品加工业

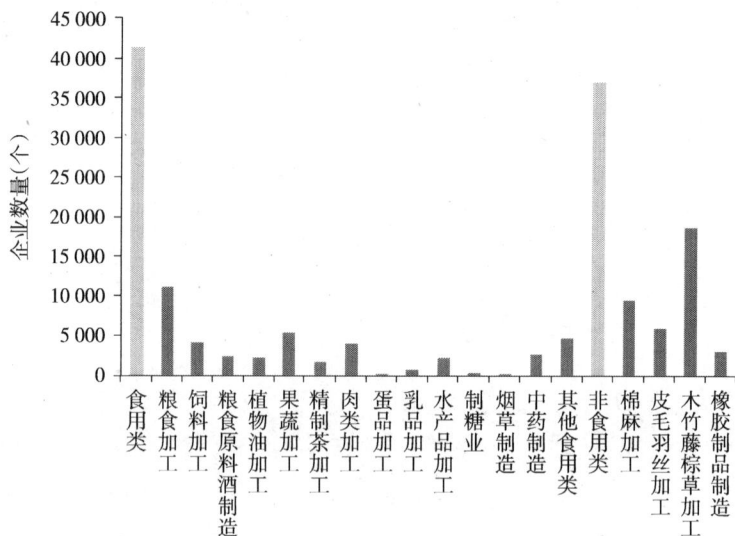

图 1-1　2015 年农产品加工业分行业企业数量

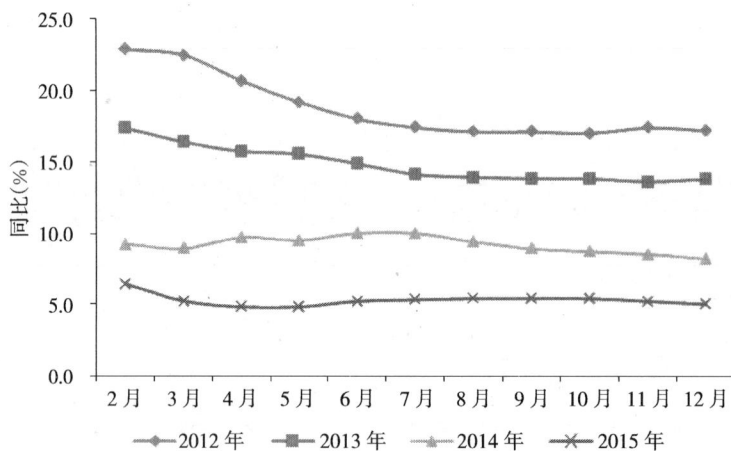

图 1-2　2012—2015 年农产品加工业主营业务收入累计同比增速

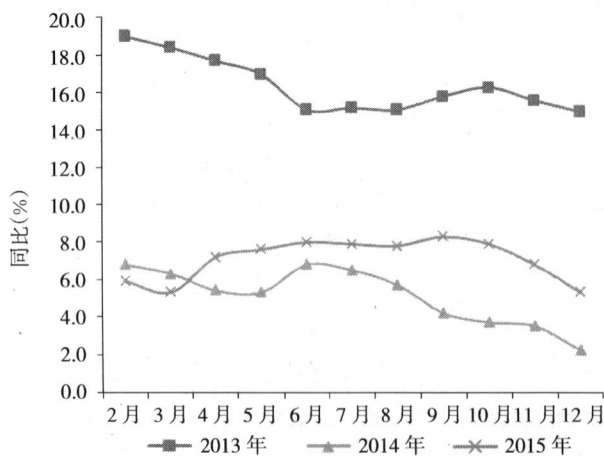

图 1-3　2013—2015 年农产品加工业利润总额累计同比增速

主营业务收入利润率为 6.7%，比 2014 年上升 0.1 个百分点，且近三年来基本保持在 6%~7% 的范围内。从行业情况看，主营业务收入利润率最高的为烟草制造行业，达到 13.1%，此外粮食原料酒制造、果蔬加工、精制茶加工、乳品加工、制糖业、中药制造以及其他食用类农产品加工行业主营业务收入利润率高于农产品加工业总体水平；除上述 8 个子行业外，其余行业的主营业务收入利润率均低于农产品加工业总体水平，主营业务收入利润率较低的行业有植物油加工、饲料加工和肉类加工，主营业务收入利润率分别为 3.6%、4.9%、5.0%。

（二）小型企业数量占比上升，大中型企业效益较好

分规模看，2015 年规模以上农产品加工企业中大型企业 1 583 家，占全部规模以上农产品加工业企业的 2.0%；中型企业 10 583 家，占 13.5%；小型企业 66 261 家，占 84.5%。因此，农产品加工企业仍以小型企业为主，且占比较 2014 年上升 0.6 个百分点。

从经营效益情况看，2015 年规模以上农产品加工业大型企业完成主营业务收入 52 963.8 亿元，占全部规模以上农产品加工业主营业务收入的 27.3%，同比增长 4.1%；中型企业完成主营业务收入 50 111.9 亿元，占全部规模以上农产品加工业主营业务收入的 25.9%，同比增长 3.7%；小型企业完成主营业务收入 90 613.6 亿元，占全部规模以上农产品加工业主营业务收入的 46.8%，同比增长 6.4%。中小型企业主营业务收入占比较 2014 年分别上升 0.4 和 0.1 个百分点，大型企业占比较 2014 年下降 0.5 个百分点；大型企业和小型企业增速下降较明显，分别比 2014 年下降 2.9 和 3.6 个百分点，中型企业增速下降 2.8 个百分点。

从利润情况看，2015 年规模以上农产品加工业大型企业实现利润总额 4 481.6 亿元，

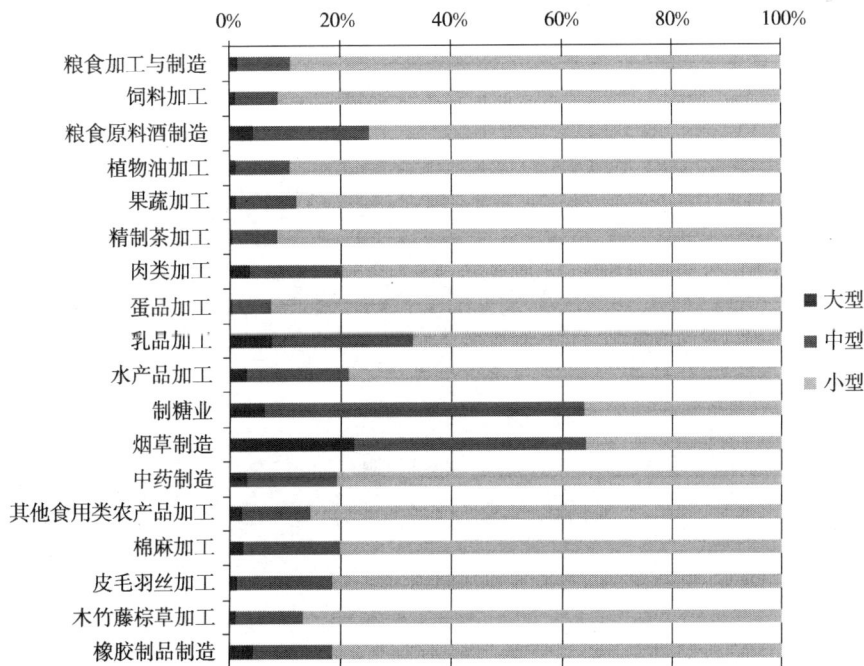

图 1-4 2015 年农产品加工企业数量规模结构

同比增长 3.4％；中型企业实现利润总额 3 307.8 亿元，同比增长 6.3％；小型企业实现利润总额 5 118.6 亿元，同比增长 6.5％。除小型企业利润增速较 2014 年下降 2 个百分点外，大型企业和中型企业利润增速较 2014 年分别上升 4.7 和 2.8 个百分点；大中小型企业主营业务收入利润率分别为 8.5％、6.6％和 5.6％，其中，大中型企业利润率较上年略有提高，盈利能力明显好于小型企业。分行业看，大型企业中饲料加工、精制茶加工等行业利润增速出现不同程度下降，其中精制茶加工下降最明显，同比下降 27.1％；11 个行业利润实现增长，其中制糖业、植物油加工和中药制造行业利润增长居全行业前列，分别增长 70.0％、20.1％和 15.5％。

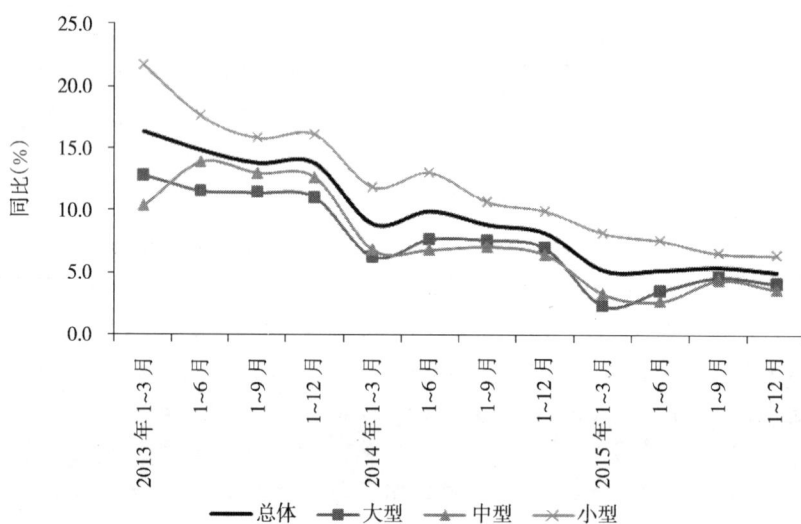

图 1-5　2013—2015 年农产品加工业分规模主营业务收入累计同比增速

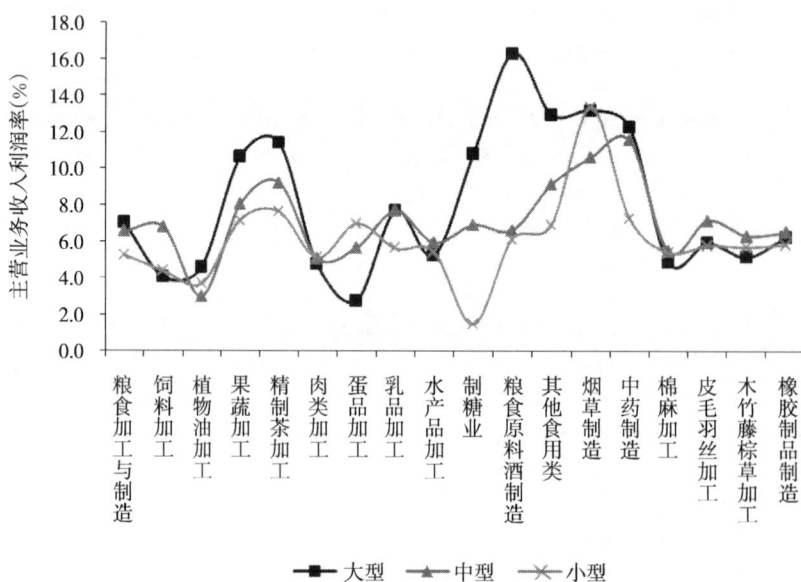

图 1-6　2015 年农产品加工业分规模各行业主营业务收入利润率

（三）私营企业生产继续领跑，国有控股企业利润增速大幅回升

分投资类型看，国有控股企业 1 889 家，占全部规模以上农产品加工业企业的 2.4%；集体控股企业 1 094 家，占 1.4%；私人控股企业 65 813 家，占 83.9%；港澳台商控股企业 3 243 家，占 4.1%；外商控股企业 3 248 家，占 4.1%；其他控股企业 3 130 家，占 4.0%。其中，私人控股和其他控股企业占比较 2014 年分别上升 0.6 和 0.1 个百分点，其他各类型企业占比均有不同程度下降。

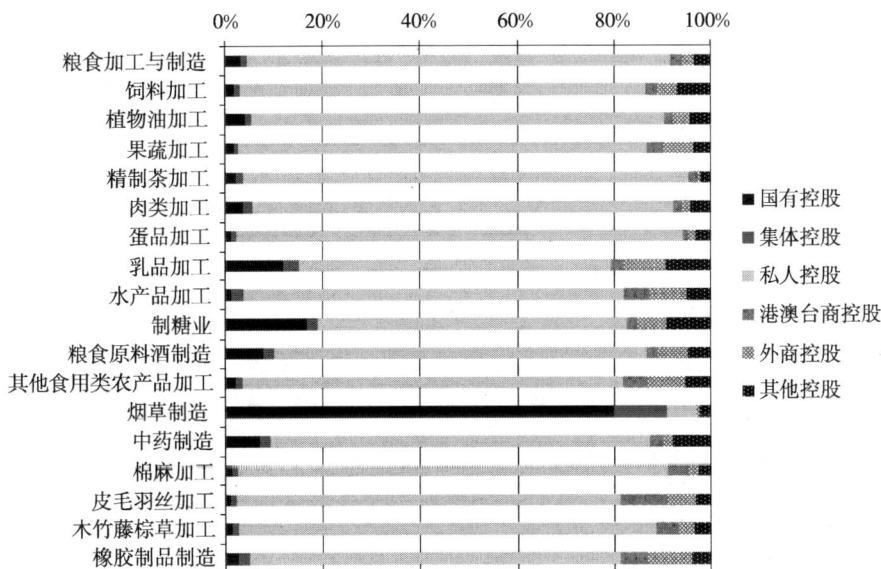

图 1-7　2015 年农产品加工企业数量类型结构

分投资类型看，国有控股企业完成主营业务收入 19 531.8 亿元，占全部规模以上农产品加工业主营业务收入的 10.1%，同比增长 2.0%；集体控股企业完成主营业务收入 4 737.4 亿元，占全部规模以上农产品加工业主营业务收入的 2.4%，同比下降 2.6%；私人控股企业完成主营业务收入 133 541.2 亿元，占全部规模以上农产品加工业主营业务收入的 68.9%，同比增长 6.7%；港澳台商控股企业完成主营业务收入 10 271.0 亿元，占全部规模以上农产品加工业主营业务收入的 5.3%，同比增长 2.1%；外商控股企业完成主营业务收入 14 877.1 亿元，占全部规模以上农产品加工业主营业务收入的 7.7%，同比增长 0.6%；其他控股企业完成主营业务收入 10 730.8 亿元，占全部规模以上农产品加工业主营业务收入的 5.5%，同比增长 3.3%。2015 年，各类型农产品加工企业主营业务收入增速延续 2014 年下行态势，整体增速较 2014 年均有不同程度下降，其中其他控股企业增速同比下降达 9.4%。占农产品加工业绝大部分的私人控股企业主营业务收入增速继续领跑其他各类型企业，增速高于农产品加工业 1.7 个百分点。上半年各类型企业增速呈上升态势，进入三季度后除私人控股企业增速略有反弹外，其他各类型企业增速均较上半年回落；四季度国有控股企业和外商控股企业增速较前三季度略有回升，其他各类型企业较前三季度均有所下滑，其中集体控股企业和其他控股企业增速降至 2013 年以来最低点。

分投资类型看，国有控股企业实现利润总额 1 992.7 亿元，同比下降 2.3%；集体控股

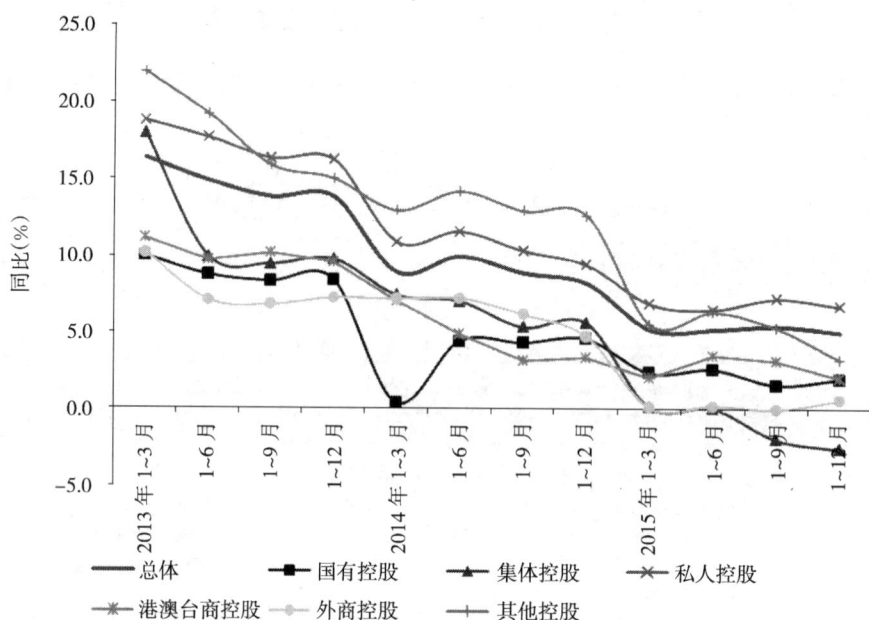

图 1-8 2013—2015 年农产品加工业分类型主营业务收入累计同比增速

企业实现利润总额 315.9 亿元，同比下降 4.2%；私人控股企业实现利润总额 8 285.2 亿元，同比增长 6.1%；港澳台商控股企业实现利润总额 638.4 亿元，同比增长 10.1%；外商控股企业实现利润总额 997.6 亿元，同比下降 2.7%；其他控股企业实现利润总额 678.2 亿元，同比增长 5.5%。各类型企业利润总额同比增速较 2014 年均有回升，分别回升 6.5%、5.2%、1.7%、6.1%、6.2%和 1.0%，其中国有控股企业增速由负转正，增速回升明显。2015 年，港澳台商控股企业取代私人控股企业成为利润增长最快的企业类型，且增速保持

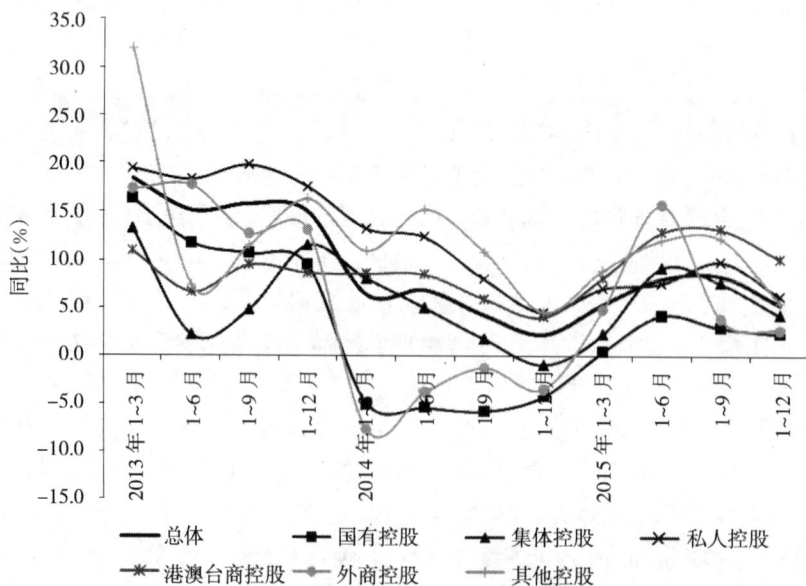

图 1-9 2013—2015 年农产品加工业分类型利润总额累计同比增速

在 8%～13%。从各季度增长情况看，前两个季度各类型企业增速呈现上升态势，从三季度开始增速有所回落，其中私人控股企业、外商控股企业和其他控股企业利润增速回落至全年最低点；各类型企业中，国有控股企业主营业务收入利润率最高为 10.2%，集体控股企业和外商控股企业利润率均为 6.7%，与农产品加工业整体持平，私人控股企业、港澳台商控股企业和其他控股企业利润率分别为 6.2%、6.2%和 6.3%。

（四）区域结构协调性增强，中西部地区发展加快

分区域看，东部地区拥有企业 39 538 家，占全国规模以上农产品加工业企业的 50.4%；中部地区拥有企业 19 781 家，占 25.2%；西部地区拥有企业 12 471 家，占 15.9%；东北地区拥有企业 6 637 家，占 8.5%。其中中西部地区企业数量占比分别上升 1%和 0.5%，东部和东北地区企业数量占比分别下降 0.7%和 0.5%。

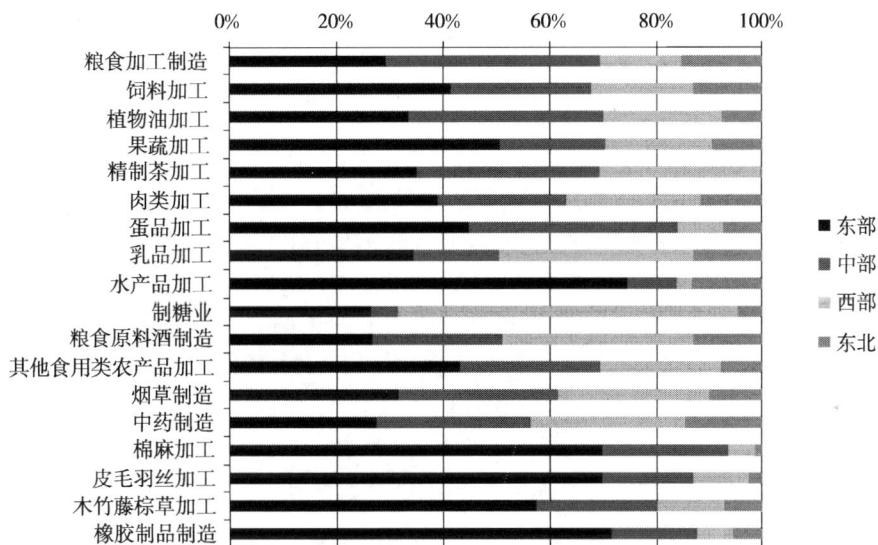

图 1-10 2015 年农产品加工企业数量区域结构

分区域看，东部地区企业完成主营业务收入 98 038.24 亿元，占全国规模以上农产品加工业主营业务收入的 50.6%，同比增长 5.3%；中部地区企业完成主营业务收入 48 800.4 亿元，占全国规模以上农产品加工业主营业务收入的 25.2%，同比增长 8.0%；西部地区企业完成主营业务收入 30 374.4 亿元，占全国规模以上农产品加工业主营业务收入的 15.7%，同比增长 7.7%；东北地区企业完成主营业务收入 16 476.2 亿元，占全国规模以上农产品加工业主营业务收入的 8.5%，同比下降 7.8%。2015 年，各地区规模以上企业主营业务收入同比增速较 2013 年和 2014 年整体呈现下降趋势，其中东北地区自 2013 年下半年增速开始呈现负增长，截至 2015 年末增速较 2014 年回落 6.7%，较 2013 年回落 22.9%。近三年来，中西部地区主营业务收入保持较快增长，2015 年中部和西部地区各月规模以上企业增速保持在 7%以上，高于农产品加工业总体增速，中部和西部地区主营业务收入占比分别较 2014 年上升 1 个和 0.4 个百分点。主营业务收入排名前十的省份中，中西部地区有河南、湖北、四川和湖南，2015 年规模以上农产品加工业完成主营业务收入分别为 16 503.4 亿元、1 1083.5 亿元、9 140.2 亿元和 7 713.3 亿元，同比增速分别为 7.4%、9.1%、5.3%和 10.8%。

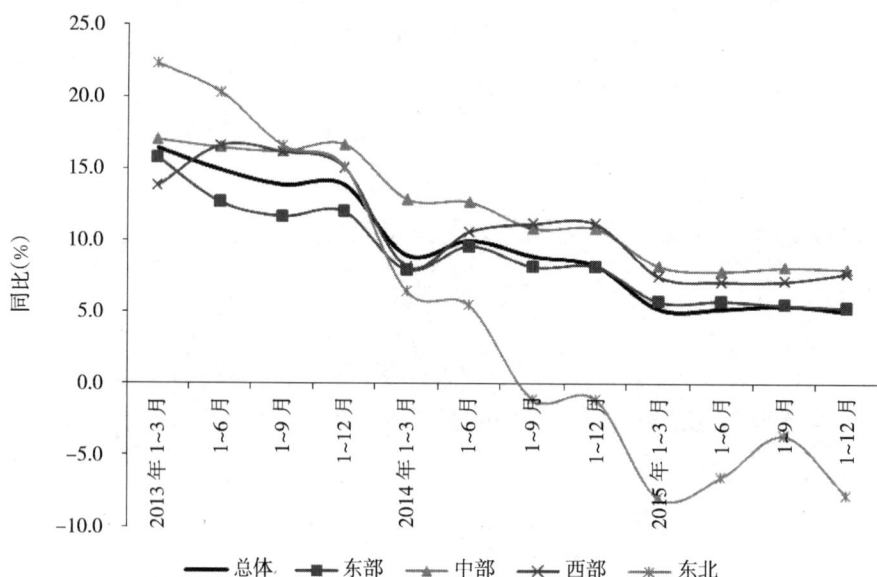

图 1-11　2013—2015 年农产品加工业分区域主营业务收入累计同比增速

分区域看，东部地区企业实现利润总额 6 410.2 亿元，同比增长 6.2%；中部地区企业实现利润总额 3 199.0 亿元，同比增长 5.1%；西部地区企业实现利润总额 2 513.9 亿元，同比增长 9.1%；东北地区企业实现利润总额 784.9 亿元，同比下降 9.6%。2015 年各地区规模以上企业利润总额同比增速较 2014 年明显回升，其中西部地区增速大幅回升，1～9 月增速达 12.9%，年底略有回落，较 2014 年上升 8.9 个百分点，成为利润增长最快的地区（宁夏、新疆、广西、甘肃、云南、陕西和重庆增速在 10% 以上）；东部、中部、西部和东北地区主营业务收入利润率分别为 6.5%、6.6%、8.3% 和 4.8%，西部地区主营业务收入利润率高出农产品加工业 1.6 个百分点。西部地区各行业中，精制茶加工业、蛋品加工业、

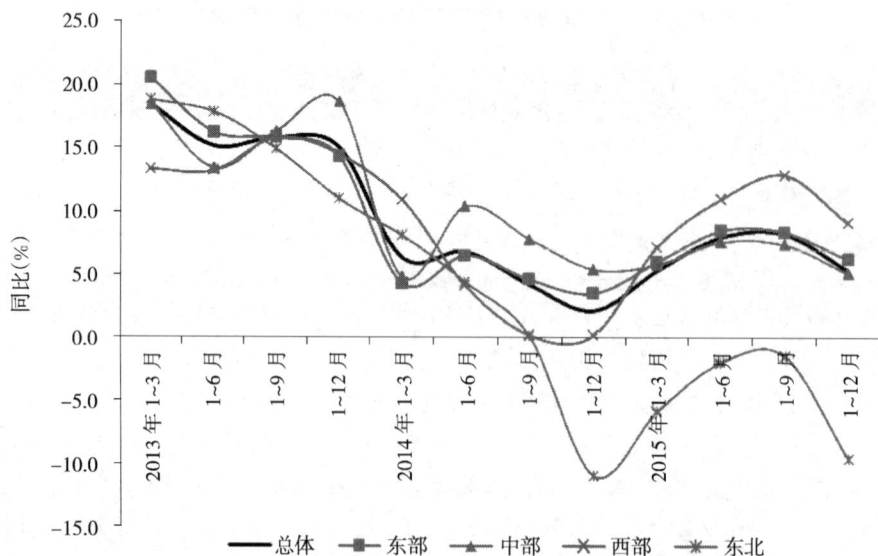

图 1-12　2013—2015 年农产品加工业分区域利润总额累计同比增速

制糖业、粮食原料酒制造业、烟草制造业和中药制造业主营业务收入利润率均在10%以上。

（五）发展特点及趋势

1. 提质增效取得进展 2015年，我国农产品加工业主营业务收入增速下滑到4.8%～5.4%区间，增长进入相对慢车道，增速处于历年来最低位，但利润总额增速高于上年，也高于同期主营业务收入，表明农产品加工业经营质量提升。这得益于中央出台的一系列扶持政策，同时也与农产品深加工能力不断提高，科技含量显著提升密切相关。例如，玉米深加工近年来蓬勃发展，生产化工原料丙二醇、低聚木糖的高科技企业不断涌现，数量有望进一步大幅增长。

2. 产业结构调整深化 随着消费观念和生活习惯的转变，国人对营养健康、方便快捷食品的需求日渐增强，越来越多的农产品加工企业积极调整产品结构，满足消费升级。2015年，保健食品主营业务保持了14.4%的较高增速，糕点面包制造、米面制品制造、速冻食品制造这3种方便食品行业也发展优异，增速分别为11.5%、12.2%和13.4%。此外，2015年我国启动马铃薯主粮化战略，大力推动马铃薯由副食消费向主食消费转变，由原料产品向产业化系列制成品转变，此举起到良好的引导作用，众多企业联合成立马铃薯主食加工产业联盟，积极研发相关主食产品，开发出适合国人消费习惯的添加马铃薯全粉的馒头、面条、米粉等主食产品，提高了产品的营养成分。

3. 融合发展成为新趋势 农产品加工企业立足自身优势，因地制宜采取多种模式接二连三融合发展，目前已经成为一二三产业融合发展的重要组织力量和推动力量。有的企业通过与农户签订订单、向农户注资共建基地、向经销商注资连物流等方式进行产前产后延伸融合发展，调查显示①，81.3%的食用类农产品加工企业与农户、农民合作社签订了原料生产订单；56.3%的食用类农产品加工企业拥有自由基地，通过发展农家乐、观光农业、文化农业等休闲农业开展产业交叉融合；还有的企业发展电子商务、食品短链、加工体验等开展技术渗透融合。

4. "互联网＋"开创销售新渠道 随着"互联网＋"概念的兴起，农产品加工企业积极运用云计算、大数据等新技术，将互联网与传统农产品加工行业、线上线下营销渠道进行深度有机结合，开辟新的销售渠道。调查显示②，47.5%的食用类农产品加工企业通过自建电商销售部门或者借助阿里、京东、1号店等电商平台积极开展电商销售；即使在尚未开展电商销售的企业中，也有超过半数的企业正在积极筹划开展相关业务。

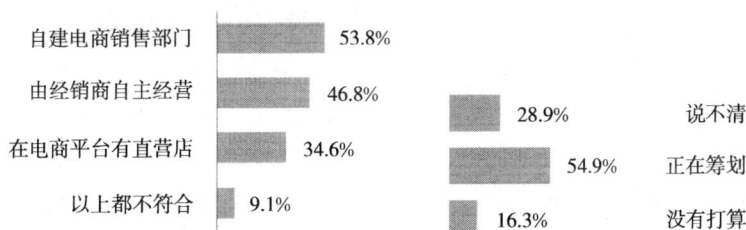

图 1-13 食用类农产品加工企业电商业务开展情况

---

① 农业部农产品加工局《我国食用类农产品加工业发展情况调查报告》。
② 农业部农产品加工局《我国食用类农产品加工业发展情况调查报告》。

二、主要产品贸易情况

2015 年，全国农副食品、食品、酒、饮料及茶叶等主要农产品加工商品累计进出口总额为 901 亿美元，同比下降 2.0%，增速较上年下降了 5.2 个百分点。其中，累计出口金额 472 亿美元，同比下降 2.5%；累计进口金额 429 亿美元，同比下降 1.4%。

（一）农副食品出口增速下降，进口大幅增加

2015 年，全国农副食品出口金额 346.4 亿美元，同比下降 3.7%。其中，水产品是主要出口商品，出口量 262.9 万吨，同比下降 5.1%，出口额 119.2 亿美元，占农副食品出口额的 34.4%，同比下降 6.0%；蔬菜、水果及坚果和肉类产品的出口量也较大，三类产品出口额分别为 39.4 亿美元、18.5 亿美元、6.9 亿美元，蔬菜、水果及坚果出口额同比分别增长了 7.9%、7.5%，肉类产品出口额同比下降 17.1%，以上四类商品出口额占农副食品出口额的 53.1%。2015 年，全国农副食品进口金额 309.8 亿美元，同比增长 2.8%，较 2014 年上升 4.8%。其中，植物油、肉类产品、水产品进口较多，进口额占农副食品进口额的 59.8%；三类产品进口金额分别为 70.6 亿美元、67.1 亿美元和 47.6 美元，植物油和水产品进口金额同比分别下降了 12.5% 和 7.3%，肉类产品进口金额同比增长 15.6%。

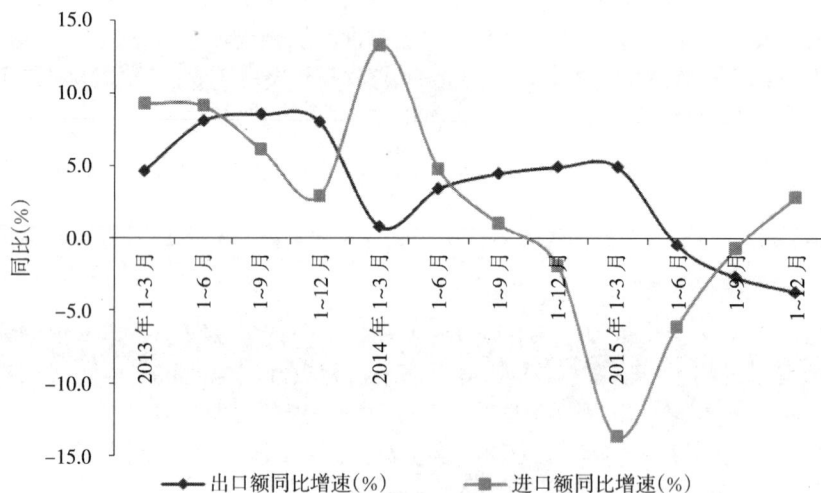

图 1-14　2013—2015 年农副食品进出口额累计同比增速

按贸易方式看，农副食品进出口主要的贸易方式是一般贸易。2015 年，采用一般贸易方式出口的农副食品数量为 895.2 万吨，同比下降 2.9%，占全部出口数量的 80.4%，出口金额 271.3 亿美元，同比下降 4.2%，占全部出口金额的 78.3%；采用一般贸易方式进口的农副食品数量为 2 563.1 万吨，同比增长 7.3%，占全部进口数量的 82.8%，进口金额 229.2 亿美元，同比增长 3.0%，占全部进口金额的 74.0%。

分国别看，农副食品按出口数量统计前五大出口目的地为日本、韩国、美国、中国香港地区和菲律宾，前五大出口目的地的出口量均有所下降，2015 年分别出口了 181.2 万吨、131.8 万吨、103.0 万吨、59.7 万吨和 52.7 万吨，出口量合计占全部出口数量的 47.5%，

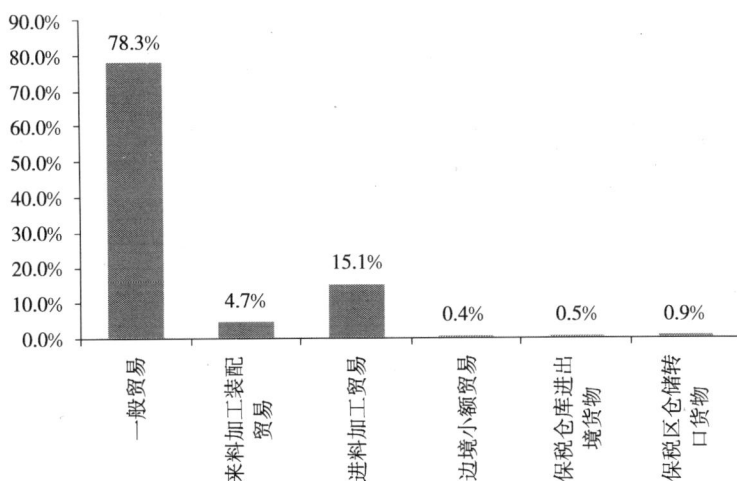

图 1-15　2015 年农副食品分贸易方式出口额占比

同比下降 1.3%；按出口额统计前五大出口目的地为日本、美国、中国香港地区、韩国和泰国，2015 年出口额分别为 67.1 亿美元、43.3 亿美元、33.0 亿美元、22.5 亿美元和 19.1 亿美元，出口额合计占全部出口额的 53.4%，同比下降 0.2 个百分点。

农副食品按进口量统计前五大进口来源地为泰国、印度尼西亚、马来西亚、越南和加拿大，加拿大替代美国成为进口量第 5 大来源地。2015 年，以上国家进口量分别为 913.9 万吨、460.1 万吨、265.9 万吨、226.2 万吨和 161.7 万吨，进口量合计占全部进口量的 65.5%，同比下降 0.6 个百分点；按进口额统计前五大进口来源地为印度尼西亚、泰国、美国、马来西亚和加拿大，2015 年进口额分别为 33.4 亿美元、27.6 亿美元、22.5 亿美元、19.2 亿美元和 14.6 亿美元，进口额合计占全部进口额的 37.9%，同比下降 5.9 个百分点。其中，从印度尼西亚、加拿大进口农副食品分别较 2014 年增加 2.2 亿和 0.1 亿美元，从其他三国进口分别下降 1.5 亿、6.3 亿和 8.9 亿美元。

分地区看，农副食品前五大出口地区为山东、福建、辽宁、广东和浙江，2015 年出口额分别为 91.3 亿美元、62.3 亿美元、35.0 亿美元、33.4 亿美元和 23.5 亿美元，除福建省同比增长 0.3% 以外，其他四省同比分别下降 4.5%、6.1%、6.0% 和 9.5%，出口额合计占全国出口额的 70.9%，比上年同期下降 0.4 个百分点。

农副食品前五大进口地区为广东、山东、江苏、天津和上海，2015 年进口额分别为 58.3 亿美元、46.3 亿美元、46.1 亿美元、36.1 亿美元和 34.5 亿美元，广东、天津和上海同比分别增长了 14.4%、5.2% 和 20.0%，山东和江苏同比分别下降 4.8% 和 8.2%，进口金额合计占全国进口金额的 71.5%，比上年同期上升了 0.6 个百分点。其中，上海取代辽宁成为农副食品进口前五位的地区。

（二）食品进出口增速双下滑，乳品进口大幅下降

2015 年，全国食品出口额 90.3 亿美元，同比下降 2.3%。其中，罐头为主要出口商品，出口量 243.3 万吨，同比增长 4.2%，出口额 30.5 亿美元，占食品出口额的 33.8%，同比下降 6.5%；调味品、糖果蜜饯和方便食品也是出口较多的产品，三类产品出口额分别为

30.1亿美元、10.8亿美元、8.2亿美元，其中调味品同比增长3.9%，糖果蜜饯和方便食品同比分别下降1.5%和2.3%，以上四类商品占食品出口额的88.1%。2015年，全国食品进口金额72.8亿美元，同比下降26.1%。其中，乳制品、糖和焙烘糕饼及谷物膨化、烘炒食品进口较多，三类产品进口额分别为31.8亿美元、17.7亿美元、7.9亿美元，其中乳制品进口出现了自2012年以来的首次下降，进口额同比下降50.4%，糖和焙烘糕饼及谷物膨化、烘炒食品的进口额同比增长18.7%和37.9%。

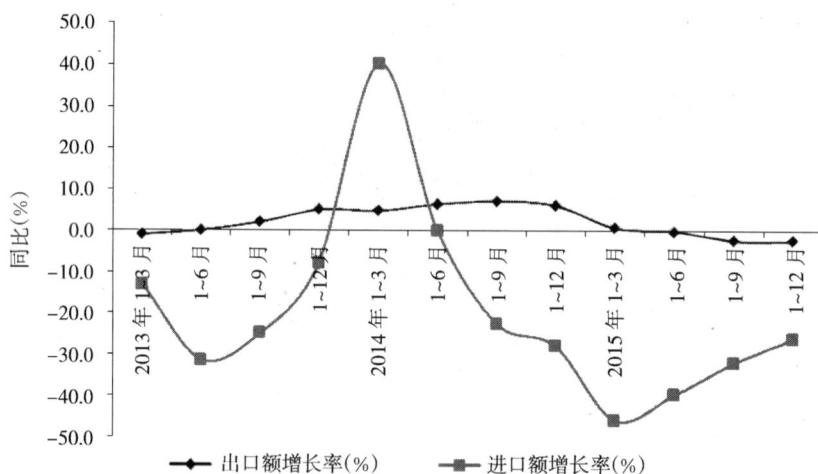

图1-16　2013—2015年食品进出口额累计同比增速

按贸易方式看，食品进出口主要方式以一般贸易为主。2015年，一般贸易方式出口的食品为509.6万吨，同比增长5.3%，占食品全部出口量的86.5%，出口金额75.1亿美元，同比下降4.0%，占食品全部出口金额的83.2%；一般贸易方式进口的食品为438.4万吨，同比增长0.7%，占食品全部进口数量的62.7%，进口金额53.0亿美元，同比下降25.2%，占食品全部进口金额的72.9%。

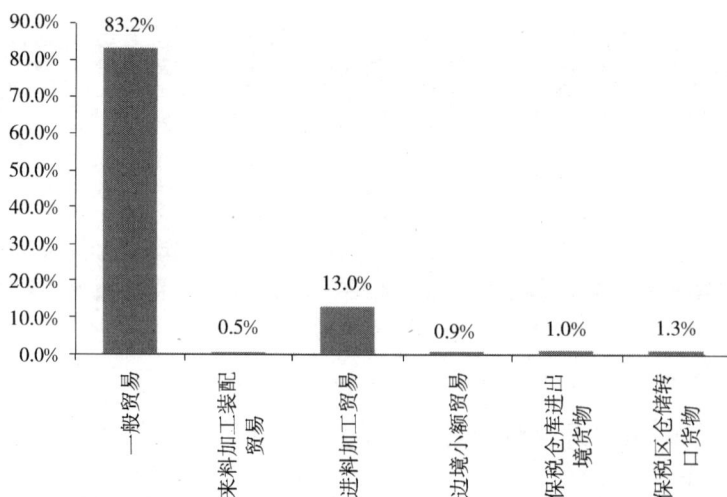

图1-17　2015年食品分贸易方式出口额占比

分国别看，2015年，食品按出口额统计前五大出口目的地为日本、美国、韩国、中国香港地区和菲律宾，出口额分别为 10.2 亿美元、9.3 亿美元、7.9 亿美元、5.0 亿美元和 3.7 亿美元，出口到日本和美国同比分别下降 6.4％和 1.8％，出口到韩国、中国香港地区和菲律宾的同比分别增长 3.8％、5.4％和 8.2％，前五大出口目的地出口额合计占食品全部出口额的 40.1％，比上年同期上升 0.8 个百分点。

食品按进口额统计前五大进口来源地为新西兰、巴西、美国、澳大利亚和泰国，进口额分别为 17.2 亿美元、9.5 亿美元、4.3 亿美元、4.2 亿美元和 3.5 亿美元，其中从新西兰和美国进口大幅下降，同比分别下降 58.5％和 40.5％，从巴西、澳大利亚和泰国的进口同比分别增长 9.5％、0.1％和 21.1％，前五大进口来源地进口额合计占全部食品进口额的 53.0％，较上年同期下降 13.1 个百分点。

分地区看，2015 年食品前五大出口地区为山东、广东、福建、江苏和浙江，出口额分别为 21.8 亿美元、18.8 亿美元、9.6 亿美元、5.5 亿美元和 5.2 亿美元，其中除广东同比增长 7.5％外，山东、福建、江苏和浙江同比分别下降 4.7％、2.2％、10.1％和 2.7％，5 个省份出口金额合计占全国食品出口金额的 67.4％，比上年同期上升了 1.1 个百分点。

2015 年，食品前五大进口地区为广东、上海、山东、天津和北京，进口额分别为 17.5 亿美元、15.6 亿美元、7.9 亿美元、6.6 亿美元和 5.6 亿美元，前五大地区进口增速均大幅下降，同比分别下降 12.0％、17.2％、19.1％、65.5％和 19.6％，较上年同期分别下降 29.3、44.6、10.1、80.4 和 41.6 个百分点；前五大进口地区进口金额合计占全国食品进口金额的 73.1％，比上年同期下降 2.9 个百分点。

（三）饮料、酒类及茶叶进出口增长较快

2015 年，全国饮料、酒类及茶叶进出口贸易呈现快速增长态势，特别是进口大幅增加。全国饮料、酒类及茶叶出口额 34.9 亿美元，同比增长 10.7％，较上年上升 6.4 个百分点。其中饮料出口额为 9.3 亿美元，同比下降 6.6％；酒精及酒出口额 11.7 亿美元，同比增长 33.3％；冷冻饮品出口额 1 554.7 万美元，同比增长 13.2％；茶叶出口 13.8 亿美元，同比增长 8.6％；冷冻饮品和茶出口增速上升，分别较上年上升 61.6 和 6.4 个百分点。全国饮料、酒类及茶叶进口额 46.6 亿美元，同比增长 30.9％，较上年上升 26.6 个百分点。其中

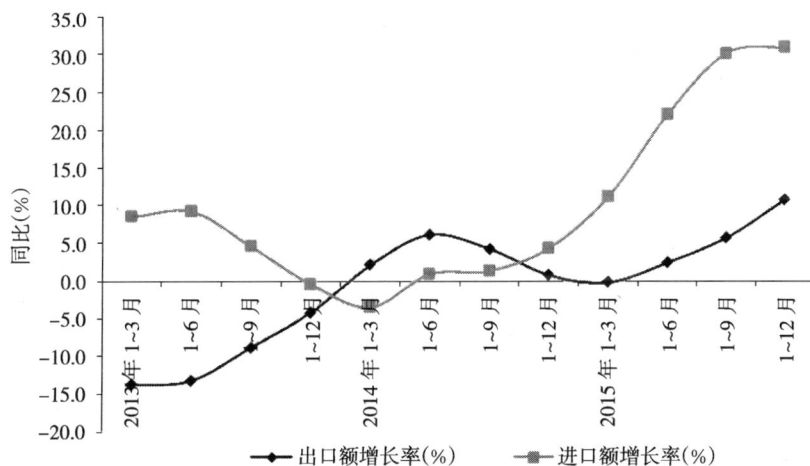

图 1-18　2013—2015 年饮料、酒类及茶叶进出口额累计同比增速

饮料进口金额 6.3 亿美元，同比增长 19.9％；酒精及酒进口金额为 38.6 亿美元，同比增长 34.1％；冷冻饮品进口金额为 6 472.6 万美元，同比下降 1.9％；茶叶进口 1.1 亿美元，同比增长 14.6％；酒精及酒进口额增速较上年上升 33.8％，饮料、冷冻饮品和茶叶进口额增速均较上年有所下降。

按贸易方式看，2015 年饮料、酒类及茶叶进出口主要方式以一般贸易为主。一般贸易方式出口的饮料、酒类及茶叶为 141.2 万吨，同比增长 3.1％，占饮料、酒类及茶叶全部出口量的 83.4％，出口额 27.2 亿美元，同比增长 5.6％，占饮料、酒类及茶叶全部出口额的 77.8％；一般贸易方式进口的饮料、酒类及茶叶为 193.0 万吨，同比增长 107.4％，占饮料、酒类及茶叶全部进口量的 81.6％，进口额 243.0 亿美元，同比增长 37.2％，占饮料、酒类及茶叶全部进口额的 52.2％。

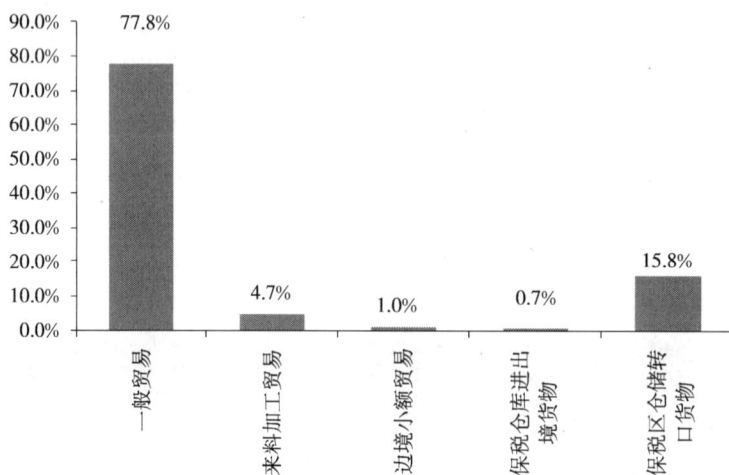

图 1-19　2015 年饮料、酒类及茶叶分贸易方式出口额占比

分国别看，2015 年饮料、酒类及茶叶按出口额统计前五大出口目的地为中国香港地区、美国、摩洛哥、日本和澳大利亚，其中澳大利亚取代俄罗斯成为我国的第五大出口目的地。前五大出口目的地国家出口额分别为 9.0 亿美元、4.7 亿美元、2.3 亿美元、1.9 亿美元和 1.0 亿美元，其中出口到中国香港地区、摩洛哥和澳大利亚的同比分别增长 61.2％、7.0％ 和 5.7％，出口到美国和日本的出口额同比分别下降 5.0％ 和 7.4％，前五大出口目的地出口额合计占饮料、酒类及茶叶全部出口额的 53.9％。

2015 年饮料、酒类及茶叶按进口额统计前五大进口来源地为法国、澳大利亚、美国、智利和德国，前五大进口来源地的进口额分别为 16.1 亿美元、4.7 亿美元、3.0 亿美元、2.4 亿美元和 2.3 亿美元，进口额同比分别增长 12.2％、75.8％、70.0％、41.0％ 和 3.1％。前五大进口来源地进口额合计占全部饮料、酒类及茶叶进口金额的 61.2％，较上年同期下降 2.7 个百分点。

分地区看，2015 年饮料、酒类及茶叶前五大出口地区为广东、浙江、山东、贵州和安徽，其中贵州和安徽取代上海和陕西成为出口最多的五大地区之一。五大出口地区出口额分别为 6.4 亿美元、5.9 亿美元、3.3 亿美元、2.7 亿美元和 2.6 亿美元，其中广东、浙江、贵州和安徽出口额同比分别增长 74.6％、3.2％、20.3％ 和 11.8％，山东出口额同比下降 3.5％，5 个省份出口金额合计占全国饮料、酒类及茶叶出口额的 59.6％。

2015 年，饮料、酒类及茶叶按进口额统计前五大进口地区为广东、上海、福建、北京和山东，其中山东取代浙江位居第五位。前五大进口地区进口额分别为 15.5 亿美元、12.7 亿美元、3.8 亿美元、3.1 亿美元和 2.1 亿美元，其中广东、福建和山东进口额同比分别增长 54.5%、62.4% 和 71.4%，上海和北京同比分别下降 1.0% 和 3.0%，其中五大进口地区进口金额合计占全国饮料、酒类及茶叶进口额的 79.8%，比上年下降 3.9 个百分点。

三、主要产品价格指数分析

（一）工业生产者出厂价格分类指数

1. 食品类工业生产者出厂价格指数 2015 年 1～12 月，食品类工业生产者出厂价格指数同比（上年同月＝100）分别为 99.7、99.9、100、100.1、100.1、100.1、100.2、100.1、100、99.8、99.8、99.9，其中 4～8 月价格同比有所上升，而 1～2 月、10～12 月价格同比有所下降；环比（上月＝100）分别为 99.9、100、100、100.1、100.1、100、100.1、100、99.9、99.7、99.9、100.1，逐月价格同比波动较小。从 2013—2015 年的变化情况看，2015 年食品类工业生产者出厂价格指数同比总体上较 2013 年和 2014 年有所上升，但增幅继续下降；环比价格有升有降，波动幅度较上年变大。

2. 衣着类工业生产者出厂价格指数 2015 年 1～12 月，衣着类工业生产者出厂价格指数同比（上年同月＝100）分别为 100.8、100.8、100.7、100.5、100.5、100.5、100.5、100.6、100.8、100.8、100.7、100.7，价格总体上呈明显上升趋势；环比（上月＝100）分别为 100.2、100、100、99.8、100、100、100、100、100.4、100.1、100、100.1，除 4 月份外，也总体呈上升趋势。从 2013—2015 年的变化情况看，衣着类工业生产者出厂价格指

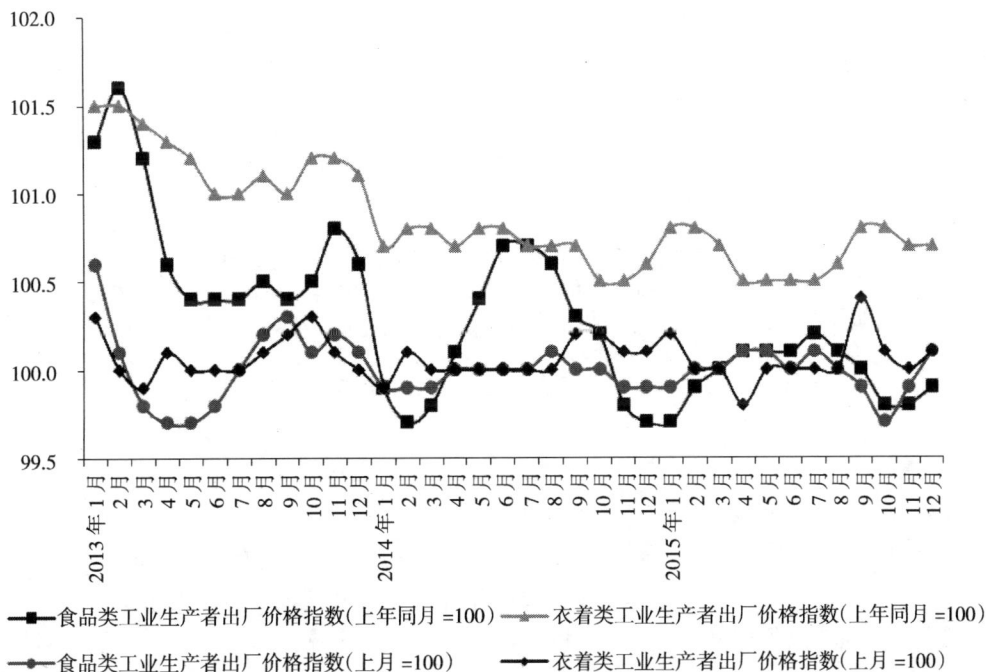

图 1-20 2013—2015 年食品类和衣着类工业生产者出厂价格指数

数同比继续保持在 100 以上，呈现上升趋势，但 2014 年和 2015 年上升的幅度低于 2013 年，其中 2015 年 1～8 月增幅低于 2014 年同期，9～12 月增幅高于 2014 年同期；环比价格也总体呈现上升趋势。

（二）分行业工业生产者出厂价格指数

从国民经济行业分类看，2015 年 1～12 月，农副食品加工业工业生产者出厂价格指数同比（上年同月＝100）分别为 98.5、98.7、99.0、99.1、99.1、98.8、99.0、98.8、98.5、98.2、97.9、98.4；食品制造业生产者出厂价格指数同比（上年同月＝100）分别为 100.4、100.1、99.9、99.9、100.1、100.0、100.0、100.1、99.8、99.7、99.6、99.7；酒、饮料和精制茶制造业生产者出厂价格指数同比（上年同月＝100）分别为 99.7、99.7、99.9、100.0、100.1、99.8、99.8、99.7、99.7、99.5、99.6、99.5。三大食品行业工业生产者出厂价格同比均呈现下降趋势，其中食品制造业同比价格下降幅度更大。从 2013—2015 年的变化情况看，食品制造业和酒、饮料和精制茶制造业 2015 年以来同比价格开始呈现下降趋势，农副食品加工业 2014 年和 2015 年下降幅度基本稳定。

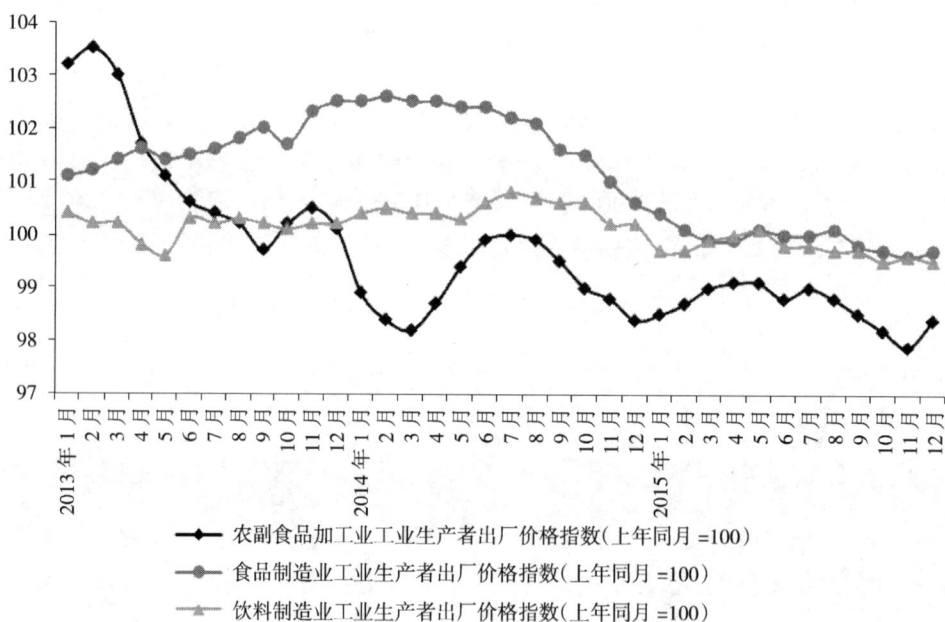

图 1-21　2013—2015 年三大食品行业工业生产者出厂价格指数

四、面临的主要问题

一是行业去库存压力不容乐观。长期以来，农产品加工行业传统产业过剩问题严重，库存压力高企。2015 年 1～10 月，规模以上农产品加工业累计库存达到 19 366.5 亿元，同比增长 4.7%，较年初增加 989.6 亿元，其中仅 10 月新增库存就高达 235.5 亿元。预计 2016 年，农产品加工业库存不容乐观，去库存压力依旧较大，不仅增加企业仓储、人力盘点等费用，还占压大量资金，对企业的现金流造成巨大压力。

二是副产物综合利用率有待提高。农产品加工业的产品仍以初级加工品为主，产业链条短，副产物利用率低，加工增值能力尚有待提高。调研显示，大部分食用类农产品加工企业都面临副产物综合利用率偏低问题，其中，约5.7%的农产品加工企业将副产物完全作为废弃物直接处理掉，25.3%的农产品加工企业认为副产物价值没有充分开发[①]。

三是企业资金缺口、用工缺口均较大。70.1%的企业存在资金缺口，大部分企业同时缺少长期资金和流动资金。长期资金的缺口率约为22.8%，即全部企业平均有22.8%的长期资金需求无法满足；流动资金缺口更为严重，缺口率为31.5%。食用农产品加工业是劳动密集型行业，对用工荒比较敏感，经常存在用工缺口的企业占比为37.8%，技术工、普通工和销售人员的缺工比例基本相同，缺口率均在12%左右。存在招工缺口的主要原因是季节性用工多。

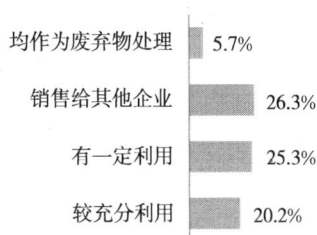

图 1-22　食用类农产品加工企业
副产物综合利用情况

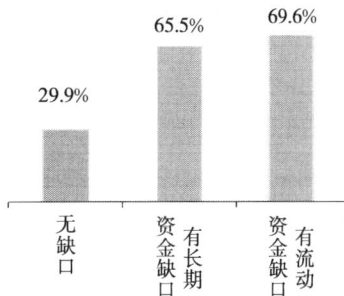

图 1-23　存在资金缺口的食用类
农产品加工企业占比情况

四是进口农产品对国内农产品加工行业的冲击日渐显现。目前，部分农产品的国内外价差较大，国内市场对进口农产品的需求正在逐步增强，对国内农产品加工行业的冲击日渐显现。以乳品生产加工业为例，近年来国外奶粉大量进口，我国一些乳品企业也相继在海外布局乳业生产加工一体化基地，把在国外生产的奶粉源源不断地进口国内，加工成小包装奶粉和液态奶等产品，同时相当部分消费者对国内品牌的奶粉质量缺乏信心，通过跨境电商、海外代购等渠道购买国外品牌的产品，对国内奶粉生产企业特别是婴幼儿配方奶粉生产企业冲击很大。

五、对策建议

第一，加快政策创设和落实，促进供给侧结构性改革。加快研究制定促进农产品加工业发展的意见，争取在财政、税收、金融、投资、用地、用电、环评、产品质量认证等方面为农产品加工企业争取相关优惠政策。推进初加工设施建设，突破初加工关键技术环节，提升初加工整体水平；推进农产品加工减损增效，鼓励新型农业经营主体建设烘储设施；推进菜篮子产品产后商品化处理，鼓励净菜进城。

第二，积极引入"互联网＋"思维，创新经营模式。加强"互联网＋农产品加工业"发展模式相关研究，从电子商务、智能制造等多个方面，推广、宣介一批开展情况较好的加工企业、营销平台，鼓励农产品加工企业主动适应消费需求升级和购物方式转化，创新生产经营模式和商品流通方式，积极利用互联网解决技术升级、原料供应、消费需求变化等信息不对称问题。

第三，鼓励副产物精深加工，提高综合利用。大力推进副产物加工技术研发体系建设，

---

① 农业部农产品加工局《我国食用类农产品加工业发展情况调查报告》。

积极鼓励企业开展相关科技创新，着力提升农产品加工技术装备水平。大力支持对农业副产物循环利用、加工副产物全值利用和加工废弃物的梯次利用，提升农产品加工副产物的综合利用率。例如，对企业综合利用秸秆、稻壳米糠、果皮果渣、水产品皮骨内脏等副产物综合利用设施设备投入实行政策性奖补；对企业综合利用技术设施设备改造升级信贷提供贷款贴息等。

第四，加快标准体系建设，提升产品质量。加快农产品加工标准体系建设，逐步完善农产品初加工、综合利用和主食加工标准。鼓励农产品加工企业建立 ISO9000、HACCP 等全面质量管理体系，推动农产品加工标准化生产，在行业内部形成"抓质量、创品牌"的良好局面，以此促进优质农加工产品供给能力，提升居民对国产食品的消费信心。

六、热点事件

1. 农业部着力提升农产品加工合作社发展水平，推进农村一二三产业融合发展　农民合作社发展农产品加工是近年来的大方向、大趋势，对延长产业链和价值链、促进农民分享加工流通增值收益、推进农村一二三产业融合发展有重要意义。农民合作社发展加工，还存在资金筹措困难、用地需求受限、人才引进乏力、公共服务缺失等瓶颈问题和现实困难。针对这些问题和困难，农业部农产品加工局积极开展工作，引导合作社发展农产品加工业，推动合作社做强做大。一是落实扶持政策。实施农产品产地初加工补助政策，支持农民合作社建设农产品产地贮藏、烘干等初加工设施。推动落实国家有关农产品初加工税收优惠、用水用地优惠等政策。二是加强公共服务。指导各地农产品加工业管理部门，及时向合作社提供信息、技术、人才、展销、政策等各种服务，积极搭建公共服务平台，推进龙头企业、科研院所与农民合作社对接，实现合作共赢。三是开展示范创建。引导和带动合作社自主办加工流通，加强整合、联合，减少同质化、无序化竞争；探索合作社与加工企业合作以及企业领办合作社等有益模式，争取将初加工、流通等产后环节利润更加合理地留给农民。

2. 农业部大力推进农产品加工科技创新与推广　2015 年 3 月农业部印发《关于大力推进农产品加工科技创新与推广工作的通知》，要求各级农产品加工业管理部门以农产品加工业科技创新与推广为核心，力争在重大关键技术装备创新推广转化上取得新突破，在体制机制创新和人才队伍建设上取得新进展，在自主创新能力建设上取得新提升，为推动农产品加工业持续稳定健康发展提供坚强的科技和人才支撑。

要加快提升农产品产地初加工技术装备水平，加强农产品烘干贮藏保鲜共性关键技术创新和推广，不断提升粮食等大宗农产品产后减损水平。积极引导传统食品和主食加工技术传承创新，深入开展主食加工业提升行动，加强传统食品开发，积极引导传统食品和主食加工企业加强技术改造和产业升级，培育一批创新驱动型品牌企业。大力促进农产品加工科技成果转化推广应用，坚持成熟技术筛选、技术配套集成与推广一体化设计、产业化推进，开展成熟技术筛选推广；加强科技成果推广转化平台建设，加快推进互联网与科技成果转化结合，推动科技成果高效转化应用。努力推进标准化进程和品牌培育，进一步完善农产品加工标准体系，同步推进科技创新、标准研制和产业发展，进一步强化企业在标准创制应用中的重要地位；积极实施农产品加工品牌战略，加快培育一批特色突出、类型多样、核心竞争力强、影响范围广的农产品加工品牌。

3. 农产品产地初加工补助项目继续实施 2015 年，中央财政继续安排 6 亿元转移支付资金，采取"先建后补"方式，按照不超过单个设施平均建设造价 30％的标准实行全国统一定额补助，扶持农户和农民合作社建设马铃薯贮藏窖、果蔬贮藏库和烘干房等三大类 18 种规格的农产品产地初加工设施。实施区域为河北、内蒙古、辽宁、吉林、福建、河南、湖南、四川、云南、陕西、甘肃、宁夏、新疆等 13 个省（自治区）和新疆生产建设兵团。

4. 农业部部署主食加工业提升行动 2015 年 3 月 27 日，农业部办公厅印发《关于扎实推进主食加工业提升行动的通知》，部署主食加工业提升行动工作，品牌培育、技术集成创新、人才建设、完善机制、公共服务等内容成为重点。《通知》指出，当前我国经济发展进入新常态，保持中高速增长和迈向中高端水平"双目标"，对农产品加工业发展提出了新要求，主食加工业面临提质增效、转型升级的重要任务。要加强品牌培育，着力提升主食加工业质量安全水平；加强集成创新，着力提升主食加工业技术装备水平；加强人才建设，着力提升主食加工业经营管理水平；加强机制完善，着力提升主食加工业联盟合作水平；加强公共服务，着力提升主食加工业行业指导水平。

5. 我国开始启用新版食品生产经营许可证 2015 年 10 月，我国开始启用新版食品生产许可证和食品经营许可证。对于消费者来说，最直观的影响就是，食品包装袋上印制的"QS"标识（全国工业产品生产许可证），将被"SC"（食品生产许可证）替代。为什么要把"QS"变成"SC"呢？新的《食品安全法》明确规定，食品包装上应当标注食品生产许可证编号，没有要求标注食品生产许可证标志。还有一个重要的意义就是，"QS"对应质量安全之义，体现是由政府部门担保的食品安全，而"SC"生产之义，后跟着企业唯一许可编码，体现食品生产企业在保证食品安全的主体地位，监管部门从单纯发证，变成了事前事中事后的持续监管。

第 2 章 / 粮食加工

2015 年，在我国经济下行压力持续加大的背景下，粮食加工业总体运行相对平稳，主营业务收入小幅增长。2015 年，全国规模以上粮食加工企业 11 068 家，同比增长 6.3%；累计完成主营业务收入 2.5 万亿元，同比增长 5.5%，增速继续放缓。2015 年，全国粮食生产实现"十二连增"，受国际粮价下跌、粮食连年丰收以及终端市场需求低迷的影响，小麦、玉米等主粮价格降至近年来的最低点，原粮价格下跌对加工企业，尤其是玉米淀粉生产企业较为有利，东北、华北等地淀粉加工厂开工率普遍提升，企业效益有所改善。

一、主要产品及产量情况

2015 年，规模以上粮食加工企业小麦粉产量 14 461.6 万吨，同比增长 1.8%，增速较上年下降 2.9 个百分点；大米产量 13 564.2 万吨，同比增长 4.4%，增速较上年下降 2.9 个百分点；速冻米面食品产量 524.2 万吨，同比增长 0.4%，增速较上年下降 3.5 个百分点；方便面产量 1 017.8 万吨，同比下降 0.7%，增速较上年下降 0.9 个百分点；酱油产量 1 011.9 万吨，同比增长 6.4%，增速较上年上升 4.2 个百分点。其中，规模以上小麦粉生产企业 1 899 家，主要分布在河南、山东、安徽、江苏、河北、湖北和陕西等地，以上 7 省总产量占全国总产量的 90.1%。规模以上大米生产企业 3 582 家，主要集中在湖北、安徽、黑龙江、湖南、江苏、吉林、江西、辽宁、河南和四川等地区。规模以上速冻米面食品生产企业 189 家，分布在全国 22 个省，主要集中在河南、河北、江苏、吉林、安徽、浙江和广东等地区，以上 7 省产量占全国总产量的 89.3%。规模以上方便面生产企业 250 家，分布在全国 25 个省，主要集中在河南、河北、湖南、安徽和广东等地区，仅河南和河北两省产量占全国总产量的 47.8%。

二、行业经济运行情况

（一）行业总体情况

2015 年，全国规模以上粮食加工业企业数量 11 068 家，比上年同期增加 653 家。累计完成主营业务收入 24 848.1 亿元，同比增长 5.5%，比 2014 年同比增速下降 3 个百分点，比 2013 年同比增速下降 9.4 个百分点。其中速冻食品制造业主营业务收入同比增长最快，累计实现利润总额 1 450.4 亿元，同比增长 6.8%，比 2014 年同比增速上升 0.5 个百分点，比 2013 年同比增速下降 7.9 个百分点。粮食加工业主营业务收入利润率为 5.9%，近三年来基本保持在 6% 左右。

1. 企业数量增加，中东部地区居多　分规模看，大型企业 170 家，占全部规模以上粮食加工企业的 1.5%；中型企业 1 058 家，占 9.6%；小型企业 9 840 家，占 88.9%。因此，从企业规模看，粮食加工企业绝大部分是小型企业。

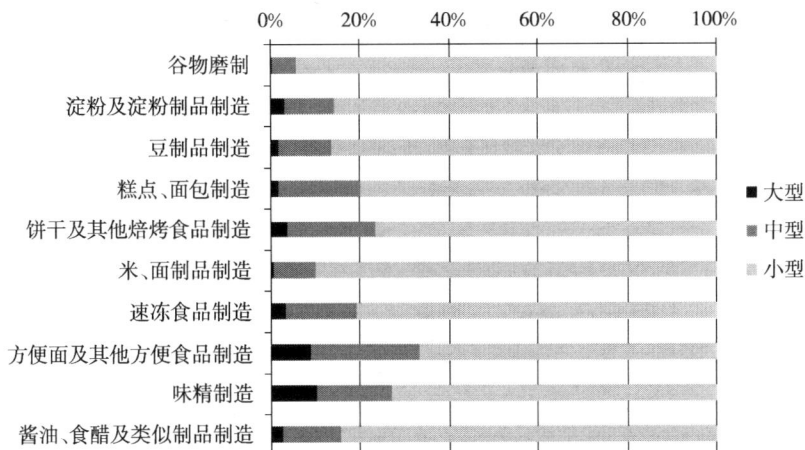

图 2-1　2015 年粮食加工企业数量规模结构

分投资类型看，国有控股企业 334 家，占全部规模以上粮食加工企业的 3.0%；集体控股企业 130 家，占 1.2%；私人控股企业 9 539 家，占 86.2%；港澳台商控股企业 256 家，占 2.3%；外商控股企业 303 家，占 2.7%；其他控股企业 407 家，占 3.7%。因此，从分投资类型看，粮食加工企业绝大部分是私营企业。

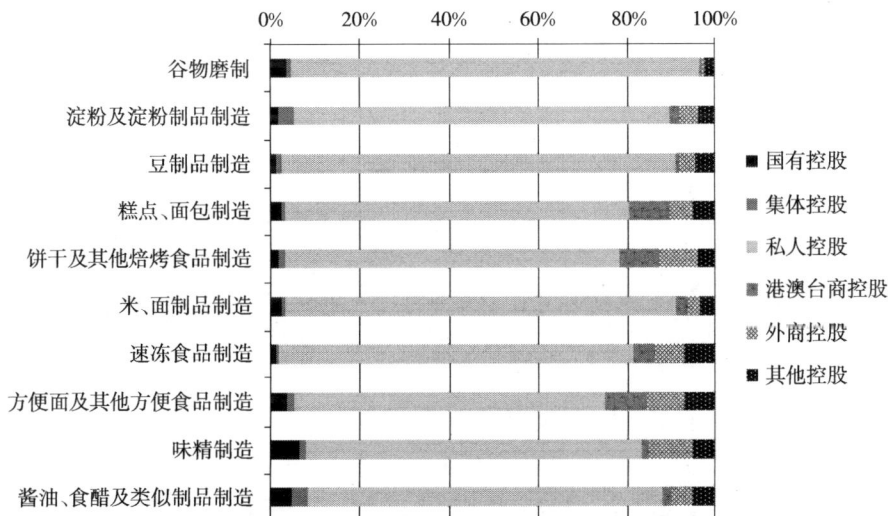

图 2-2　2015 年粮食加工企业数量投资类型结构

分区域看，东部地区拥有企业 3 250 家，占全国规模以上粮食加工企业的 29.4%；中部地区拥有企业 4 420 家，占 39.9%；西部地区拥有企业 1 702 家，占 15.4%；东北地区拥有企业 1 696 家，占 15.3%。可以看出，粮食加工企业主要集中在中部和东部地区。其中，企业数量排名前五位的省份是河南、安徽、山东、湖北和江苏，规模以上粮食加工企业数量分别为 1 514 家、1 147 家、982 家、906 家和 772 家，占全国的比例分别为 13.7%、10.4%、8.9%、8.2% 和 7.0%。排名前五位的省份企业数量加总达到 48.1%，约占全国的一半。

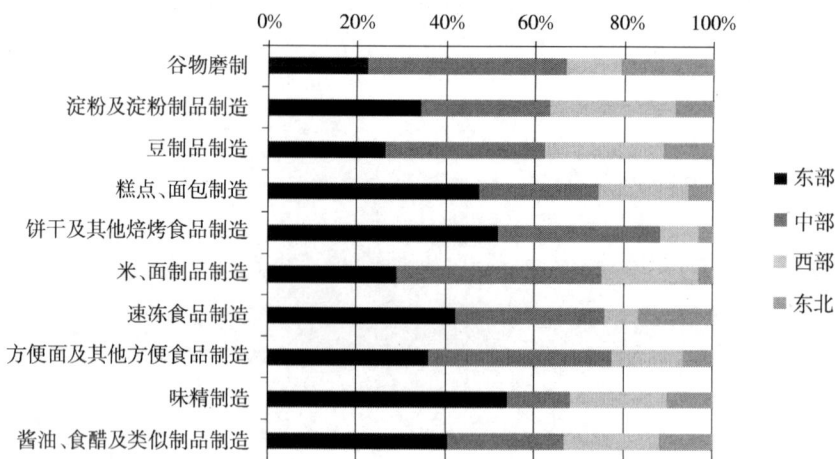

图 2-3　2015 年粮食加工企业数量区域结构

2. 主营业务收入小幅增加，增速放缓　分规模看，大型企业主营业务收入有所下降，小型企业营收占比较大且增速较快。其中，大型企业完成主营业务收入 4 282.3 亿元，占全部规模以上粮食加工业主营业务收入的 17.2%，同比下降 1.7%；中型企业完成主营业务收入 5 680.3 亿元，占全部规模以上粮食加工业主营业务收入的 22.9%，同比增长 5.0%；小型企业完成主营业务收入 14 885.5 亿元，占全部规模以上粮食加工业主营业务收入的 59.9%，同比增长 8.0%。

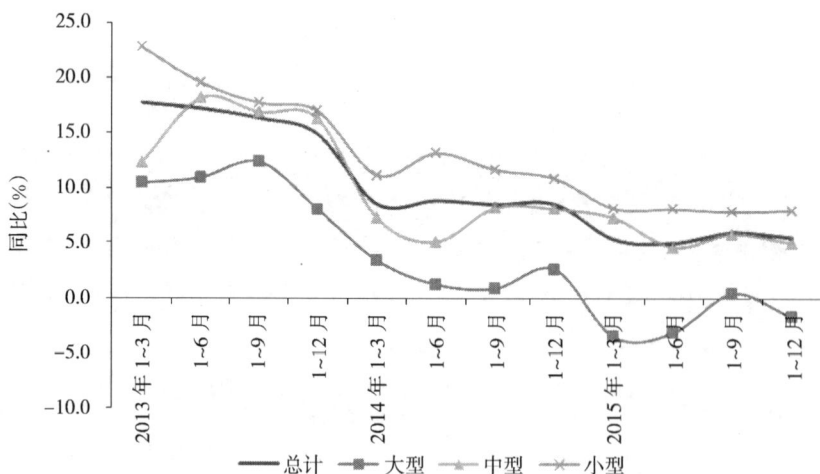

图 2-4　2013—2015 年粮食加工业分规模主营业务收入累计同比增速

分投资类型看，国有控股企业完成主营业务收入 976.6 亿元，占全部规模以上粮食加工业主营业务收入的 3.9%，同比增长 14.4%；集体控股企业完成主营业务收入 364.0 亿元，占全部规模以上粮食加工业主营业务收入的 1.5%，同比下降 32.1%；私人控股企业完成主营业务收入 19 293.3 亿元，占全部规模以上粮食加工业主营业务收入的 77.6%，同比增长 8.1%；港澳台商控股企业完成主营业务收入 1 320.7 亿元，占全部规模以上粮食加工业主营业务收入的 5.3%，同比下降 1.9%；外商控股企业完成主营业务收入 1 707.4 亿元，占全部规模以上粮食加工业主营业务收入的 6.9%，同比下降 4.2%；其他控股企业完成主营业务收入 1 186.1 亿元，占全部规模以上粮食加工业主营业务收入的 4.8%，同比增长 1.9%。除国有控股、私人控股和其他控股企业主营业务收入有所增长外，其他类型企业营收均有所下降。

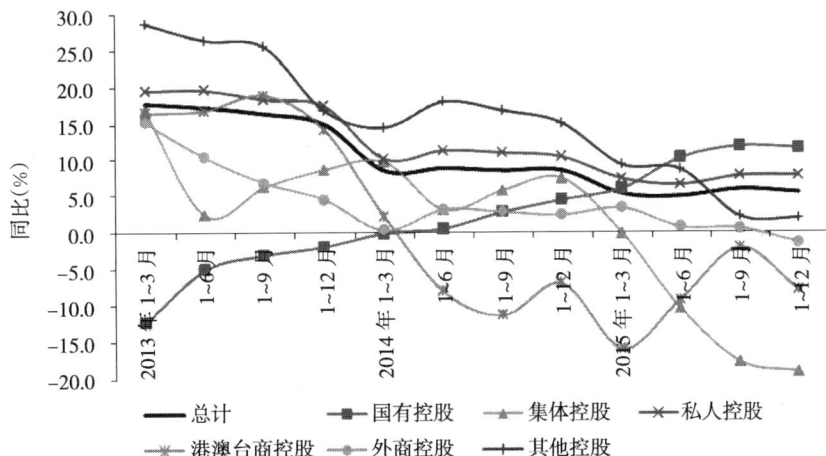

图 2-5　2013—2015 年粮食加工业分投资类型主营业务收入累计同比增速

分区域看，东部地区企业完成主营业务收入 7 976.9 亿元，占全国规模以上粮食加工业主营业务收入的 32.1%，同比增长 5.5%；中部地区企业完成主营业务收入 9 968.41 亿元，占全国规模以上粮食加工业主营业务收入的 40.1%，同比增长 8.9%；西部地区企业完成主营业务收入 3 039.6 亿元，占全国规模以上粮食加工业主营业务收入的 12.2%，同比增长 9.9%；东北地区企业完成主营业务收入 3 863.2 亿元，占全国规模以上粮食加工业主营业务收入的 15.5%，同比下降 5.1%。中西部地区粮食加工业主营业务收入增速明显加快，东

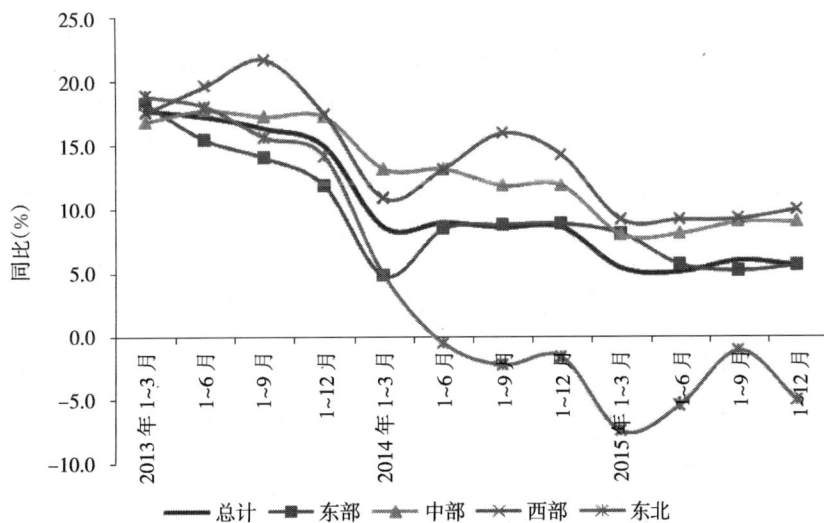

图 2-6　2013—2015 年粮食加工业分区域主营业务收入累计同比增速

北地区企业主营业务收入降幅有所扩大。其中，主营业务收入排名前五位的省份是河南、山东、湖北、安徽和吉林，2015 年规模以上粮食加工业完成主营业务收入分别为 3 772.8 亿元、2 566.2 亿元、2 276.7 亿元、1 806.1 亿元和 1 627.4 亿元，同比增速分别为 10.1％、2.0％、8.9％、3.3％和－1.9％。

3. 行业整体经济效益向好　从行业情况看，主营业务收入利润率最高的为酱油、食醋及类似制品制造和糕点、面包制造，分别达到 12.2％和 10.9％，此外，饼干及其他焙烤食品制造、味精制造、速冻食品制造、方便面及其他方便食品制造以及米面制品制造主营业务收入利润率高于粮食加工业总体水平。

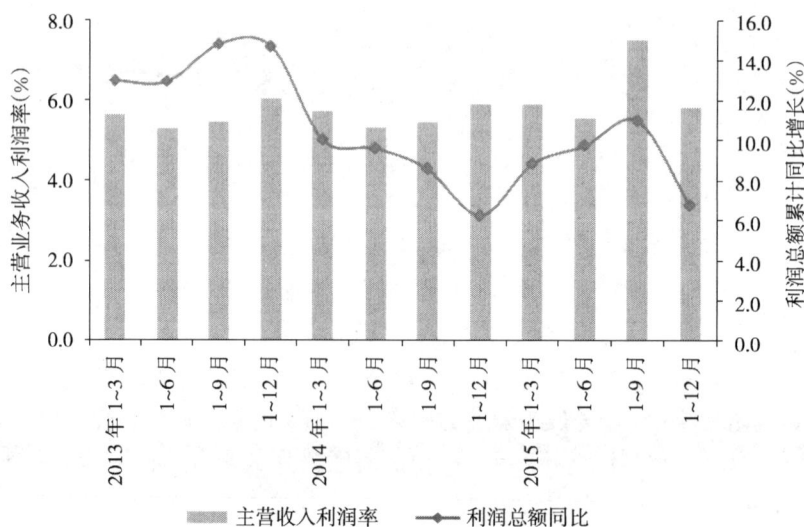

图 2-7　2013—2015 年粮食加工业利润增速与主营业务收入利润率

分规模看，大型企业实现利润总额 300.3 亿元，同比增长 11.4％；中型企业实现利润总额 371.0 亿元，同比增长 5.7％；小型企业实现利润总额 779.2 亿元，同比增长 5.5％。因此，大型企业利润增速快于中小型企业。

分投资类型看，国有控股企业实现利润总额 34.5 亿元，同比增长 35.4％；集体控股企业实现利润总额 21.3 亿元，同比下降 17.3％；私人控股企业实现利润总额 1 169.3 亿元，同比增长 8.9％；港澳台商控股企业实现利润总额 72.3 亿元，同比增长 1.7％；外商控股企业实现利润总额 97.8 亿元，同比下降 1.1％；其他控股企业实现利润总额 55.3 亿元，同比下降 13.0％。可以看出，国有控股企业利润增速较快，集体控股企业利润有所下降。

分区域看，东部地区企业实现利润总额 524.8 亿元，同比增长 9.9％；中部地区企业实现利润总额 591.0 亿元，同比增长 8.4％；西部地区企业实现利润总额 185.8 亿元，同比增长 11.9％；东北地区企业实现利润总额 148.9 亿元，同比下降 12.6％。除东北地区利润有所下降，其他三个地区的利润均有所增加。

（二）谷物磨制行业

2015 年，全国规模以上谷物磨制企业 6 394 家，比上年同期增加 333 家。完成主营业务收入 13 403.4 亿元，同比增长 7.4％，占规模以上粮食加工业主营业务收入的 53.9％。累计实现利润总额 660.7 亿元，同比增长 4.1%。谷物磨制加工业主营业务收入利润率为 4.9%。

1. 企业数量增加，主要集中在中部地区　分规模看，大型企业 25 家，占全部规模以上谷物磨制加工业企业的 0.4%，比 2014 年减少 4 家；中型企业 346 家，占 5.4%，比 2014 年增加 14 家；小型企业 6 023 家，占 94.2%，比 2014 年增加 323 家。因此，从企业规模看，谷物磨制加工业绝大部分是小型企业，大型企业数量有所减少。

分投资类型看，国有控股企业 233 家，占全部规模以上谷物磨制加工业企业的 3.6%；集体控股企业 47 家，占 0.7%；私人控股企业 5 895 家，占 92.2%；港澳台商控股企业 29 家，占 0.3%；外商控股企业 43 家，占 0.7%；其他控股企业 147 家，占 2.3%。因此，从投资类型看，谷物磨制加工企业绝大部分是私营企业。

分区域看，东部地区拥有企业 1 424 家，占全国规模以上谷物磨制加工业企业的 22.3%；中部地区拥有企业 2 848 家，占 44.5%；西部地区拥有企业 792 家，占 12.4%；东北地区拥有企业 1 330 家，占 20.80%。因此，从区域看，谷物磨制加工业企业主要分布在中部地区。

2. 主营业务增速放缓，国有企业增速加快　分规模看，大型企业完成主营业务收入 533 亿元，占全部规模以上谷物磨制加工业主营业务收入的 4.0%，同比增长 9.1%，增速比上年同期下降 1.6 个百分点；中型企业完成主营业务收入 2 659.9 亿元，占 19.8%，同比增长 5.2%，增速比上年同期下降 1.5 个百分点；小型企业完成主营业务收入 10 210.5 亿元，占 76.2%，同比增长 7.8%，增速比上年同期下降 2.1 个百分点。从规模看，谷物磨制企业主营业务收入主力为小型企业，大中小型企业主营业务收入增速均有小幅明显下降。

分投资类型看，国有控股企业完成主营业务收入 710.1 亿元，占全部规模以上谷物磨制加工业主营业务收入的 5.3%，同比增长 13.4%，增速比上年同期上升 13.0 个百分点；集体控股企业完成主营业务收入 144.8 亿元，占 1.1%，同比增长 2.6%，增速比上年同期上升 3.5 个百分点；私人控股企业完成主营业务收入 11 787.9 亿元，占 87.9%，同比增长 6.9%，增速比上年同期下降 2.8 个百分点；港澳台商控股企业完成主营业务收入 117.6 亿元，占 0.9%，同比增长 11.2%，增速比上年下降 1.4 个百分点；外商控股企业完成主营业务收入 344.4 亿元，占 2.6%，同比增长 14.6%，增速比上年同期上升 4.7 个百分点；其他控股企业完成主营业务收入 298.6 亿元，占 2.2%，同比增长 5.0%，增速比上年同期下降 12.3 个百分点。从投资类型看，私人控股企业主营业务收入占比最高，外商控股企业主营业务收入增幅最快。

分区域看，东部地区企业完成主营业务收入 3 294.4 亿元，同比增长 10.5%；中部地区企业完成主营业务收入 6 178.5 亿元，同比增长 8.2%；西部地区企业完成主营业务收入 1 194.8 亿元，同比增长 8.3%；东北地区企业完成主营业务收入 2 735.8 亿元，同比增长 1.6%。东北地区主营业务收入增速明显低于其他区域。

3. 利润总额增速下降，西部地区利润增速领跑　分规模看，大型企业实现利润总额 23.3 亿元，占全部规模以上谷物磨制加工业利润总额的 3.5%，同比增长 8.3%，增速比上年同期上涨 1.9 个百分点；中型企业实现利润总额 144.0 亿元，占 21.8%，同比增长 1.2%，增速比上年同期下降 13.0 个百分点；小型企业实现利润总额 493.4 亿元，占 74.7%，同比增长 4.8%，增速比上年同期下降 1.2 个百分点。从规模看，谷物磨制加工业小型企业利润总额占比最大，中型企业利润总额增速下降明显。

分投资类型看，国有控股企业实现利润总额 19.4 亿元，占全部规模以上谷物磨制加工业利润总额的 2.9%，同比增长 35.0%，增速比上年同期上升 47.7 个百分点；集体控股企业实现利润总额 5.8 亿元，占 0.8%，同比增长 4.6%，增速比上年同期下降 64.1 个百分点；私人控股企业实现利润总额 615.8 亿元，占 93.2%，同比增长 3.3%，增速比上年同期下降 3.7 个百分点；港澳台商控股企业实现利润总额 1.5 亿元，占 0.2%，同比增长 17.9%，增速比上年下降 48.3 个百分点；外商控股企业实现利润总额 6.2 亿元，占 0.9%，同比增长 17.4%，增速比上年同期下降 28.7 个百分点；其他控股企业实现利润总额 12.0 亿元，占 1.8%，同比下降 1.4%，增速比上年同期下降 12.4 个百分点。从投资类型看，私人控股企业实现利润总额最多，国有控股企业利润总额增幅最快，集体控股、港澳台商控股和外商控股企业利润增速大幅下降。

分区域看，东部地区企业实现利润总额 169.9 亿元，占全部规模以上谷物磨制加工业利润总额的 25.7%，同比增长 6.2%，增速比上年同期下降 9.4 个百分点；中部地区企业实现利润总额 325.5 亿元，占 49.3%，同比增长 5.9%，增速比上年同期上升 0.1 个百分点；西部地区企业实现利润总额 56.6 亿元，占 8.6%，同比增长 13.7%，增速比上年同期下降 4.9 个百分点；东北地区企业实现利润总额 108.6 亿元，占 16.4%，同比下降 7.6%，增速比上年同期下降 6.1 个百分点。从区域看，中部地区企业实现利润总额最多，西部地区企业利润总额增幅最快，东北地区利润有所下降。

（三）淀粉及淀粉制品制造行业

2015 年，全国规模以上淀粉及淀粉制品制造企业 856 家，比上年同期增加 12 家。完成主营业务收入 2 882.4 亿元，占全部规模以上粮食加工业主营业收入的 11.6%，同比下降 8.0%。累计实现利润总额 120.6 亿元，占全部规模以上粮食加工业利润总额的 8.3%，同比下降 12.5%，主营业务收入利润率为 4.2%。

1. 私营企业为主，小型企业数量减少　分规模看，大型企业 26 家，占全部规模以上淀粉及淀粉制品制造企业的 3.0%，比 2014 年减少 3 家；中型企业 97 家，占 11.3%，比 2014 年增加 1 家；小型企业 733 家，占 85.6%，比 2014 年减少 14 家。因此，从企业规模看，淀粉及淀粉制品制造企业绝大部分是小型企业，大型和小型企业数量有所减少。

分投资类型看，国有控股企业 14 家，占全部规模以上淀粉及淀粉制品制造企业的 1.6%，比 2014 年增加 1 家；集体控股企业 31 家，占 3.6%，比 2014 年减少 2 家；私人控股企业 723 家，占 84.5%，比 2014 年增加 12 家；港澳台商控股企业 19 家，占 2.2%，比 2014 年减少 1 家；外商控股企业 36 家，占 4.2%，与 2014 年相同；其他控股企业 33 家，占 3.9%，比 2014 年增加 2 家。因此，从投资类型看，淀粉及淀粉制品制造企业绝大部分是私营企业。

分区域看，东部地区拥有企业 294 家，占全国规模以上淀粉及淀粉制品制造企业的 34.3%，比 2014 年增加 10 家；中部地区拥有企业 248 家，占 29.0%，比 2014 年增加 11 家；西部地区拥有企业 241 家，占 28.2%，比 2014 家减少 7 家；东北地区拥有企业 73 家，占 8.5%，比 2014 年减少 2 家。因此，从区域看，淀粉及淀粉制品制造企业主要分布在东部地区，西部及东北地区企业数量有所减少。

2. 主营业务收入有所下降　分规模看，大型企业完成主营业务收入 1 014.8 亿元，占全部规模以上淀粉及淀粉制品制造加工业主营业务收入的 35.2%，同比下降 16.8%，增速比上年同期下降 9.2 个百分点；中型企业完成主营业务收入 756.9 亿元，占 26.3%，同比下降 3.8%，增速比上年同期下降 7.4 个百分点；小型企业完成主营业务收入 1 110.7 亿元，占 38.5%，同比下降 1.3%，增速比上年同期下降 8.7 个百分点。从规模看，淀粉及淀粉制品制造企业主营业务收入占比较为均衡，大型企业主营业务收入增速继续呈下降态势，中型和小型企业营收增速由正转负。

分投资类型看，国有控股企业完成主营业务收入 79.5 亿元，占全部规模以上淀粉及淀粉制品制造业主营业务收入的 2.8%，同比下降 2.4%，增速比上年同期下降 25.8 个百分点；集体控股企业完成主营业务收入 134.7 亿元，占 4.7%，同比下降 38.6%，增速比上年同期下降 63.6 个百分点；私人控股企业完成主营业务收入 1 832.4 亿元，占 63.6%，同比增长 5.6%，增速比上年同期上升 2.8 个百分点；港澳台商控股企业完成主营业务收入 338.9 亿元，占 11.8%，同比下降 32.8%，增速比上年下降 10.3 个百分点；外商控股企业完成主营业务收入 161.5 亿元，占 5.6%，同比下降 18.1%，增速比上年同期下降 12.4 个百分点；其他控股企业完成主营业务收入 335.4 亿元，占 11.6%，同比下降 15.4%，增速比上年同期下降 29.3 个百分点。从投资类型看，私人控股企业主营业务收入占比最高，国有控股、集体控股企业主营业务收入增速下降幅度较大。

分区域看，东部地区企业完成主营业务收入 1 204.5 亿元，占全部规模以上淀粉及淀粉制品制造业主营业务收入的 41.8%，同比下降 5.6%，增速比上年同期下降 10.0 个百分点；中部地区企业完成主营业务收入 553.9 亿元，占 19.2%，同比下降 0.2%，增速比上年同期下降 6.1 个百分点；西部地区企业完成主营业务收入 504.7 亿元，占 17.5%，同比增长 6.4%，增速比上年同期下降 4.8 个百分点；东北部地区企业完成主营业务收入 619.3 亿元，占 21.5%，同比下降 25.1%，增速比上年同期下降 11.3 个百分点。从区域看，东部地区企业主营业务收入占比最高，除西部地区营收有所增长外，其他区域营收增速均为负增长，且东北部地区企业主营业务收入增幅下降最多。

3. 大型企业利润增速显著下降，国有企业效益好转　分规模看，大型企业实现利润总额 20.2 亿元，占全部规模以上淀粉及淀粉制品制造业利润总额的 16.8%，同比下降 43.8%，增速比上年同期下降 45.8 个百分点；中型企业实现利润总额 35.3 亿元，占 29.3%，同比增长 3.2%，增速比上年同期上升 12.8 个百分点；小型企业实现利润总额 65.1 亿元，占 54.0%，同比下降 3.8%，增速比上年同期下降 4.6 个百分点。从规模看，淀粉及淀粉制品制造加工业小型企业利润总额占比最大，中型企业利润总额增速上升最快，大型企业利润显著下降。

分投资类型看，国有控股企业实现利润总额 1.8 亿元，占全部规模以上淀粉及淀粉制品制造业利润总额的 1.5%，同比增长 95.7%，增速比上年同期上升 599 个百分点；集体控股企业实现利润总额 10.5 亿元，占 8.7%，同比下降 27.8%，增速比上年同期下降 41.5 个百分点；私人控股企业实现利润总额 98.0 亿元，占 81.3%，同比增长 5.9%，增速比上年同期上升 7.7 个百分点；港澳台商控股企业实现利润总额 5.4 亿元，占 4.5%，同比下降 49.1%，增速比上年同期下降 8.0 个百分点；外商控股企业实现利润总额亏损 2.0 亿元，占 1.7%，同比下降 395.2%，增速比上年同期下降 319.5 个百分点；其他控股企业实现利润总额 7.0 亿元，占 5.8%，同比下降 62.7%，增速比上年同期下降 135.3 个百分点。从投资类型看，私人控股企业实现利润总额最多，国有控股企业利润大幅提高，外商控股企业利润呈现亏损态势。

分区域看，东部地区企业实现利润总额 52.6 亿元，占全部规模以上淀粉及淀粉制品制造业利润总额的 43.6%，同比下降 21.6%，增速比上年同期下降 32.2 个百分点；中部地区企业实现利润总额 31.6 亿元，占 26.2%，同比增长 10.9%，增速比上年同期上升 3.7 个百分点；西部地区企业实现利润总额 27.9 亿元，占 23.1%，同比增长 0.3%，增速比上年同期下降 4.6 个百分点；东北地区企业实现利润总额 8.5 亿元，占 7.0%，同比下降 41.1%，增速比上年同期上升 3.3 个百分点。从区域类型看，东部地区企业利润总额最多，东部及东北地区利润下滑明显。

（四）饼干及其他焙烤食品制造业

2015 年，全国规模以上饼干及其他焙烤食品制造企业 707 家，比上年同期增加 49 家。完成主营业务收入 1 806.5 亿元，占全部规模以上粮食加工业主营业务收入的 7.3%，同比增长 8.3%。累计实现利润总额 132.1 亿元，占全部规模以上粮食加工业利润总额的 9.1%，同比增长 7.1%。饼干及其他焙烤食品制造业主营业务收入利润率为 7.3%。

1. 东部地区企业数量逾半数　分规模看，大型企业 26 家，占全部规模以上饼干及其他焙烤食品制造企业的 3.7%，比 2014 年减少 2 家；中型企业 139 家，占 19.7%，比 2014 年减少 6 家；小型企业 542 家，占 76.7%，比 2014 年增加 53 家。因此，从企业规模看，饼干及其他焙烤食品制造企业绝大部分是小型企业。

分投资类型看，国有控股企业 11 家，占全部规模以上饼干及其他焙烤食品制造企业的 1.6%，比 2014 年增加 1 家；集体控股企业 10 家，占 1.4%，比 2014 年增加 1 家；私人控股企业 533 家，占 75.4%，比 2014 年增加 46 家；港澳台商控股企业 62 家，占 8.8%，比 2014 年增加 9 家；外商控股企业 62 家，占 8.8%，比 2014 年减少 4 家；其他控股企业 29 家，占 4.1%，比 2014 年减少 4 家。因此，从投资类型看，饼干及其他焙烤食品制造企业绝大部分是私营企业，外商控股企业数量有所减少。

分区域看，东部地区拥有企业 365 家，占全国规模以上饼干及其他焙烤食品制造企业的 51.6%，比 2014 年增加 43 家；中部地区拥有企业 258 家，占 36.5%，比 2014 年增加 12 家；西部地区拥有企业 61 家，占 8.6%，与 2014 年持平；东北地区拥有企业 23 家，占 3.3%，比 2014 年减少 6 家。因此，从区域看，饼干及其他焙烤食品制造企业主要分布在东部地区，东北地区企业数量有所减少。

2. 主营业务收入增速放缓　分规模看，大型企业完成主营业务收入 602.0 亿元，占全部规模以上饼干及其他焙烤食品制造业主营业务收入的 33.3%，同比增长 6.0%，增速比上年同期下降 2.8 个百分点；中型企业完成主营业务收入 526.3 亿元，占 29.1%，同比增长 6.0%，增速比上年同期下降 1.2 个百分点；小型企业完成主营业务收入 678.2 亿元，占 37.5%，同比增长 12.3%，增速比上年同期下降 0.9 个百分点。从规模看，饼干及其他焙烤食品制造企业主营业务收入小型企业占比最大，大型企业主营业务收入增速下降明显。

分投资类型看，国有控股企业完成主营业务收入 8.3 亿元，占全部规模以上饼干及其他焙烤食品制造业主营业务收入的 0.5%，同比增长 17.3%，增速比上年同期下降 39.3 个百分点；集体控股企业完成主营业务收入 16.0 亿元，占 0.9%，同比增长 5.6%，增速比上年同期下降 16.4 个百分点；私人控股企业完成主营业务收入 1 168.7 亿元，占 64.7%，同比增长 8.3%，增速比上年同期下降 3.1 个百分点；港澳台商控股企业完成主营业务收入 330.7 亿元，占 18.3%，同比增长 7.9%，增速比上年上升 2.4 个百分点；外商控股企业完成主营业务收入 207.6 亿元，占 11.5%，同比增长 6.4%，增速比上年同期上升 4.7 个百分点；其他控股企业完成主营业务收入 61.9 亿元，占 3.4%，同比增长 17.4%，增速比上年同期下降 18.3 个百分点。从投资类型看，私人控股企业主营业务收入占比最高，国有控股企业主营业务收入增速下降幅度最大。

分区域看，东部地区企业完成主营业务收入 834.9 亿元，占全部规模以上饼干及其他焙烤食品制造业主营业务收入的 46.2%，同比增长 8.3%，增速比上年同期上升 1.3 个百分点；中部地区企业完成主营业务收入 778.1 亿元，占 43.1%，同比增长 11.7%，增速比上年同期下降 4.1 个百分点；西部地区企业完成主营业务收入 129.7 亿元，占 7.2%，同比增长 5.5%，增速比上年同期下降 6.4 个百分点；东北部地区企业完成主营业务收入 63.8 亿元，占 3.5%，同比下降 18.7%，增速比上年同期下降 11.4 个百分点。从区域看，东部地区企业主营业务收入占比最高，东北部地区企业主营业务收入降幅继续扩大。

3. 国有企业经济效益下滑　分规模看，大型企业实现利润总额 37.5 亿元，占全部规模以上饼干及其他焙烤食品制造业利润总额的 28.4%，同比增长 10.5%，增速比上年同期下降 7.7 个百分点；中型企业实现利润总额 50.7 亿元，占 38.4%，同比增长 3.5%，增速比上年同期上升 2.8 个百分点；小型企业实现利润总额 44.0 亿元，占 33.3%，同比增长 8.6%，增速比上年同期上升 1.2 个百分点。从规模看，饼干及其他焙烤食品制造业企业利润总额占比较为均衡，大型企业利润总额增速有所下降。

分投资类型看，国有控股企业实现利润总额 0.5 亿元，占全部规模以上饼干及其他焙烤食品制造业利润总额的 0.4%，同比下降 1.2%，增速比上年同期下降 155.1 个百分点；集体控股企业实现利润总额 1.0 亿元，占 0.7%，同比下降 17.2%，增速比上年同期下降 32.2 个百分点；私人控股企业实现利润总额 81.7 亿元，占 61.8%，同比增长 14.0%，增速比上年同期上升 3.7 个百分点；港澳台商控股企业实现利润总额 24.4 亿元，占 18.5%，同比增长 2.0%，增速比上年上升 10.4 个百分点；外商控股企业实现利润总额 20.6 亿元，占 15.6%，同比下降 6.7%，增速比上年同期下降 9.2 个百分点；其他控股企业实现利润总额 3.9 亿元，占 3.0%，同比下降 1.8%，增速比上年同期下降 51.5 个百分点。从投资类型看，私人控股企业实现利润总额最多，国有控股、集体控股企业利润总额增速显著下降。

分区域看，东部地区企业实现利润总额 60.5 亿元，占全部规模以上饼干及其他焙烤食品制造业利润总额的 46.5%，同比增长 8.7%，增速比上年同期上升 3.7 个百分点；中部地区企业实现利润总额 53.0 亿元，占 40.1%，同比增长 12.4%，增速比上年同期上升 7.3 个百分点；西部地区企业实现利润总额 14.1 亿元，占 10.7%，同比增长 19.5%，增速比上年同期下降 9.4 个百分点；东北地区企业实现利润总额 4.5 亿元，占 3.4%，同比下降 48.1%，增速比上年同期下降 50.6 个百分点。从区域类型看，东部和中部地区企业利润总额占比较大，东北地区企业利润总额降幅显著扩大。

（五）方便面及其他方便食品制造

2015 年，全国规模以上方便面及其他方便食品制造企业 407 家，比上年同期增加 16

家。完成主营业务收入 1 722.5 亿元，占全部规模以上粮食加工业主营业务收入的 6.9%，同比下降 1.1%。累计实现利润总额 116.0 亿元，占全部规模以上粮食加工业利润总额的 8.0%，同比增长 4.3%。方便面及其他方便食品制造业主营业务收入利润率为 6.7%。

1. 私营企业数量居多 分规模看，大型企业 36 家，占全部规模以上方便面及其他方便食品制造企业的 8.8%，比 2014 年增加 1 家；中型企业 99 家，占 24.3%，比 2014 年增加 5 家；小型企业 272 家，占 66.8%，比 2014 年增加 10 家。因此，从企业规模看，方便面及其他方便食品制造企业绝大部分是小型企业。

分投资类型看，国有控股企业 14 家，占全部规模以上方便面及其他方便食品制造企业的 3.4%，比 2014 年增加 2 家；集体控股企业 7 家，占 1.7%，与 2014 年持平；私人控股企业 284 家，占 69.8%，比 2014 年增加 19 家；港澳台商控股企业 38 家，占 9.3%，比 2014 年增加 1 家；外商控股企业 35 家，占 8.6%，比 2014 年减少 3 家；其他控股企业 29 家，占 7.1%，比 2014 年减少 3 家。因此，从投资类型看，方便面及其他方便食品制造企业绝大部分是私营企业，外商控股企业数量有所下降。

分区域看，东部地区拥有企业 147 家，占全部规模以上方便面及其他方便食品制造企业的 36.1%，比 2014 年增加 5 家；中部地区拥有企业 168 家，占 41.3%，比 2014 年增加 12 家；西部地区拥有企业 65 家，占 16.0%，比 2014 年增加 2 家；东北地区拥有企业 27 家，占 6.6%，比 2014 年减少 3 家。因此，从区域看，方便面及其他方便食品制造企业主要分布在中部地区，东北地区企业减少。

2. 主营业务收入略有下降，国有企业增速大幅回落 分规模看，大型企业完成主营业务收入 935.5 亿元，占全部规模以上方便面及其他方便食品制造业主营业务收入的 54.3%，同比下降 5.5%，增速比上年同期下降 5.4 个百分点；中型企业完成主营业务收入 438.9 亿元，占 25.5%，同比增长 4.2%，增速比上年同期下降 8.2 个百分点；小型企业完成主营业务收入 348.1 亿元，占 20.2%，同比增长 5.3%，增速比上年同期下降 11.3 个百分点。从规模看，方便面及其他方便食品制造企业主营业务收入大型企业占比最大，小型企业主营业务收入增速下降明显。

分投资类型看，国有控股企业完成主营业务收入 21.8 亿元，占全部规模以上方便面及其他方便食品制造业主营业务收入的 1.3%，同比增长 26.9%，增速比上年同期上升 11.9 个百分点；集体控股企业完成主营业务收入 21.5 亿元，占 1.2%，同比下降 11.8%，增速比上年同期下降 4.1 个百分点；私人控股企业完成主营业务收入 807.3 亿元，占 46.9%，同比增长 4.2%，增速比上年同期下降 7.5 个百分点；港澳台商控股企业完成主营业务收入 181.0 亿元，占 10.5%，同比下降 5.1%，增速比上年下降 6.9 个百分点；外商控股企业完成主营业务收入 559.3 亿元，占 32.5%，同比下降 9.8%，增速比上年同期下降 8.9 个百分点；其他控股企业完成主营业务收入 131.5 亿元，占 7.6%，同比增长 14.8%，增速比上年同期下降 8.9 个百分点。从投资类型看，私人控股企业主营业务收入占比最高，国有控股企业主营业务收入增速上升幅度最大，集体控股、外商控股企业降幅有所扩大。

分区域看，东部地区企业完成主营业务收入 815.5 亿元，占全部规模以上方便面及其他方便食品制造业主营业务收入的 47.3%，同比下降 6.9%，增速比上年同期下降 8.6 个百分点；中部地区企业完成主营业务收入 555.7 亿元，占 32.3%，同比增长 5.4%，增速比上年同期下降 4.8 个百分点；西部地区企业完成主营业务收入 271.9 亿元，占 15.8%，同比增长 6.4%，增速比上年同期下降 6.4 个百分点；东北地区企业完成主营业务收入 79.4 亿元，占 4.6%，同比下降 4.0%，增速比上年同期上升 6.7 个百分点。从区域看，东部地区企业主营业务收入占比最高，东北部地区企业主营业务收入降幅收窄。

3. 利润总额平稳增长　分规模看，大型企业实现利润总额 59.4 亿元，占全部规模以上方便面及其他方便食品制造业利润总额的 51.2%，同比增长 2.8%，增速比上年同期上升 19.8 个百分点；中型企业实现利润总额 36.1 亿元，占 31.1%，同比增长 12.1%，增速比上年同期下降 3.0 个百分点；小型企业实现利润总额 20.4 亿元，占 17.6%，同比下降 3.8%，增速比上年同期下降 3.8 个百分点。从规模看，大型企业利润总额占比最大且增速大幅提升，小型企业利润总额增速下降最大。

分投资类型看，国有控股企业实现利润总额 0.8 亿元，占全部规模以上方便面及其他方便食品制造业利润总额的 0.7%，同比增长 42.6%，增速比上年同期上升 267.1 个百分点；集体控股企业实现利润总额 1.5 亿元，占 1.3%，同比增长 2.2%，增速比上年同期上升 28.9 个百分点；私人控股企业实现利润总额 48.2 亿元，占 41.6%，同比增长 5.6%，增速比上年同期上升 0.8 个百分点；港澳台商控股企业实现利润总额 9.0 亿元，占 7.8%，同比增长 28.2%，增速比上年上升 38.4 个百分点；外商控股企业实现利润总额 48.0 亿元，占 41.4%，同比下降 2.7%，增速比上年同期下降 48.8 个百分点；其他控股企业实现利润总额 8.4 亿元，占 7.2%，同比增长 17.4%，增速比上年同期上升 6.4 个百分点。从投资类型看，私人控股企业实现利润总额最多，国有控股、集体控股、港澳台商控股企业利润总额增速上升明显，外商控股企业增速有所下降。

分区域看，东部地区企业实现利润总额 54.8 亿元，占全部规模以上方便面及其他方便食品制造业利润总额的 47.2%，同比增长 1.2%，增速比上年同期上升 15.1 个百分点；中部地区企业实现利润总额 36.2 亿元，占 31.2%，同比增长 12.5%，增速比上年同期上升 16.4 个百分点；西部地区企业实现利润总额 19.6 亿元，占 16.9%，同比增长 3.1%，增速比上年同期上升 2.0 个百分点；东北地区企业实现利润总额 5.4 亿元，占 4.7%，同比下降 8.7%，增速比上年同期上升 6.5 个百分点。从区域类型看，东部地区企业利润总额最多，中部地区企业利润总额增幅上升最明显。

（六）行业新特征、新趋势

一是企业兼并重组步伐加快，产业结构逐步优化。在 2015 年初的全国粮食流通工作会议上，国家发展和改革委员会号召粮食企业加快兼并重组步伐，国有粮食企业要积极发展混合所有制经济。同时，行业内大企业集团为提升综合竞争力开展强强联合、战略结盟成为新趋势。2015 年 6 月，我国最大的市场化粮食流通企业中粮贸易有限公司与全球最大面粉生产商——五得利面粉集团有限公司达成战略合作协议，打造国内首家低成本、高效率小麦供应链。亚洲最大的玉米精炼企业——大成生化科技集团有限公司在停产半年后控股权转让给吉林省现代农业产业投资基金。白酒行业并购浪潮不断，已披露的有天洋控股沱牌舍得、北京糖业烟酒并购华都酒业、1919 并购购酒网等。在企业并购及资本重组中一些大企业的实力不断加强，"强者恒强"趋势明显，行业和产品结构得以优化、品牌集中度进一步提升。

二是企业科技创新意识增强，先进技术装备研发和推广应用加快。在成本高启、需求低迷、恶性竞争激烈等诸多不利因素影响下，作为传统微利行业的粮食加工业开始主动通过科技创新寻求产业升级。粮食及其制品的"四散"化运输、品质在线检测以及具有节能、降耗、智能化控制功能的烘干、包装等设备、设施在企业中的应用越来越广泛。2015年7月，国内工程机械龙头企业——中联重科推出了我国首台基于互联网＋远程智能控制技术的新型粮食烘干装备。国内挂面生产龙头企业——河北金沙河集团，实现从小麦收储、制粉、制面及包装车间的全过程电脑控制，降低了人工成本以及人为质量安全隐患。

三是产业提振政策不断，各级政府多措并举促发展。针对2014年下半年以来国内粮食加工业，尤其是玉米深加工企业面临日益严重的亏损局面，国家以及地方政府陆续出台多项产业提振政策。2015年发布了"关于调整部分产品出口退税率的通知"，将玉米加工项目的核准权下放到省级发改委，并调低了玉米临储价格。以黑龙江、吉林为代表的玉米生产和深加工大省，推出了加工直补、拍卖粮采购补贴等政策。针对国内粮食的高产量、高库存问题，农业部选择30个县开展"粮改饲"试点，并制订了2016年至2020年玉米种植面积调减的政策目标。

三、主要产品贸易情况分析

2015年，全国粮食加工行业主要商品累计实现进出口总额36.7亿美元，同比增长9.3%，增速较上年同期增长1.5个百分点。其中，累计出口总额18.3亿美元，同比增长5.6%；累计进口金额18.3亿美元，同比增长13.3%。

（一）进出口增长情况

出口方面，方便食品出口量较大，2015年出口50.2万吨，同比下降1.7%，出口额8.2亿美元，同比下降2.3%；谷物细粉、粗粉、团粒，焙烘糕饼及谷物膨化、烘炒食品和味精出口量分别为11.9万吨、16.9万吨和16.3万吨，同比分别下降37.41%、5.4%和0.2%；淀粉出口11.6万吨，同比增长14.3%。谷物细粉、粗粉、团粒，淀粉，焙烘糕饼

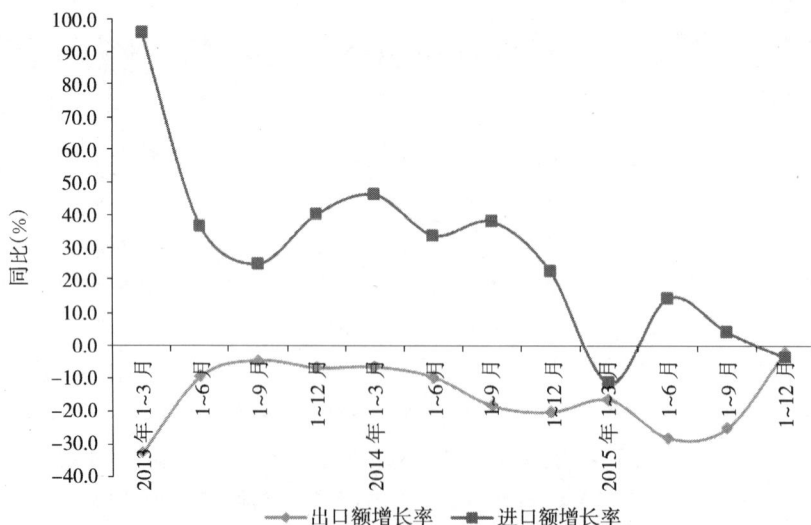

图2-8　2013—2015年淀粉进出口额同比增长率

及谷物膨化、烘炒食品，味精，酱油、醋及醋代用品出口额分别为 0.7 亿美元、0.8 亿美元、5.4 亿美元、2.0 亿美元和 1.3 亿美元，其中谷物细粉、粗粉、团粒，淀粉，焙烘糕饼及谷物膨化、烘炒食品同比分别下降 33.6%、2.3%、4.2%、2.3%，味精、醋及醋代用品出口额同比分别增长 732.3% 和 4.5%。

进口方面，淀粉进口数量最多，2015 年进口 190.1 万吨，同比下降 2.5%，进口额为 8.4 亿美元，同比下降 3.8%。谷物细粉、粗粉、团粒，焙烘糕饼及谷物膨化、烘炒食品，方便食品，味精进口量分别为 6.3 万吨、16.1 万吨、5.6 万吨、0.1 万吨，同比分别增长 10.4%、33.9%、19.1%、73.7%。谷物细粉、粗粉、团粒，焙烘糕饼及谷物膨化、烘炒食品，方便食品，味精，酱油、醋及醋代用品进口额分别为 0.4 亿美元、7.9 亿美元、1.3 亿美元、0.03 亿美元和 0.3 亿美元，同比分别增长 3.7%、37.9%、23.7%、73.4% 和 15.4%。

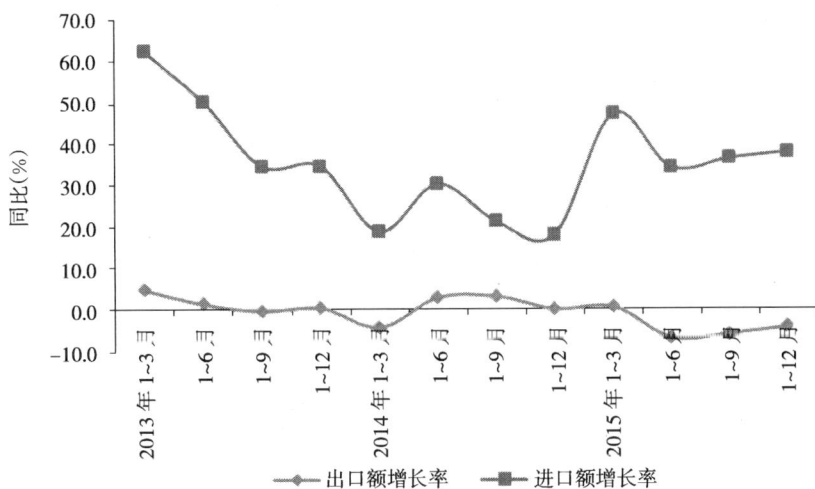

图 2-9　2013—2015 年烘焙类食品进出口额同比增长率

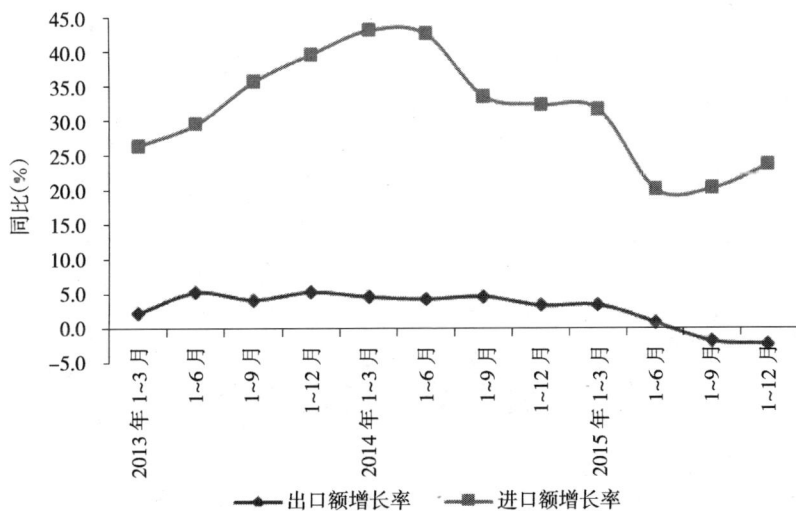

图 2-10　2013—2015 年方便食品进出口额同比增长率

（二）分贸易方式进出口情况

2015 年，粮食加工行业主要商品出口方式以一般贸易为主。其中，谷物细粉、粗粉、团粒一般贸易方式出口量 56 610.0 吨，占其总出口量的 47.7%，出口额 3 939.4 万美元，同比下降 33.5%，占其总出口额的 53.8%；淀粉一般贸易方式出口量 10.4 万吨，占其总出口量的 90.0%，出口额 7 401.7 万美元，同比增长 2.9%，占其总出口额的 92.0%；焙烘糕饼及谷物膨化、烘炒食品一般贸易方式出口量 13.6 万吨，占其总出口量的 80.8%，出口额 39 055.8 万美元，同比下降 4.8%，占其总出口额的 72.8%；方便食品一般贸易方式出口量 42.0 万吨，占其总出口量的 83.8%，出口额 67 742.9 万美元，同比下降 3.0%，占其总出口额的 82.6%；味精一般贸易方式出口量 13 510.2 吨，占其总出口量的 82.8%，出口额 16 342.1 万美元，同比增长 789.1%，占其总出口额的 83.2%；酱油、醋及醋代用品一般贸易方式出口额 11837.8 万美元，同比增长 2.5%，占其总出口额的 95.0%。此外，以上各类商品出口中保税仓库进出境货物和保税区仓储转口货物贸易方式同比增长较快。

（三）出口地区情况

2015 年，谷物细粉、粗粉、团粒按出口量和出口额大小排序，前五大出口目的地依次为中国香港地区、朝鲜、中国澳门地区、泰国和菲律宾，出口量合计占其出口总量的 97.1%，对越南出口量增长最快，同比增长 436.5%。2015 年上述地区出口额分别为 5 953.1 万美元、564.6 万美元、415.6 万美元、94.9 万美元和 53.5 万美元，出口额合计占其出口总额的 96.7%。淀粉按出口量大小排序，前五大出口目的地依次为印度尼西亚、韩国、中国香港地区、泰国和马来西亚，出口量合计占其出口总量的 82.2%；按出口额大小排序，前五大出口目的地依次为韩国、印度尼西亚、中国香港地区、泰国和日本，出口额合计占其出口总额的 81.0%。焙烘糕饼及谷物膨化、烘炒食品按出口量大小排序，前五大出口目的地依次为日本、中国香港地区、韩国、美国和澳大利亚，出口量合计占其出口总量的 60.6%；按出口额大小排序，前五大出口目的地依次为中国香港地区、日本、美国、韩国和澳大利亚，出口额合计占其出口总额的 64.7%。方便食品按出口量大小排序，前五大出口目的地依次为中国香港地区、韩国、美国、日本和加拿大，出口量合计占其出口总量的 59.2%；按出口额大小排序，前五大出口目的地依次为中国香港地区、美国、日本、韩国和加拿大，出口额合计占其出口总额的 60.7%。味精按出口量大小排序，前五大出口目的地依次为缅甸、印度尼西亚、巴基斯坦、印度和泰国，出口量合计占其出口总量的 59.9%；按出口额大小排序，前五大出口目的地依次为缅甸、印度尼西亚、印度、巴基斯坦和泰国，出口额合计占其出口总额的 70.9%。酱油、醋及醋代用品按出口额大小排序，前五大出口目的地依次为中国香港地区、美国、印度尼西亚、俄罗斯联邦和德国，出口额合计占其出口总额的 56.2%。

四、主要产品价格趋势分析

（一）小麦粉价格保持平稳

2015 年，在我国经济下行压力持续加大的背景下，面粉全国平均价格与上年水平基本持平，价格涨跌大致在 10～60 元/吨。

根据国家统计局 50 个城市主要食品平均价格监测数据显示，2015 年富强粉价格总体维持在 5.59～6.06 元/千克之间，年度平均价格为 6.03 元/千克；标准粉价格总体维持在 4.74～4.80 元/千克之间，年度平均价格为 4.76 元/千克。2015 年全国粮食生产实现"十二连增"，国内市场供需形势宽松，大宗粮食价格均有所下降。小麦价格稳中偏弱，原粮价格下跌对加工企业，尤其是玉米淀粉生产企业较为有利，东北、华北等地淀粉加工厂开工率普遍提升，企业效益有所改善。

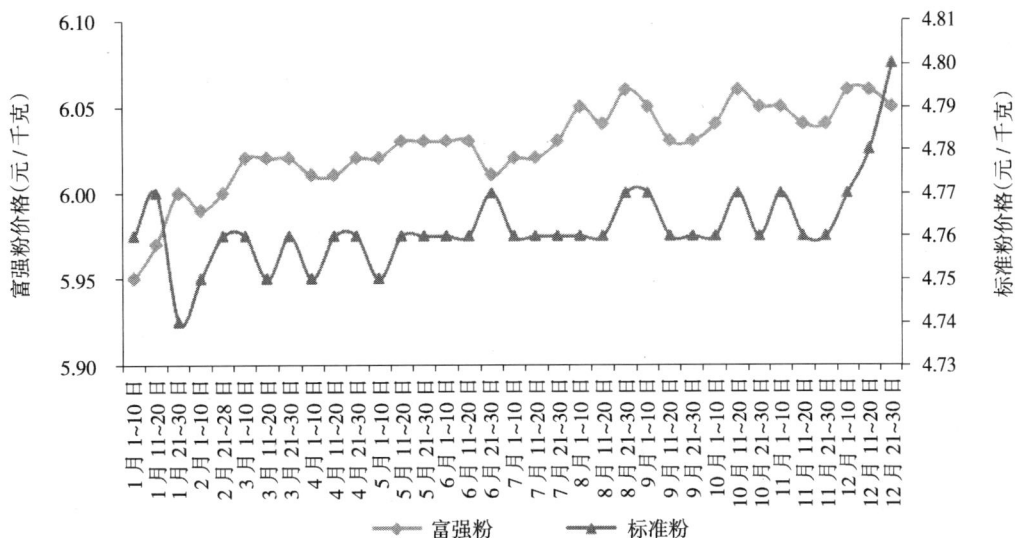

图 2-11　2015 年 1～12 月面粉价格波动情况

（二）稻米价格小幅上涨

2015 年，稻谷价格保持相对平稳，根据国家统计局 50 个城市主要食品平均价格监测数据显示，2015 年大米价格总体维持在 6.10～6.19 元/千克之间，年度平均价格为 6.17 元/

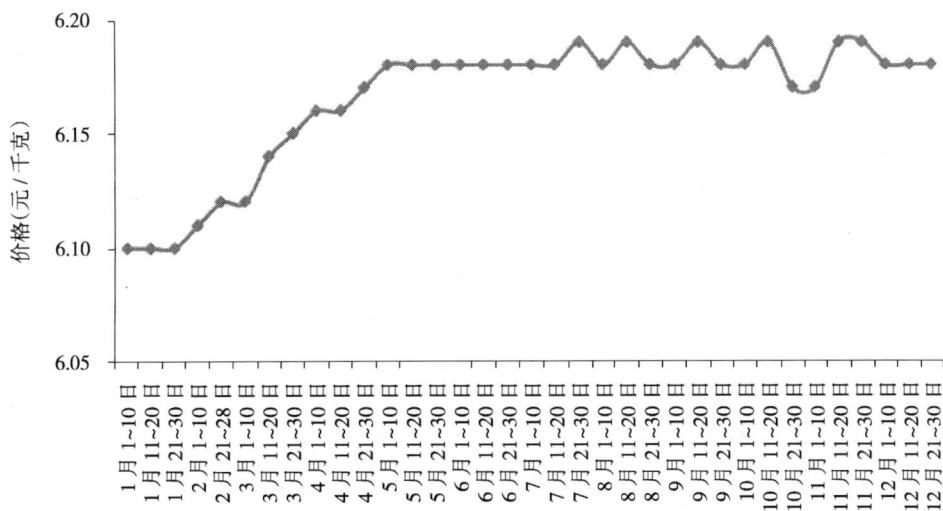

图 2-12　2015 年 1～12 月大米价格波动情况

千克，月度之间价格呈现缓慢上升态势。2015 年，粳米、晚籼米价格年底较年初上涨 4.0％～6.0％，早籼米价格每吨有 40～200 元不等的下调。

五、面临的主要问题

一是国内粮食高库存问题突出，收储制度亟待改革。近年来国内粮食高产量、高价格、高库存的"三高"问题十分突出，加工企业生产成本居高不下，利润空间被不断压缩，开工率普遍不足。2015 年玉米的国家库存量持续高企，且出库拍卖粮屡屡出现流拍现象，去库存压力巨大。高库存不仅带来沉重的财政负担，而且长期库存会导致粮食储存与安全风险加大，亟需加快在粮食生产、收储、加工、销售等产业链多个环节的体制机制改革及政策调整，以解决我国粮食行业的高库存问题。

二是粮食价格倒挂问题突出，产业健康协调发展受到抑制。2015 年，我国粮食价格呈现国内与国际市场、产区与销区、原粮与成品粮价格"三个倒挂"的态势。2015 年第三季度，国家宣布启动玉米临时收储政策，但收购区域仅限东北三省玉米主产区。未执行临储政策的地区，玉米放开收购，价格大幅下跌，河南、河北、山东等地玉米收购价下跌 30％左右，导致东北与华北玉米价格形成严重倒挂，一度出现了华北玉米向东北倒流的现象，破坏了市场竞争和价格形成机制规律。同时，"稻强米弱""麦强面弱"格局持续多年难以撼动，在经济低迷期对于传统粮食加工企业更是雪上加霜。

三是加工品市场未走出低迷态势，部分子行业发展仍处困境。2015 年，粮食加工品市场的低迷程度较往年偏重，全国规模以上粮食加工业亏损企业数量超 1 500 家，增长超过 7％。谷物磨制加工企业开工率持续低位徘徊，大企业开工率尚能维持一半，中小型企业开工率只有 20％～40％，停工、停产现象普遍。2014 年下半年以来玉米深加工企业亏损尤为严重，部分国家级重点龙头企业面临破产倒闭风险，玉米淀粉价格全年出现剧烈振荡，年度跌幅高达 14％。2015 年下半年虽然随着玉米价格大幅下跌和相关补贴政策的出台，淀粉加工企业开工率明显回升，但淀粉加工业主营业务收入与利润总额均呈现负增长，尚未挽回行业亏损局面。

六、对策建议

第一，尽快完善我国粮食价格形成机制。在日益突出的"三高"压力下，我国粮食产业政策调整已拉开序幕。中央针对国内外粮食价格倒挂问题，释放出"市场定价、价格和补贴分离"的粮食价格改革信号。建议逐步取消粮食托市收购及临时收储政策，完善粮食定价机制、收储补贴制度。在保证种粮农民基本利益的前提下，最终实现市场定价、价补分离。

第二，借助"一带一路"国家发展战略，加快粮食加工产业"走出去"步伐。随着我国"一带一路"、亚洲基础设施投资银行等国家发展战略的实施，未来我国农业"走出去"迎来有利的发展时机。从长远出发，应鼓励和支持有条件的企业"走出去"，在粮食生产、产能消化以及市场需求方面寻找合适的合作伙伴，充分利用好国际、国内"两种资源、两个市场"，将我国粮食加工业的发展经验与先进技术装备推广到"一带一路"沿线国家，尽快占领国际竞争制高点；在推动当地加工业发展、培育新兴市场的同时，促进国际睦邻友好关系。

第三，加强企业科技创新能力建设，促进产业结构调整与融合发展。建议协调利用好政策和市场的"双动力"驱动，促使企业通过自身努力加强与科研单位、高校合作，在粮食加工产业链延伸、中高端与高附加值产品开发、先进技术装备研制等方面提升科技创新能力。结合国家促进农村一二三产业融合发展的政策目标，通过科技创新弥补产业短板。在第一产业中，选择性发展优质、专用粮的选育与生产，在作物品种加工与营养品质方面开展更多的科研创新与协作；在第二产业中，加强传统粮食及其制品加工、粮食精深加工、综合利用以及企业经营管理等相关技术装备、科学理论的创新；在第三产业中，注重引导粮食加工产业链后端仓储、物流及销售与现代互联网、信息科技、智能制造领域的合作，为粮食加工业结构调整与供给侧改革提供良好的科技创新平台。

七、上市企业情况

沪深两市共有粮食加工与制造业上市企业 14 家，其中以粮食加工为主的企业 1 家，为金健米业股份有限公司；从事淀粉及淀粉制品加工的企业 3 家，分别为万福生科（湖南）农业开发股份有限公司、烟台双塔食品股份有限公司、保龄宝生物股份有限公司；从事米、面制品加工的企业 1 家，为克明面业股份有限公司；从事速冻食品加工企业 1 家，为三全食品股份有限公司；从事方便面及其他方便食品加工企业 1 家，为南方黑芝麻集团股份有限公司；从事糕点、面包加工的企业 1 家，为沈阳桃李面包股份有限公司；从事其他调味品、发酵制品加工的企业 1 家，为梅花生物科技集团股份有限公司；从事酱油、食醋等加工的企业 4 家，分别为千禾味业食品股份有限公司、佛山市海天调味食品股份有限公司、加加食品集团股份有限公司、江苏恒顺醋业股份有限公司。

2015 年，沪深两市粮食加工与制造业上市企业实现营业总收入 422.11 亿元，同比增长 16.6%，其中 11 家企业收入保持增长，梅花生物科技集团股份有限公司、佛山市海天调味食品股份有限公司和三全食品股份有限公司营收位居行业前三位，分别实现营业总收入 119 亿元、113 亿元和 42.4 亿元，同比分别增长 20.2%、15.1% 和 3.5%。此外，金健米业股份有限公司营收增长最快，同比增长 36.0%，万福生科（湖南）农业开发股份有限公司营收同比下降达 91.1%。

表 2-1 2015 年沪深两市粮食加工与制造业上市企业营业总收入及同比增速

企业名称	营业总收入（亿元）	同比增长（%）
万福生科（湖南）农业开发股份有限公司	0.07	−91.06
金健米业股份有限公司	22.9	35.95
南方黑芝麻集团股份有限公司	18.9	21.43
烟台双塔食品股份有限公司	12.4	9.58
三全食品股份有限公司	42.4	3.49
克明面业股份有限公司	18.9	23.88
沈阳桃李面包股份有限公司	25.6	24.55
保龄宝生物股份有限公司	12	31.36

（续）

企业名称	营业总收入 （亿元）	同比增长 （%）
梅花生物科技集团股份有限公司	119	20.15
千禾味业食品股份有限公司	6.24	−4.18
佛山市海天调味食品股份有限公司	113	15.05
加加食品集团股份有限公司	17.6	4.17
江苏恒顺醋业股份有限公司	13.1	8.1

2015 年，沪深两市粮食加工与制造业上市企业归属母公司股东净利润合计 39.88 亿元，同比增长 13.6%。其中，11 家企业实现盈利，较 2014 年减少 2 家；9 家企业净利润增长，增长率均在 11% 以上。

1. 偿债能力分析　2015 年，沪深两市粮食加工与制造业上市企业中有 10 家企业流动比率小于 2，其中 7 家企业低于 1.5，较 2014 年增加 4 家，2015 年粮食加工与制造业上市企业整体短期偿债能力略低于 2014 年。2014 年和 2015 年大部分上市企业的流动比率均在大于 1 低于 2 的区间波动，呈现稳中略降的趋势。其中，佛山市海天调味食品股份有限公司的流动比率连续两年在 2 及以上，短期保障能力较好；2015 年，克明面业股份有限公司和沈阳桃李面包股份有限公司流动比率分别为 3.82 和 3.93，可能存在资金闲置和存货较多的情况。梅花生物科技集团股份有限公司连续两年流动比率均低于 1，短期偿债风险较大。对应的速动比率，各上市企业中 8 家两年均在 1 以上，其余 5 家低于 1。2015 年，沪深两市粮食加工与制造业上市企业资产负债率为 38.2%，较上年下降 5.0 个百分点。近两年来，各上市企业资产负债率均保持在较好水平，仅两家企业资产负债率在 50%～60%，但也有企业资产负债率过低如桃李面包。其中，6 家企业资产负债率较上年有明显下降，克明面业股份有限公司和江苏恒顺醋业股份有限公司降幅最大为 9.8% 和 9.9%。

表 2-2　2014、2015 年沪深两市粮食加工与制造业上市企业资产负债率

企业名称	资产负债率（%）	
	2014	2015
万福生科（湖南）农业开发股份有限公司	28.05	22.96
金健米业股份有限公司	32.94	50.23
南方黑芝麻集团股份有限公司	22.25	38.48
烟台双塔食品股份有限公司	36.68	38.74
三全食品股份有限公司	47.39	50.93
克明面业股份有限公司	28.25	18.5
沈阳桃李面包股份有限公司	15.96	12.85
保龄宝生物股份有限公司	17.93	22.76
梅花生物科技集团股份有限公司	59.31	52.89
千禾味业食品股份有限公司	38.22	35.44
佛山市海天调味食品股份有限公司	31.93	23.89
加加食品集团股份有限公司	24.26	31.59
江苏恒顺醋业股份有限公司	41.03	31.18

2. 资产运营能力分析　2015 年，沪深两市粮食加工与制造业上市企业万福生科、金健米业、南方黑芝麻、双塔食品、三全食品、克明面业、桃李面包、保龄宝、梅花生物、千禾味业、海天味业、加加食品、恒顺醋业的总资产周转率分别为 0.02 次、1.59 次、0.73 次、0.31 次、1.15 次、1.08 次、1.52 次、0.65 次、0.61 次、0.91 次、1.0 次、0.7 次、0.58 次，金健米业、三全食品、保龄宝、梅花生物和恒顺醋业的总资产周转率比上年提高，其他企业均有不同程度下降。各上市企业总资产周转率大多在 0.6～1 次之间，金健米业、三全食品、克明面业、桃李面包 4 家企业的周转率在 1 次以上，表明粮食加工与制造业上市企业的销售情况总体比较平稳，以上 4 家企业资产利用效率更高，销售收入质量也更好；各上市企业的应收账款周转率分别为 2.56、29.06、10.92、8.45、11.55、7.65、12.24、11.9、33.92、17.57、41.48、13.72（海天味业无数据），10 家企业的周转率连续两年在 10 以上，其中金健米业和梅花生物的周转率分别为 29.06 和 33.92，表明上市企业应收账款的运用效率较高，资产变现能力较好，从短期变现能力有一定保障；各上市企业的存货周转率分别为 0.64、6.17、7.22、2.74、4.18、22.19、28.19、7.97、6.0、2.79、6.17、5.37、2.37，其中万福生科、南方黑芝麻、千禾味业和加加食品存货周转率有所下降，其他企业均实现增长。其中，克明面业和桃李面包的存货周转率最高，增长幅度也最快。

表 2-3　2015 年沪深两市粮食加工与制造业上市企业资产运营能力指标

企业名称	总资产周转率（次）	应收账款周转率	存货周转率
万福生科（湖南）农业开发股份有限公司	0.02	2.56	0.64
金健米业股份有限公司	1.59	29.06	6.17
南方黑芝麻集团股份有限公司	0.73	10.92	7.22
烟台双塔食品股份有限公司	0.31	8.45	2.74
三全食品股份有限公司	1.15	11.55	4.18
克明面业股份有限公司	1.08	7.65	22.19
沈阳桃李面包股份有限公司	1.52	12.24	28.19
保龄宝生物股份有限公司	0.65	11.90	7.97
梅花生物科技集团股份有限公司	0.61	33.92	6.00
千禾味业食品股份有限公司	0.91	17.57	2.79
佛山市海天调味食品股份有限公司	1.00	—	6.17
加加食品集团股份有限公司	0.70	41.48	5.37
江苏恒顺醋业股份有限公司	0.58	13.72	2.37

3. 盈利能力分析　2015 年，沪深两市粮食加工与制造业上市企业营业利润率为 10.9%，较上年上升 0.6 个百分点，除万福生科、金健米业和三全食品外，各上市企业营业利润率均在 2% 以上，其中海天味业、恒顺醋业和桃李面包居前列，营业利润率分别为 26.5%、21.2% 和 17.1%；上市企业中有 11 家企业的销售毛利率在 20% 以上，其中海天味业、恒顺醋业和千禾味业的毛利率分别为 41.94%、39.72% 和 37.19%，居全行业前列；2015 年，粮食加工与制造业上市企业每股收益较上年上升的有南方黑芝麻、克明面业、桃李面包、保龄宝、千和味业和恒顺醋业，每股收益较上年分别上升 0.235 元/股、0.497 3

元/股、0.19 元/股、0.05 元/股、0.113 元/股和 0.533 4 元/股。

表 2-4 　2015 年沪深两市粮食加工与制造业上市企业每股收益排名

企业名称	代码	每股收益（元/股）
克明面业股份有限公司	002661	1.289 3
佛山市海天调味食品股份有限公司	603288	0.93
沈阳桃李面包股份有限公司	603866	0.86
江苏恒顺醋业股份有限公司	600305	0.795 2
千禾味业食品股份有限公司	603027	0.554 4
南方黑芝麻集团股份有限公司	000716	0.477
烟台双塔食品股份有限公司	002481	0.15
梅花生物科技集团股份有限公司	600873	0.14
加加食品集团股份有限公司	002650	0.13
保龄宝生物股份有限公司	002286	0.11
三全食品股份有限公司	002216	0.04
金健米业股份有限公司	600127	−0.269
万福生科（湖南）农业开发股份有限公司	300268	−0.742

八、行业热点事件

1. 推进农业供给侧的结构性改革，全面提升粮食等重要农产品的供给水平　　农业部副部长陈晓华 2015 年 12 月 26 日在北京举行的 2015—2016 中国经济年会上表示，要全面提升粮食等重要农产品的供给水平，不必再追求数量连年增长，而要把重点放在巩固和提升产能上。陈晓华表示，要实现农业现代化的目标，"十三五"时期需加快转变农业发展方式，做到"六个全面提升"。一是要全面提升粮食等重要农产品的供给水平；二是要全面提升农业技术装备水平；三是要全面提升多种形式适度规模经营的引领水平；四是要全面提升农产品质量安全水平；五是要全面提升农业的经营效益的水平；六是要全面提升农业的可持续发展水平。

2. 农业部积极推进马铃薯主粮化　　未来我国粮食消费需求仍呈刚性增长趋势，到 2020年粮食需求增量在 1 000 亿斤*以上。但受耕地、水资源的约束和种植效益的影响，小麦、水稻等口粮品种继续增产的成本提高、空间变小、难度加大，需要开辟增产的新途径。马铃薯耐寒、耐旱、耐瘠薄，适应性广，特别是开发利用南方冬闲田，扩种马铃薯潜力很大。此外，我国马铃薯产量相对较低，依靠科技提高单产的潜力更大。在三大主粮稻米、小麦、玉米出现"三量齐增"的背景下，为推进农业供给侧和需求侧有效对接，2015 年，农业部启动马铃薯主粮化战略，推进把马铃薯加工成馒头、面条、米粉等主食，使马铃薯成为稻米、小麦、玉米外的第四大主粮。2 月，农业部发布《关于推进马铃薯产业开发的指导意见》，

---

　　* 斤为非法定计量单位，1 斤等于 0.5 千克。

提出到 2020 年，马铃薯种植面积扩大到 1 亿亩*以上，适宜主食加工的品种种植比例达到 30％，主食消费占马铃薯总消费量的 30％。

3. 粮食市场运行呈现内外融合、矛盾交织的新特征　在我国经济结构战略性调整加速推进，粮食贸易全球化、粮食购销市场化程度不断加深的背景下，国内粮食市场各种矛盾交织累积。宏观经济形势对粮食市场特别是对粮食消费需求的影响显著加深。

受耕地、淡水等资源环境约束，粮食连续增产的难度越来越大，随着人口增加、消费结构升级、城镇化进程加快，粮食需求将继续刚性增长。而另一方面，国内粮食生产连年丰收，粮食高产量、高收购量、高库存量"三高"叠加，粮食供求总量紧平衡与部分品种阶段性过剩矛盾凸显。与此同时，在粮食价格"天花板"和生产成本"地板"的双重挤压下，单纯依靠敞开收购、提高托市收购价格来保护农民种粮积极性的空间越来越小，现行粮食收储政策体制面临前所未有的挑战和考验。

适度利用国际粮食资源与进口粮食冲击国内市场的矛盾也逐渐显现。"稻强米弱"为期已久，稻米加工业经营困难。此外，我国粮食生产和库存分布呈现向核心产区集中态势，主产区收储压力巨大，政策性粮食库存连年"滚雪球"，增加财政负担。

4.《粮食收储供应安全保障工程建设规划（2015—2020 年）》发布　我国粮食流通基础设施长期薄弱和落后，随着粮食生产"十一连增"，城镇化、农业现代化加快发展，全面建成小康社会深入推进，对保障国家粮食安全、提高粮食收储供应能力提出了新的要求。党的十八大提出，要确保国家粮食安全和重要农产品有效供给。在此背景下各有关部门编制了《粮食收储供应安全保障工程建设规划（2015—2020 年）》。《规划》提出，到 2020 年，全面建成售粮便利、储存安全、物流通畅、供给稳定、应急高效、质量安全、调控有力的粮食收储供应安全保障体系，形成布局合理、结构优化、竞争有序、监管有力的现代粮食流通新格局，使粮食收储能力大幅增强，粮食物流效率显著提高，应急保障能力明显提升，粮油质量安全综合保障能力全面提升，粮情监测预警体系全面建成，粮食产后节约减损取得明显成效。《规划》提出六点建设任务，一是建设粮油仓储设施。二是打通粮食物流通道。三是完善应急供应体系。四是保障粮油质量安全。五是强化粮情监测预警。六是促进粮食节约减损。

5. 国家调整玉米及玉米加工相关政策　一是调整出口退税率，2014 年 12 月 31 日，财政部、国家税务总局发布了《关于调整部分产品出口退税率的通知》，提出调整玉米深加工品的出口退税率，该规定自 2015 年 1 月 1 日起执行。二是将玉米加工项目的核准权下放到省级发改委，并调低了玉米临储价格。2015 年 9 月，国家发改委、粮食局、财政部、农业发展银行等部门联合发出《关于 2015 年东北地区国家临时存储玉米收购有关问题的通知》，2015 年国家继续在东北三省和内蒙古自治区实施玉米临时收储政策，玉米收储挂牌价定为每市斤 1 元（国家三等质量标准），相比 2014 年平均降幅超过了 10％，这也是自 2008 年国家推出玉米临储收购价格以来首度下调。2015 年 10 月 18 日，国家又正式出台了《中共中央国务院关于推进价格机制改革的若干意见》，提出要完善农产品价格形成机制，注重发挥市场形成价格作用，改革完善玉米收储制度。以黑龙江、吉林为代表的玉米生产和深加工大省，推出了加工直补、拍卖粮采购补贴等政策。三是针对国内粮食的高产量、高库存问题，

---

* 亩为非法定计量单位，1 亩等于 1/15 公顷。

农业部选择 30 个县开展"粮改饲"试点，以全株青贮玉米为重点，推进草畜配套，并制订了 2016 年至 2020 年玉米种植面积调减的政策目标。

6. 传统行业拥抱互联网，中储粮建智能化粮库　中国储备粮管理总公司的粮库以建设智能出入库、粮情远程监测、数量在线监测 3 个必选系统和智能通风、智能气调等自选系统为基本内容，实现总公司对企业人、财、物和粮食购、销、调、存进行全方位监控，并通过整合资金、购销、仓储、统计、财务等运营数据，建立全面透明、上下一致的管理视图。截至 2015 年 12 月底，中储粮总公司完成了所有 346 家直属库的智能化改造工作，遍布全国各地的智能化粮库已经建设起来，企业集团管控能力随之大大提升。

7. 中小型制粉企业关停数量增加　2014 年下半年开始，受经济大环境不佳影响，国内面粉和麸皮的销售不见起色，价格持续走低。2015 年 4 月，虽然国内生猪价格猛涨一度提振了麸皮的价格和销量，但持续时间不足两周。这造成大部分制粉企业经营困难，特别是中小型制粉企业普遍出现了资金周转不动和产品积压的现象。2015 年河南、河北、山东、甘肃、陕西等制粉企业集中地区的麸皮出厂价为 1 100～1 220 元/吨，远远低于往年同期的出厂价。而依靠出售小麦加工副产品麸皮获利，是很多中小型制粉企业的主要经营手段，如今随着麸皮价格持续在低位徘徊，很多中小型制粉企业陷入了亏损的境地。此外，国内制粉行业正处在整合阶段，大型制粉企业控制市场的能力越来越强，很多中小型制粉企业处在大型制粉企业的原料采购和产品销售半径之内，生存空间被挤压。

第3章 / 饲料加工

20世纪90年代以来，我国肉类和水产品产量一直稳居世界首位。畜牧养殖和水产养殖的良性发展离不开饲料工业的支持，可以说，饲料工业是推动现代养殖业发展的物质基础和重要引擎。2015年，我国饲料加工业积极适应发展环境变化，保持平稳发展态势，全国规模以上饲料加工企业4117家，比2014年增长7.2%；完成主营业务收入1.1万亿元，同比增长1.7%，增速继续呈现回落态势。

一、原料及主要产品产量情况

2015年，我国粮食再获丰收，实现"十二连增"。全年粮食产量62143.5万吨，比上年增加1440.8万吨，增产2.4%，为饲料加工业发展提供了基础支撑作用。其中，全国玉米产量22458.0万吨，比2014年增加893.4万吨，同比增长4.1%；大豆产量1161.0万吨，比2014年下降54.4万吨，同比下降4.5%。

从产品产量看，饲料产量同比增速有所回落。2015年全国规模以上饲料加工企业饲料产量27775.5万吨，同比增长2.1%，比2013年增速下降7.2%，比2014年增速下降4.7%。其中配合饲料产量15608.2万吨，占饲料总产量的56.2%，同比增长2.7%，增速连续三年下降；混合饲料产量6512.5万吨，占饲料总产量的23.5%，同比增长0.1%。规模以上配合饲料生产企业产量较大的地区为华东、华中、华南地区，山东和广东两省产量居

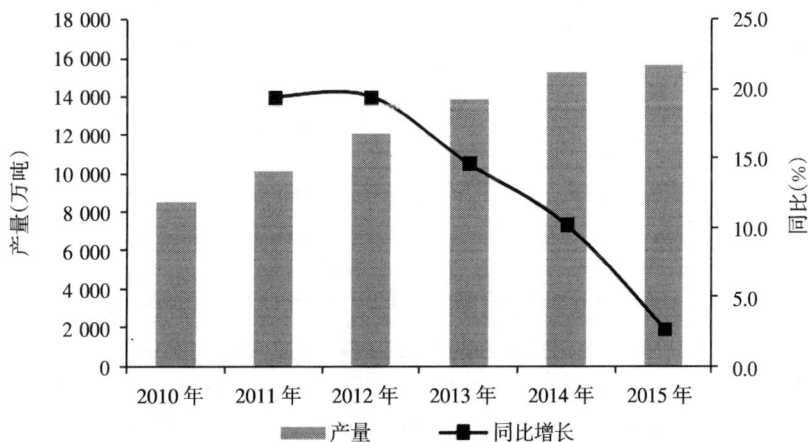

图 3-1　2010—2015年配合饲料产量及同比增长

全国前两位。2015 年，山东和广东两省产量分别为 2 072.0 万吨和 1630.4 万吨，占全国配合饲料产量的 23.7％，同比分别增长 0.7％和 7.0％。山东、辽宁、河北、河南和广东位居全国规模以上混合饲料生产企业产量前 5 位，总产量占全国混合饲料总产量的 42.3％。2015 年，除河北、广东产量同比增长 11.5％和 0.3％外，山东、辽宁和河南产量同比分别下降 6.2％、7.1％和 7.0％。

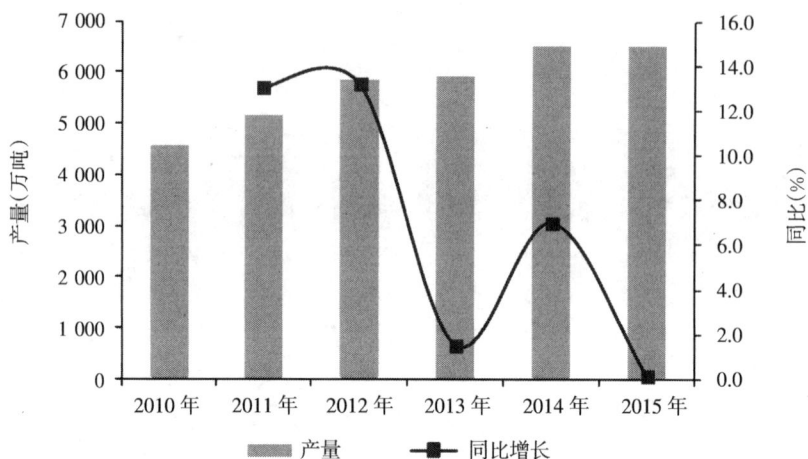

图 3-2　2010—2015 年混合饲料产量及同比增长

二、行业经济运行情况

2015 年，饲料加工企业数量有所增加，主营业务收入增速延续下降态势，利润增速小幅提升。全国规模以上饲料加工企业数量 4 117 家，比 2014 年增加 275 家，比 2013 年增加 453 家；完成主营业务收入 11 052.8 亿元，同比增长 1.7％，增速较上年同期回落 6.8 个百分点；累计实现利润总额 536.1 亿元，同比增长 6.6％，比 2014 年同比增速提高 2.2 个百

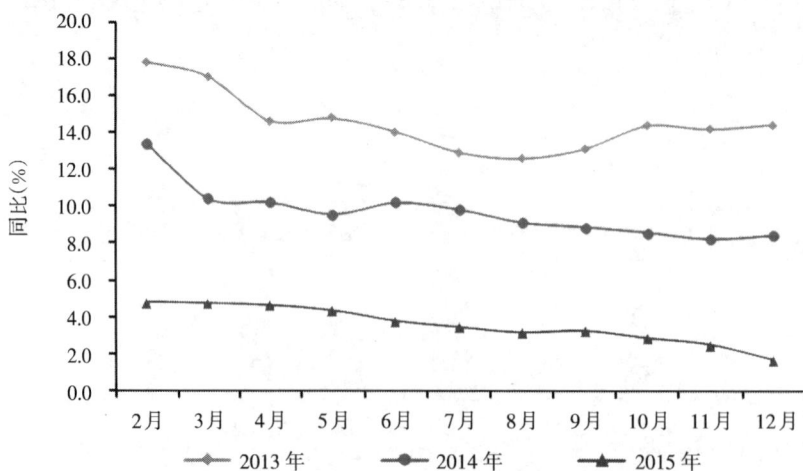

图 3-3　2013—2015 年规模以上饲料加工业主营业务收入累计同比增速

分点，比 2013 年同比增速下降 3.5 个百分点。饲料加工业主营业务收入利润率为 4.9%，低于农产品加工业总体水平 6.7%。

（一）企业数量增加，小型企业占比超九成

分规模看，大型饲料加工企业 43 家，比上年同期增加 6 家，占全部规模以上饲料加工企业数量的 1.0%；中型饲料加工企业 320 家，比上年同期减少 5 家，占 7.8%；小型饲料加工企业 3 754 家，比上年同期增加 274 家，占 91.2%。可以看出，饲料加工企业仍以中小企业为主，中型企业数量有所减少。

分投资类型看，国有控股饲料加工企业 70 家，比上年同期增加 7 家，占全部规模以上饲料加工企业数量的 1.7%；集体控股饲料加工企业 51 家，比上年同期增加 4 家，占 1.2%；私人控股饲料加工企业

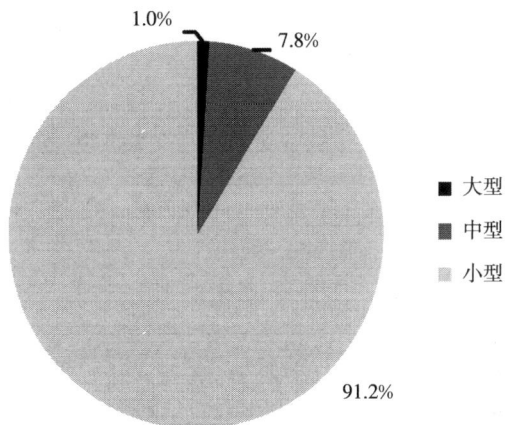

图 3-4　2015 年饲料加工企业数量规模结构

3 431家，比上年同期增加 205 家，占 83.3%；港澳台商控股饲料加工企业 95 家，比上年同期增加 7 家，占 2.3%；外商控股饲料加工企业 176 家，比上年同期增加 4 家，占 4.3%；其他控股饲料加工企业 294 家，比上年同期增加 48 家，占 7.1%。可以看出，饲料加工企业仍以私人控股企业为主，且各类型企业数量均有不同程度增加。

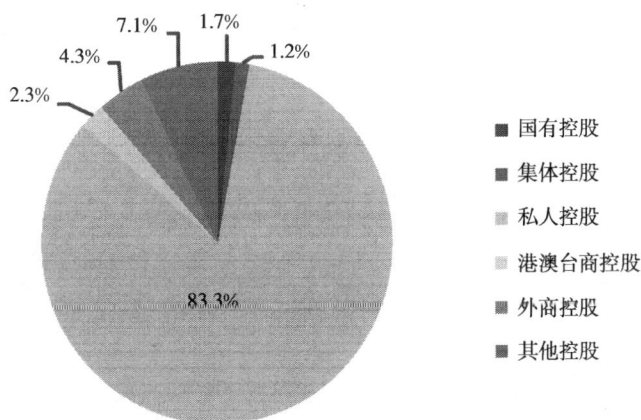

图 3-5　2015 年饲料加工企业数量投资类型结构

分区域看，东部地区饲料加工企业有 1 707 家，比上年同期增加 119 家，占全部规模以上饲料加工企业数量的 41.5%；中部地区饲料加工企业有 1 081 家，比上年同期增加 108 家，占 26.3%；西部地区饲料加工企业有 795 家，比上年同期增加 68 家，占 19.3%；东北地区饲料加工企业有 534 家，比上年同期减少 20 家，占 13.0%。可以看出，饲料加工企业主要集中在中东部地区，除东北地区企业数量有所下降外，其他区域企业数量均有所上升。

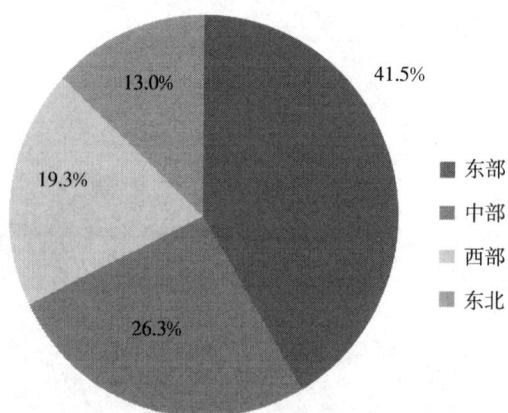

图 3-6　2015 年饲料加工企业数量区域结构

（二）主营业务收入小幅上升，中型企业增速为负

分规模看，大型饲料加工企业完成主营业务收入 1 187.1 亿元，同比增长 8.5%，增速比上年同期增长 0.1 个百分点；中型饲料加工完成主营业务收入 2 411.8 亿元，同比下降 0.7%，增速比上年同期下降 9.1 个百分点；小型饲料加工企业完成主营业务收入 7453.9 亿元，同比增长 1.4%，增速比上年同期下降 7.0 个百分点。可以看出，中型企业主营业务收入近三年来首次呈现负增长，大型企业主营业务收入增速要明显高于中小型企业。

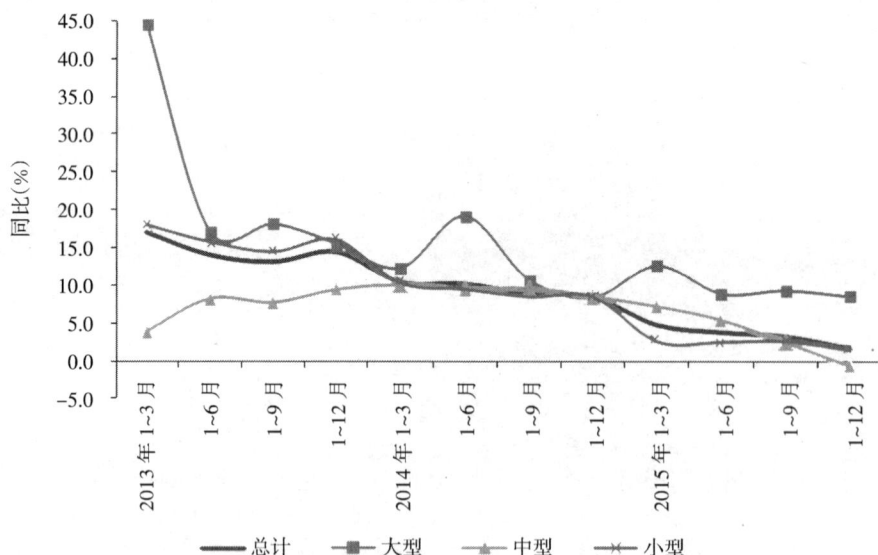

图 3-7　2013—2015 年饲料加工业分规模主营业务收入累计同比增速

分投资类型看，除私人控股和其他控股企业呈现正增长，其他类型企业主营业务收入均同比下降，国有企业和集体企业营收增速降幅明显。其中，国有控股饲料加工企业完成主营业务收入 162.7 亿元，同比下降 10.7%，增速比上年同期下降 12.7 个百分点；集体控股饲料加工企业完成主营业务收入 174.8 亿元，同比下降 4.4%，增速比上年同期下降 12.3 个

百分点；私人控股饲料加工企业完成主营业务收入 8 726.6 亿元，同比增长 1.8%，增速比上年同期下降 7.1 个百分点；港澳台商控股饲料加工企业完成主营业务收入 355.2 亿元，同比下降 2.3%，增速比上年同期下降 2.9 个百分点；外商控股饲料加工企业完成主营业务收入 641.2 亿元，同比下降 6.6%，增速比上年同期下降 8.7 个百分点；其他控股饲料加工企业完成主营业务收入 992.2 亿元，同比增长 12.0%，增速比上年同期下降 3.0 个百分点。

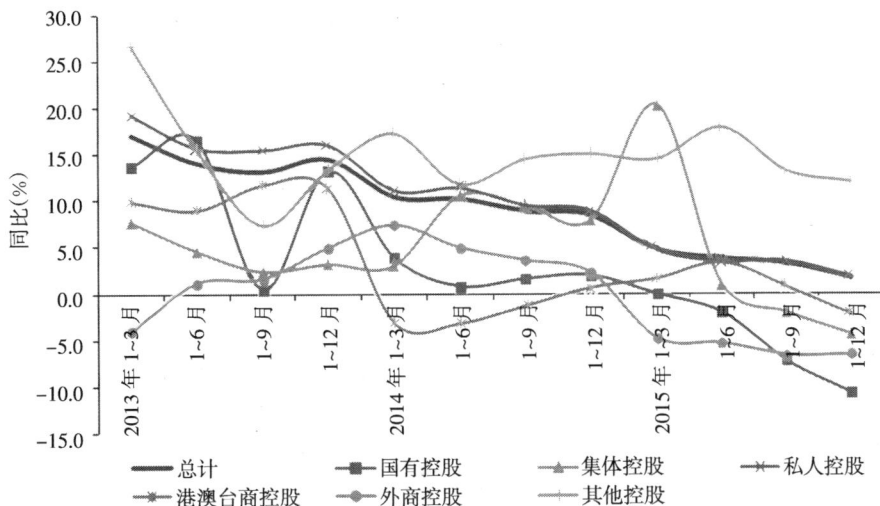

图 3-8　2013—2015 年饲料加工业分投资类型主营业务收入累计同比增速

分区域看，4 个区域的主营业务收入增幅均有所收窄，中西部地区增速较快，东北地区仍呈现负增长。其中，东部地区饲料加工企业完成主营业务收入 4 435.5 亿元，同比增长 0.5%，增速比上年同期下降 7.8 个百分点；中部地区饲料加工企业完成主营业务收入 3 374.6 亿元，同比增长 6.2%，增速比上年同期下降 6.6 个百分点；西部地区饲料加工企业

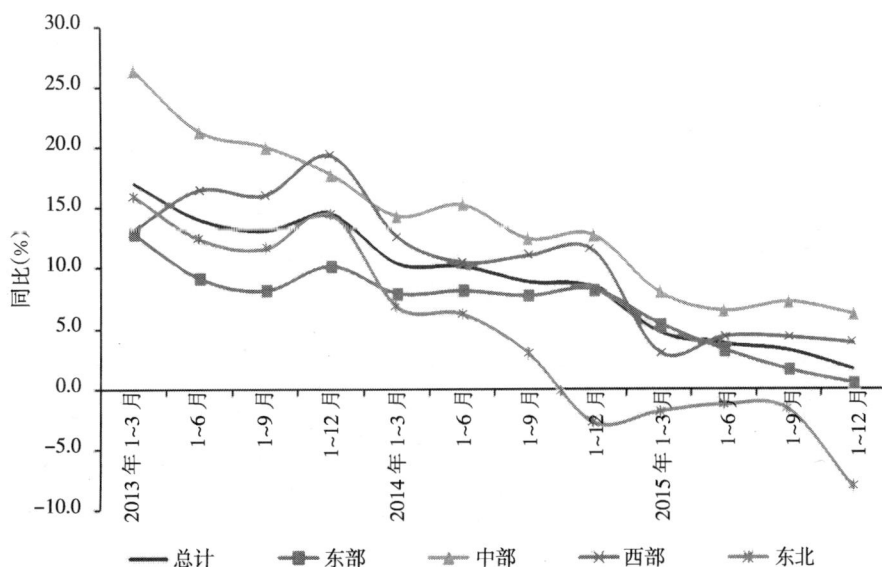

图 3-9　2013—2015 年饲料加工业分区域主营业务收入累计同比增速

完成主营业务收入 1 968.3 亿元,同比增长 3.8%,增速比上年同期下降 7.7 个百分点;东北地区饲料加工企业完成主营业务收入 1 274.4 亿元,同比下降 8.1%,增速比上年同期下降 5.3 个百分点。

(三)国有企业和集体企业利润增速明显上升

分规模看,大型饲料加工企业实现利润总额 47.8 亿元,同比下降 2.7%,增速比上年同期下降 15.1 个百分点;中型饲料加工企业实现利润总额 163.1 亿元,同比增长 9.2%,增速比上年同期下降 5.1 个百分点;小型饲料加工企业实现利润总额 325.3 亿元,同比增长 6.9%,增速比上年同期增长 7.3 个百分点。可以看出,大中型企业利润增速下降,小型企业利润增速有所上升。

分投资类型看,国有控股饲料加工企业实现利润总额 7.3 亿元,同比增长 25.7%,增速比上年同期增长 17.1 个百分点;集体控股饲料加工企业实现利润总额 7.2 亿元,同比增长 39.3%,增速比上年同期增长 35.8 个百分点;私人控股饲料加工企业实现利润总额 413.8 亿元,同比增长 5.4%,增速比上年同期增长 2.2 个百分点;港澳台商控股饲料加工企业实现利润总额 23.2 亿元,同比增长 9.2%,增速比上年同期下降 18.8 个百分点;外商控股饲料加工企业实现利润总额 37.4 亿元,同比增长 19.9%,增速比上年同期增长 25.4 个百分点;其他控股饲料加工企业实现利润总额 47.4 亿元,同比增长 0.6%,增速比上年同期下降 16.3 个百分点。可以看出,国有企业、集体企业、外商控股企业利润增速较快;港澳台商控股企业利润增速下降明显。

分区域看,东部地区饲料加工企业实现利润总额 219.5 亿元,同比增长 10.4%,增速比上年同期增长 5.2 个百分点;中部地区饲料加工企业实现利润总额 162.3 亿元,同比增长 6.8%,增速比上年同期下降 4.7 个百分点;西部地区饲料加工企业实现利润总额 106.6 亿

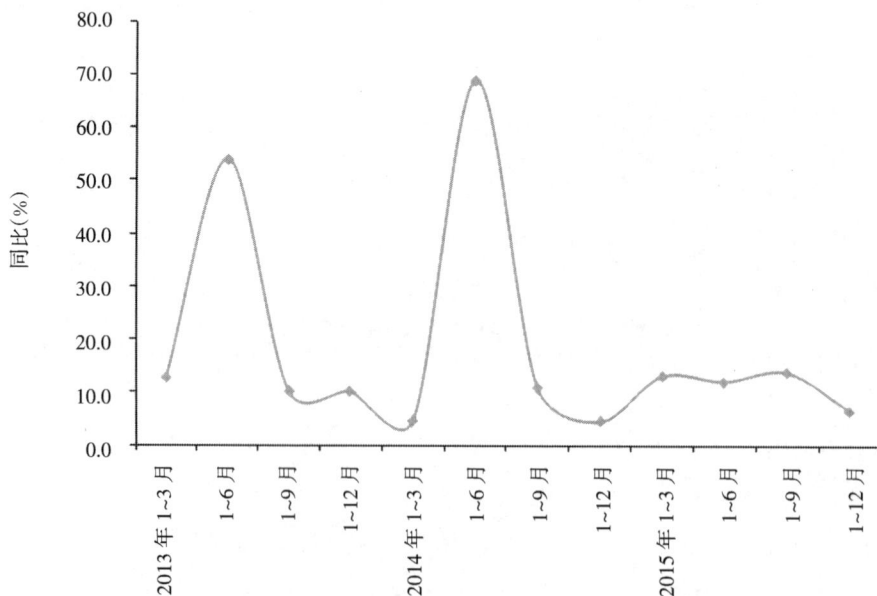

图 3-10　2013—2015 年饲料加工业利润总额累计增速

元, 同比增长 18.0%, 增速比上年同期增长 1.2 个百分点; 东北地区饲料加工企业实现利润总额 47.7 亿元, 同比下降 22.8%, 增速比上年同期增长 1.7 个百分点。可以看出, 西部地区饲料加工企业利润增速较快; 东北地区饲料加工企业利润增速延续下降态势, 降幅略有收窄。

三、主要产品贸易情况分析

从原料的进口情况来看, 2015 年, 全国进口玉米总量 472.8 万吨, 占谷物进口总量的 14.5%, 同比增长 82.0%, 比 2014 年同比增速增长 102.4%, 比 2013 年同比增速增长 172.4%; 进口额 11.0 亿美元, 同比增长 52.6%。我国玉米进口主要来自乌克兰、美国、保加利亚、老挝和俄罗斯, 占比分别为 81.4%、9.8%、3.4%、2.6% 和 1.7%, 乌克兰超过美国成为我国最大的进口来源国。全国进口大豆 8 174.1 万吨, 同比增长 14.5%, 进口额 349.4 亿美元, 同比下降 13.4%, 大豆进口主要来自巴西、美国和阿根廷, 占比分别为 49.1%、34.8% 和 11.6%。从原料的出口情况来看, 2015 年, 全国出口玉米总量 1.07 万吨, 同比下降 45.8%, 出口额 351.0 万美元, 同比下降 49.5%。全国出口大豆 13.39 万吨, 同比下降 35.4%, 出口额 1.3 亿美元, 同比下降 37.0%; 出口豆粕 169.6 万吨, 同比下降 19.0%。我国豆粕主要出口国为日本、韩国, 出口的数量分别为 97.04 万吨和 38.70 万吨, 占到总出口量的 47% 和 19%, 越南占 11%, 马来西亚占 2%, 朝鲜占 2%, 其他占 19%。

2015 年, 全国进出口饲料加工品 128.6 万吨, 同比下降 8.2%; 累计进出口总额 20.4 亿美元, 同比增长 11.3%。其中, 累计出口金额 1.5 亿美元, 同比下降 11.7%; 累计进口金额 18.9 亿美元, 同比增长 13.7%。在饲料加工业贸易中, 以饲料用鱼粉贸易为主。

(一) 饲料用鱼粉出口大幅增长

2015 年, 全国进出口饲料用鱼粉总量 102.9 万吨, 同比下降 1.0%, 进出口额 18.0 亿美元, 同比增长 15.2%; 其中: 出口总量 3 543.3 吨, 同比增长 267.6%, 出口总额 543.3 万美元, 同比增长 550.3%; 进口总量 102.5 万吨, 同比下降 1.2%, 进口总额 17.9 亿美元, 同比增长 14.9%。

按贸易方式看, 饲料用鱼粉出口都属于一般贸易。饲料用鱼粉加工进口的主要贸易方式也是一般贸易, 采用一般贸易方式进口的数量为 102.3 万吨, 同比下降 1.0%, 占全部饲料用鱼粉进口数量的 99.7%, 进口金额为 17.9 亿美元, 同比增长 15.2%, 占饲料用鱼粉进口金额的 99.8%。

分国别看, 饲料用鱼粉五大出口目的地按出口数量统计为越南、中国台澎金马关税区、朝鲜、科特迪瓦和尼日利亚, 2015 年分别出口了 2 250.1 吨、495.5 吨、249.6 吨、200.0 吨、102.1 吨, 出口数量合计占全部饲料用鱼粉出口数量的 93.1%; 前五大出口目的地按出口金额统计为越南、中国台澎金马关税区、朝鲜、日本和尼日利亚, 2015 年出口金额分别为 404.4 万美元、64.6 万美元、41.8 万美元、9.4 万美元、8.4 万美元, 出口金额合计占全部饲料用鱼粉出口金额的 97.2%。饲料用鱼粉前五大进口来源地按进口数量统计为秘鲁、美国、越南、智利和泰国, 2015 年分别进口了 53.7 万吨、9.1 万吨、7.5 万吨、6.5 万吨和

6.1 万吨，进口数量合计占全部饲料用鱼粉进口数量的 80.9％；前五大进口来源地按进口金额统计为秘鲁、美国、智利、俄罗斯和越南，2015 年进口金额分别为 9.6 亿美元、1.7 亿美元、1.3 亿美元、1.1 亿美元和 1.0 亿美元，进口金额合计占全部饲料用鱼粉进口金额的 81.8％。

分地区看，饲料用鱼粉出口省份仅有河北、辽宁、浙江和山东，且以山东和浙江出口居多，2015 年出口数量分别为 2 065.7 吨和 1 000 吨，出口数量合计占全部饲料用鱼粉出口数量的 86.5％；出口金额分别为 308.0 万美元和 175.6 万美元，出口金额合计占全部饲料用鱼粉出口金额的 89.0％。饲料用鱼粉进口排名前五的地区为广东、福建、辽宁、上海和山东，2015 年进口数量分别为 42.1 万吨、20.1 万吨、10.0 万吨、7.2 万吨和 5.6 万吨，除上海同比下降 47.8％外，其他省份同比分别增长 6.1％、3.8％、6.5％和 50.4％，进口数量合计占全部饲料用鱼粉进口数量的 83.0％，进口金额分别为 7.3 亿美元、3.7 亿美元、1.8 亿美元、1.2 亿美元和 1.0 亿美元，除上海同比下降 39.9％外，其他省份同比分别增长 23.8％、19.7％、22.3％和 61.3％，进口金额合计占全部饲料用鱼粉进口金额的 83.4％。

（二）其他配制的动物饲料进出口均有所下降

2015 年，全国进出口其他配制的动物饲料总量 24.0 万吨，同比下降 30.6％，进出口额 2.1 亿美元，同比下降 14.4％；其中，出口总量 17.2 万吨，同比下降 37.1％，出口总额 1.3 亿美元，同比下降 14.8％；进口总量 6.8 万吨，同比下降 6.0％，进口总额 8 441.5 万美元，同比下降 13.8％。

按贸易方式看，其他配制的动物饲料出口的主要贸易方式是一般贸易。采用一般贸易方式出口的其他配制的动物饲料数量为 15.3 万吨，同比下降 39.0％，占全部其他配制的动物饲料出口数量的 88.9％，出口金额为 1.2 亿美元，同比下降 16.2％，占全部其他配制的动物饲料出口金额的 90.6％；其他配制的动物饲料进口的主要贸易方式也是一般贸易，采用一般贸易方式进口的数量为 6.7 万吨，同比下降 5.9％，占全部其他配制的动物饲料进口数量的 98.3％，进口金额为 8 182.1 万美元，同比下降 13.6％，占其他配制的动物饲料进口金额的 96.9％。

分国别看，其他配制的动物饲料五大出口目的地按出口数量统计为韩国、美国、日本、蒙古和越南，2015 年分别出口了 5.3 万吨、3.8 万吨、2.0 万吨、1.7 万吨、1.5 万吨，出口数量合计占全部其他配制的动物饲料出口数量的 83.5％；前五大出口目的地按出口金额统计为韩国、美国、越南、日本和柬埔寨，2015 年出口金额分别为 2 445.4 万美元、2 101.1 万美元、1 803.7 万美元、1 334.5 万美元、907.8 万美元，出口金额合计占全部其他配制的动物饲料出口金额的 67.2％。其他配制的动物饲料前五大进口来源地按进口数量统计为荷兰、美国、丹麦、马来西亚和日本，2015 年分别进口了 1.8 万吨、1.4 万吨、1.1 万吨、8 941.7 吨和 2 474.4 吨，进口数量合计占全部其他配制的动物饲料进口数量的 80.9％；前五大进口来源地按进口金额统计为荷兰、丹麦、美国、日本和新加坡，2015 年进口金额分别为 1 800.9 万美元、1 311.0 万美元、1 174.1 万美元、974.4 万美元和 777.5 万美元，进口金额合计占全部其他配制的动物饲料进口金额的 71.5％。

分地区看，其他配制的动物饲料按出口数量排名前五位的地区为山东、江苏、辽宁、内蒙古和天津，2015 年出口数量分别为 7.1 万吨、2.9 万吨、2.5 万吨、1.7 万吨和 1.3 吨，除山东同比增长 1.6%，其他省份同比分别下降 17.2%、14.5%、20.5% 和 11.0%，出口数量合计占全部其他配制的动物饲料出口数量的 89.6%；其他配制的动物饲料按出口金额排名前五位的地区为山东、江苏、辽宁、浙江和福建，2015 年出口金额分别为 4 653.6 万美元、1 823.5 万美元、1 330.9 万美元、1 185.3 万美元和 1 183.7 万美元，其中山东、江苏和辽宁同比分别下降 2.0%、18.2% 和 9.8%，浙江和福建同比分别增长 97.5% 和 35.6%，出口金额合计占全部其他配制的动物饲料出口金额的 77.6%。其他配制的动物饲料进口排名前五位的地区为山东、北京、天津、上海和广东，2015 年进口数量分别为 1.6 万吨、1.5 万吨、1.3 万吨、1.1 万吨和 6 069.6 吨，其中天津和上海同比分别下降 33.3% 和 7.8%，山东、北京和广东同比分别增长 0.2%、1.3% 和 6.1%，进口数量合计占全部其他配制的动物饲料进口数量的 90.2%，进口金额分别为 2 150.4 万美元、1 491.4 万美元、1 394.9 万美元、1 439.9 万美元和 696.8 万美元，除山东同比增长 20.7% 外，其他省份同比分别下降 27.3%、36.1%、24.3% 和 14.8%，进口金额合计占全部其他配制的动物饲料进口金额的 85.0%。

（三）零售包装的狗食或猫食饲料罐头进口增长显著

2015 年，全国进出口零售包装的狗食或猫食饲料罐头总量 1.7 万吨，同比增长 3.7%，进出口额 3 273.8 万美元，同比增长 20.4%；其中，出口总量 1.4 万吨，同比下降 10.1%，出口总额 2 035.7 万美元，同比下降 11.4%；进口总量 3 367.0 吨，同比增长 171.7%，进口总额 1 238.0 万美元，同比增长 192.5%。

分贸易方式看，零售包装的狗食或猫食饲料罐头的主要贸易方式是一般贸易。采用一般贸易方式出口的零售包装的狗食或猫食饲料罐头数量为 1.3 万吨，同比下降 7.9%，占全部零售包装的狗食或猫食饲料罐头出口数量的 95.2%，出口金额为 1 809.2 美元，同比下降 3.6%，占全部零售包装的狗食或猫食饲料罐头出口金额的 88.9%。零售包装的狗食或猫食饲料罐头进口的主要贸易方式也是一般贸易方式，采用一般贸易方式进口的数量为 3 136.9 吨，同比增长 156.5%，占全部零售包装的狗食或猫食饲料罐头进口数量的 93.2%，进口金额为 1 165.3 万美元，同比增长 177.9%，占全部零售包装的狗食或猫食饲料罐头进口金额的 93.2%。

分国别看，零售包装的狗食或猫食饲料罐头五大出口目的地为日本、韩国、中国香港地区、马来西亚和尼日利亚，2015 年分别出口了 1.2 万吨、612.9 吨、199.1 吨、198.3 吨、178.6 吨，出口数量合计占全部零售包装的狗食或猫食饲料罐头出口数量的 97.3%；出口金额分别为 1 729.8 万美元、167.9 万美元、36.7 万美元、22.6 万美元、16.7 万美元，出口金额合计占全部零售包装的狗食或猫食饲料罐头出口金额的 97.0%。零售包装的狗食或猫食饲料罐头进口较大的来源地为泰国，2015 年进口了 2 899.8 吨，占全部零售包装的狗食或猫食饲料罐头进口数量的 86.1%；进口金额 1 099.4 万美元，占全部零售包装的狗食或猫食饲料罐头进口金额的 88.8%。

分地区看，零售包装的狗食或猫食饲料罐头的出口地区仅有山东、广东、辽宁和上海，且以山东出口占比最大，2015 年出口数量为 1.2 万吨，同比下降 8.9%，合计占全部零售包装的狗食或猫食饲料罐头出口数量的 87.6%；出口金额为 1 737.8 万美元，同比下降 10.1%，占全部其他零售包装的狗食或猫食饲料罐头出口金额的 85.4%。零售包装的狗食或猫食饲料罐头进口排名前五位的地区为北京、上海、山东、天津和广东，2015 年进口数量分别为 1 004.3 吨、843.3 吨、614.2 吨、542.5 吨和 208.0 吨，除天津同比下降 17.9% 外，其他省份同比分别增长 976.8%、319.9%、287.7% 和 265.0%，进口数量合计占全部零售包装的狗食或猫食饲料罐头进口数量的 95.4%；进口金额分别为 362.9 万美元、301.5 万美元、230.9 万美元、203.1 万美元和 89.2 万美元，同比分别增长 1 632.9%、195.8%、293.9%、2.5% 和 274.5%，进口金额合计占全部零售包装的狗食或猫食饲料罐头进口金额的 95.9%。

四、主要产品价格趋势分析

（一）饲料原料价格总体呈现下跌趋势

根据农业部畜产品和饲料集贸市场监测数据显示，2015 年玉米价格总体维持在 2.0～2.5 元/千克之间，年度平均价格为 2.37 元/千克，比上年年度平均价格下降 4.8%。从月度价格波动情况看，1 月玉米价格稳中有减，价格从 2.44 元/千克降至 2.40 元/千克；2～7 月玉米价格平稳上升，8 月第 1 周价格升至 2.47 元/千克，达到全年最高水平；之后价格开始迅速下降，至 11 月第 2 周价格降至 2.12 元/千克，与最高水平相比下降 14.17%，达到全年最低水平，12 月最后一周玉米价格为 2.13 元/千克。

豆粕市场价格持续下降。2015 年豆粕价格总体维持在 3.1～3.8 元/千克之间，年度平均价格为 3.38 元/千克，比上年年度平均价格下降 17.2%。从月度价格波动情况看，1 月第 1 周价格为 3.79 元/千克，达到全年最高水平；之后价格开始下降，降至 6 月第 4 周的 3.28 元/千克；之后价格出现短暂回升，7 月第 3 周升至 3.32 元/千克，之后价格继续下跌，直至年末跌至 3.09 元/千克，达到全年最低水平，与年初相比下降了 18.5%，豆粕价格全年呈总体下降趋势。

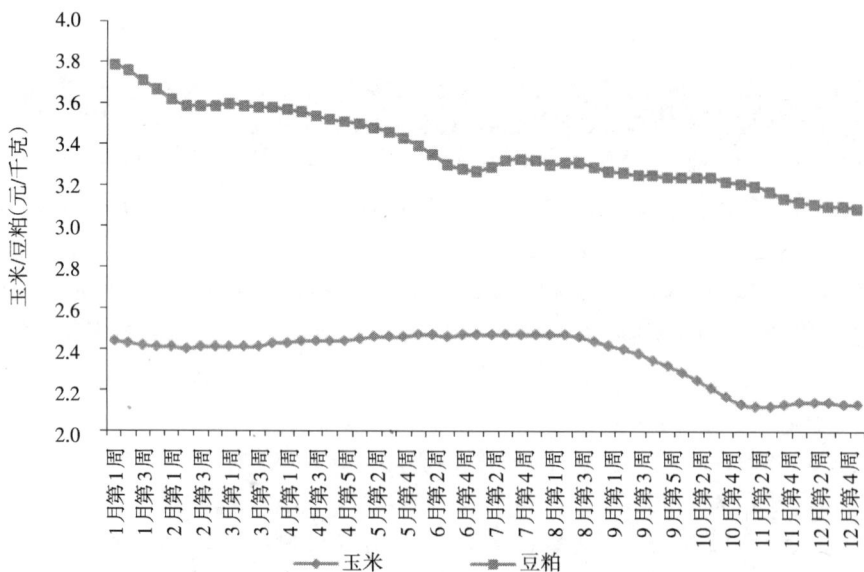

图 3-11　2015 年 1～12 月饲料原料（玉米和豆粕）价格波动情况

进口鱼粉市场价格呈现波动下跌趋势。2015 年进口鱼粉价格总体维持在 12.0～13.0 元/千克之间，年度平均价格为 12.56 元/千克，比上年年度平均价格增长 6.7%。从月度价格波动情况看，进口鱼粉从 1 月第 1 周的 12.64 元/千克上涨至 4 月第 3 周的 12.86 元/千克，达到全年最高水平，增长了 1.7%；5 月开始价格开始下降，至 9 月第 5 周下降到 12.31 元/千克之后，出现小幅回升；10 月第 3 周开始，价格继续下降直至年末的 12.28 元/千克，达到全年最低水平，与最高水平相比下降了 4.5%。

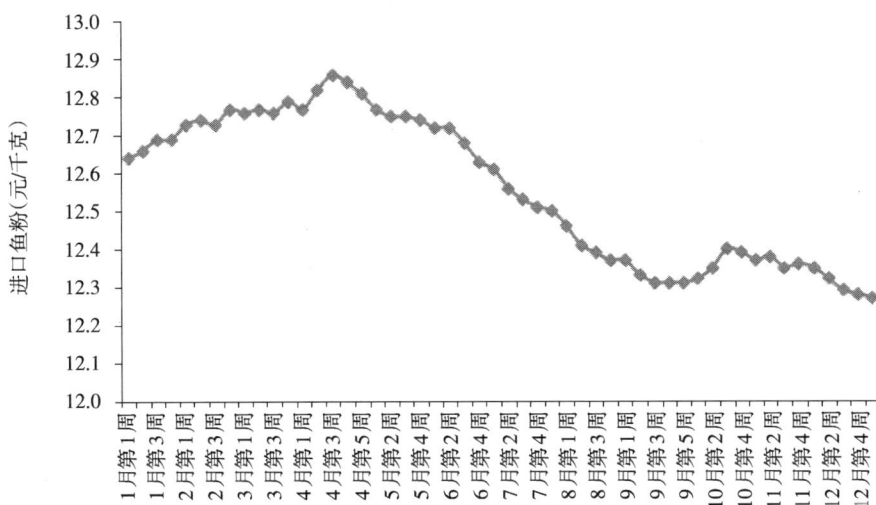

图 3-12　2015 年 1～12 月饲料原料（进口鱼粉）价格波动情况

（二）配合饲料价格走低

饲料原料供应充足，价格继续下跌，带动配合饲料价格走低。根据农业部畜产品和饲料集贸市场监测数据显示，2015 年育肥猪配合饲料价格基本稳定在 3.0～3.4 元/千克之间，年度平均价格为 3.23 元/千克，比上年年度平均价格下降 3.6%。从月度价格波动情况看，1 月第一周育肥猪配合饲料价格为 3.32 元/千克，达到全年最高水平；之后价格开始下降，1～8 月价格下跌缓慢，8 月第 4 周价格为 3.24 元/千克，比年初下降了 2.4%；9 月开始价格下跌明显，直至年末跌至 3.09 元/千克，达到全年最低水平，比年初价格下降 6.9%，比 8 月第 4 周价格下降 5.6%。

2015 年肉鸡配合饲料价格基本稳定在 3.1～3.5 元/千克之间，年度平均价格为 3.31 元/千克。月度价格波动情况与育肥猪配合饲料相似，1 月第一周肉鸡配合饲料价格为 3.41 元/千克，达到全年最高水平；之后价格开始下降，1～8 月价格下跌缓慢，8 月第 4 周价格为 3.32 元/千克，比年初下降了 2.6%；9 月开始价格下跌明显，直至年末跌至 3.16 元/千克，达到全年最低水平，比年初价格下降 7.3%，比 8 月第 4 周价格下降 4.8%。

2015 年蛋鸡配合饲料价格基本稳定在 2.8～3.2 元/千克之间，年度平均价格为 3.03 元/千克。月度价格波动情况与育肥猪和肉鸡配合饲料相似，1 月第一周蛋鸡配合饲料价格为 3.13 元/千克，达到全年最高水平；之后价格开始下降，1～8 月价格下跌缓慢，6 月第 4 周价格为 3.04 元/千克，价格维持到 8 月第四周，比年初下降了 2.9%；9 月开始价格下跌明显，直至年末跌至 2.89 元/千克，达到全年最低水平，比年初价格下降 7.7%，比 8 月第

4周价格下降4.9%。

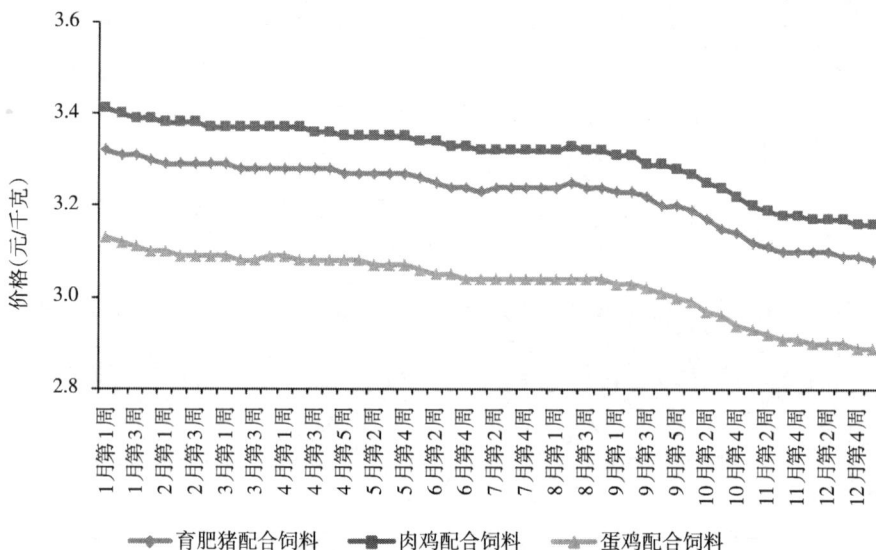

图 3-13　2015年1～12月配合饲料价格波动情况

五、上市企业情况

2015年，沪深两市共有饲料加工业上市企业12家，从企业的主营业务构成来看，深圳市康达尔（集团）股份有限公司的产品中全价饲料占38.07%、浓缩饲料占4.16%、预混饲料占2.39%，还包括商品房、自来水等；湖南正虹科技发展股份有限公司的产品中饲料占92.15%、饲料原料占4.06%，还包括生猪销售等；新希望六和股份有限公司的产品中饲料占67.76%，肉食品占31.43%，还包括商贸、养殖等；天康生物股份有限公司的产品中饲料占56.99%、兽用生物药品占18.57%、屠宰加工及肉制品销售占11.38%，还包括粕类、毛油、生猪养殖等；宁波天邦股份有限公司的产品中饲料及饲料原料占75.93%，还包括生猪养殖、生物制品等；江西正邦科技股份有限公司的产品中全价饲料占69.5%、猪业占12.49%、浓缩饲料占5.08%、预混饲料占2.68%，还包括原料贸易、食品、兽药等；广东海大集团股份有限公司的产品中饲料占78.89%，还包括贸易，占18.95%以及农产品销售等；北京大北农科技集团股份有限公司的产品中饲料占90.35%、种业产品占4.2%，还包括动物保健、植保产品等；深圳市金新农饲料股份有限公司的产品中猪用配合料占59.7%、饲料原材料占21.11%、猪用浓缩料占10.92%，还包括猪用预混料和其他饲料等；唐人神集团股份有限公司的产品中饲料占93.86%、肉类占4.64%，还包括生猪、兽药等；辽宁禾丰牧业股份有限公司的产品中饲料占63.17%、饲料原料贸易占19.05%、屠宰加工占11.55%；通威股份有限公司的产品中饲料占93.27%、食品加工及养殖占5.84%。

2015年，沪深两市饲料加工业上市企业实现营业总收入1 652.4亿元，同比下降4.99%，其中4家企业收入实现增长，深圳市金新农饲料股份有限公司总营收增长最快，同比增长26.01%，湖南正虹科技发展股份有限公司总营收同比下降26.89%。新希望六和股份有限公司、广东海大集团股份有限公司和江西正邦科技股份有限公司总营收位居行业前三位，分别实现营业总收入 615 亿元、256 亿元和 164 亿元，广东海大集团股份有限公司营业总收入同比增长 21.23％、、新希望六和股份有限公司和江西正邦科技股份有限公司同比分别下降 12.13％和 3.22％。

表 3 - 1　2015 年沪深两市饲料加工上市企业营业总收入及同比增速

企业名称	营业总收入 （亿元）	同比增长 （％）
深圳市康达尔（集团）股份有限公司	23.0	7.35
湖南正虹科技发展股份有限公司	13.2	−26.89
新希望六和股份有限公司	615.0	−12.13
天康生物股份有限公司	41.7	−1.63
宁波天邦股份有限公司	21.4	−17.75
江西正邦科技股份有限公司	164.0	−3.22
广东海大集团股份有限公司	256.0	21.23
北京大北农科技集团股份有限公司	161.0	−12.72
深圳市金新农饲料股份有限公司	25.0	26.01
唐人神集团股份有限公司	94.1	−6.52
辽宁禾丰牧业股份有限公司	97.0	6.09
通威股份有限公司	141.0	−8.63

2015 年，沪深两市饲料加工上市企业归属母公司股东净利润合计 54.02 亿元，同比增长 18.39％，12 家企业全部实现盈利；10 家企业净利润增长，其中江西正邦科技股份有限公司净利润同比增长达 285.71％。

1. 偿债能力分析　2015 年，沪深两市 12 家饲料加工上市企业流动比率均小于 2，其中 2 家企业低于 1，较 2014 年减少 2 家。其中，北京大北农科技集团股份有限公司、辽宁禾丰牧业股份有限公司和深圳市金新农饲料股份有限公司流动比率较高，其中金新农流动比率较上年大幅降低。新希望六和股份有限公司和通威股份有限公司流动比率低于 1，短期偿债风险较大。对应的速动比率，各上市企业中 5 家在 1 以上，其余 7 家低于 1。综合以上两个指标来看，北京大北农科技集团股份有限公司、辽宁禾丰牧业股份有限公司、深圳市金新农饲料股份有限公司和天康生物股份有限公司的资金流动性稍好于其他企业。2015 年，沪深两市饲料加工上市企业资产负债率为 39.74％，较上年下降 3.3 个百分点。近两年来，各上市企业资产负债率基本在 40％～60％，江西正邦科技股份有限公司资产负债率连续两年较高，2015 年资产负债率为 63.6％。其中，除深圳市金新农饲料股份有限公司资产负债率较上年上升 15.3％外，其余 11 家企业资产负债率均较上年降低，宁波天邦股份有限公司和唐人神集团股份有限公司降幅最大，分别为 24.3％和 13.3％。

表 3 - 2　2014、2015 年沪深两市饲料加工上市企业资产负债率

企业名称	资产负债率（％）	
	2014	2015
深圳市康达尔（集团）股份有限公司	69.7	58.8
湖南正虹科技发展股份有限公司	30.8	26.8
新希望六和股份有限公司	34.4	31.5

（续）

企业名称	资产负债率（%）	
	2014	2015
天康生物股份有限公司	42.8	37.3
宁波天邦股份有限公司	67.0	42.7
江西正邦科技股份有限公司	66.3	63.6
广东海大集团股份有限公司	42.5	37.8
北京大北农科技集团股份有限公司	40.1	33.3
深圳市金新农饲料股份有限公司	16.9	32.3
唐人神集团股份有限公司	45.6	32.3
辽宁禾丰牧业股份有限公司	29.5	29.0
通威股份有限公司	61.2	60.0

2. 资产运营能力分析　2015 年，沪深两市饲料加工上市企业康达尔、正虹科技、新希望、天康生物、天邦股份、正邦科技、海大集团、大北农、金新农、唐人神、禾丰牧业、通威股份的总资产周转率分别为 1.17 次、1.97 次、1.79 次、1.22 次、1.11 次、1.92 次、3.23 次、1.32 次、1.46 次、2.45 次、2.50 次、2.30 次，仅海大集团的总资产周转率比上年提高，其他企业均有所下降。饲料加工上市企业的总资产周转率都在 1 次以上，其中海大集团、唐人神、禾丰牧业和通威股份的总资产周转率在 2 次以上；各上市企业的应收账款周转率分别为 54.71、631.58、150.00、34.92、34.06、50.85、48.58、22.05、16.25、129.03、59.80、35.29，除金新农外其他上市企业应收账款周转率连续两年在 20 以上，其中正虹科技、新希望的应收账款周转率较高；各上市企业的存货周转率分别为 4.61、7.57、14.43、4.36、4.46、10.05、12.88、6.81、14.43、13.97、9.03、12.57，其中康达尔、新希望、海大集团、金新农和禾丰牧业存货周转率有所上升。其中，新希望和金新农的存货周转率最高。从以上指标综合情况来看，新希望、唐人神和通威股份的各项指标居行业前列，资产运营能力较好。

表 3-3　2015 年沪深两市饲料加工上市企业资产运营能力指标

企业名称	总资产周转率（次）	应收账款周转率	存货周转率
深圳市康达尔（集团）股份有限公司	1.17	54.71	4.61
湖南正虹科技发展股份有限公司	1.97	631.58	7.57
新希望六和股份有限公司	1.79	150.00	14.43
天康生物股份有限公司	1.22	34.92	4.36
宁波天邦股份有限公司	1.11	34.06	4.46
江西正邦科技股份有限公司	1.92	50.85	10.05
广东海大集团股份有限公司	3.23	48.58	12.88
北京大北农科技集团股份有限公司	1.32	22.05	6.81
深圳市金新农饲料股份有限公司	1.46	16.25	14.43
唐人神集团股份有限公司	2.45	129.03	13.97
辽宁禾丰牧业股份有限公司	2.50	59.80	9.03
通威股份有限公司	2.30	35.29	12.57

3. 盈利能力指标 2015 年，沪深两市饲料加工上市企业营业利润率为 4.1%，较上年上升 0.7 个百分点，其中康达尔、天康生物和金新农营业利润率在行业中较高，分别为 10.7%、5.8% 和 5.3%；上市企业中有 4 家企业的销售毛利率在 20% 以上，3 家在 10% 以上，其中康达尔毛利率为 31.42%，居全行业首位；5 家企业销售毛利率在 10% 以下，其中新希望毛利率为行业中较低水平。2015 年，饲料加工上市企业每股收益较上年上升的有康达尔、天邦股份、正邦科技、海大集团、金新农和通威股份，每股收益较上年分别上升 0.23 元/股、0.35 元/股、0.44 元/股、0.01 元/股、0.13 元/股和 0.002 3 元/股。

表 3-4 2015 年沪深两市饲料加工上市企业每股收益排名

企业名称	股票名称	代码	每股收益（元/股）
新希望六和股份有限公司	新希望	000876	1.06
深圳市康达尔（集团）股份有限公司	康达尔	000048	0.52
江西正邦科技股份有限公司	正邦科技	002157	0.52
宁波天邦股份有限公司	天邦股份	002124	0.51
广东海大集团股份有限公司	海大集团	002311	0.51
通威股份有限公司	通威股份	600438	0.405 3
辽宁禾丰牧业股份有限公司	禾丰牧业	603609	0.38
深圳市金新农饲料股份有限公司	金新农	002548	0.33
北京大北农科技集团股份有限公司	大北农	002385	0.28
天康生物股份有限公司	天康生物	002100	0.27
唐人神集团股份有限公司	唐人神	002567	0.192
湖南正虹科技发展股份有限公司	正虹科技	000702	0.018 3

六、行业热点事件

1. 全国饲料企业数量不断下降 饲料工业的发展支持了畜牧业的快速发展，饲料用粮占粮食消费的 40% 以上，超过人对粮食的消费。当前时期我国饲料产量也最多，居世界第一。目前，全国约有 500 万养猪户退出，其中主要是中小规模散养户。并且 2015 年饲料厂家下降至 6 000 家左右。2012 年、2013 年饲料企业数量分别为 10 858、10 113 家，2014 年下降至 7 000 余家，到了 2015 年又下降 1 000 家，降至 6 000 家左右。

饲料厂数量下降的原因，一是生产的集约化。我国的饲料产业正在逐渐从粗放型向着集约型方向转变。生产技术不过关，质量不过关，售后不过关，品牌意识不明显的小型企业正在逐渐被取代，渐渐走向衰落。二是肉类的进口。国外半放牧式的养殖方式，对比我国圈养式养殖在成本上具有明显优势，进口大量的肉类，对我国的肉类市场造成一定冲击的同时，对国内的市场起到一定的整合和调节作用，成本过高、效益过低的散养，家养类型的养殖户逐渐退出市场。三是销售模式的转变。随着竞争对手增加、产业调整等因素影响，饲料厂家的利润水平大大降低，尤其是目前直销、网销等销售模式的建立，使薄利多销成为现在饲料厂家销售的主旋律，因此，销售模式转变不过来，跟不上的厂家逐渐因为无法适应市场而被淘汰。四是相关产业的监管已逐渐加强。随着法制水平的不断提高，我国对于饲料行业的监管越来越严，一些小规模、经不起检验的饲料厂，根本达不到国家颁发经营许可证的资格，从而淡然退出市场。

2. 新的饲料法规全面实施，产品质量安全持续向好　新修订的《饲料和饲料添加剂管理条例》自 2012 年 5 月 1 日实施以来，农业部组织各地深入贯彻实施各项新制度，着力规范饲料生产经营秩序。2014 年，全国饲料产品抽检合格率 96.2%，连续 3 年稳步提高。近 3 年来，农业部先后发布《饲料和饲料添加剂生产许可管理办法》等 5 个配套规章和《饲料原料目录》等 3 个技术规范，《条例》规定的新制度新要求得到进一步细化。下一步，农业部将继续坚持事前、事中和事后监管同步并重，进一步强化工作措施，健全工作机制，推动饲料行业素质持续提升，确保畜产品质量源头安全。

3. 阿里进入养殖、饲料市场　7 月 14 日淘宝上线农资频道，涵盖了从种子、农药、农机、肥料、兽药、饲料等农资产品。那么阿里巴巴如何破题饲料市场？对于质量：以沭阳县为例，政府针对假货问题为当地优质淘宝店主作了信用背书，沭阳县副县长顾宇在现场称首期网络交易诚信基金为 1 000 万元，后续会根据实际情况"无上限追加金额"。沭阳县政府和淘宝网现场签订合作备忘录，如果消费者在当地县政府"背书"登记在册的网店中购买到问题种苗，诚信基金将第一时间先行启动程序给予赔付，决不让消费者吃哑巴亏。对于物流：阿里巴巴菜鸟已经在全国建立了 8 个超大型仓储，还会有一系列大型中型的仓储。同时，菜鸟正在致力于与第三方物流合作打造"全国一天到货"的物流网络。对于大宗的生产资料，比如肥料、饲料、大的农机，菜鸟会更多走 O2O 模式，比如与省级农资平台合作，订单、收款都在淘宝完成，末端物流由省级农资平台完成配送。

4. 饲料与粮油加工业掀起"合作潮"　近两年，是我国饲料行业发展的变革年，也是饲料企业转型的关键阶段。从初期的饲料生产与下游养殖一体化，到近些年企业的国际化海外拓展、国内并购，以及最近的互联网思维、电商等，均展现出饲料企业的发展轨迹。大北农与中粮贸易签署合作战略合约、禾丰与九三集团签署合作战略合约。与饲料企业合作给粮油加工企业带来的好处可分为两点：减少中间环节提高效率、共担风险。

总体来看，饲料企业与粮油加工企业合作必定双赢。从饲料行业发展现状来看，结合原料、饲料及养殖等多个环节成为发展总趋势。2015 年是国内饲料企业转型的关键年，信息化、互联网、电商、海外拓展等必将成为企业的一大发展趋势。不过饲料企业根本基础在于饲料，上游原料直接控制饲料成本及企业盈利，发展上游原料环节、与粮油加工企业合作或将成为 2015 年饲料企业又一发展举措。

第4章／植物油加工

2015年，植物油加工业运行平稳，食用植物油加工业发展好于上年度，利润恢复增长。2015年，全国规模以上植物油加工企业2 184家，实现主营业务收入1.0万亿元；利润总额367.7亿元，比2014增速提高15.3个百分点。从产量看，2015年我国食用植物油产量6 734万吨，同比增长8.5%，较上年同期上升1.8个百分点，国内油料油脂市场供应充裕。受消费习惯等因素影响，两湖、云贵川渝等地乡村以加工油菜籽为主的中小型榨坊发展迅速，浓香菜籽油渐成菜籽油市场主流，且市场稳中有升。此外，玉米油、葵花籽油、茶籽油等新兴小品种油脂的自有品牌发展良好，市场前景看好。

一、行业经济运行情况

(一) 行业总体情况

2015年，全国规模以上植物油加工企业数量2 184家，占规模以上农产品加工业企业数量的2.9%，比2014年减少1家，比2013年增加20家。其中，食用植物油加工企业2 050家，占规模以上植物油加工企业数量的93.9%，同2014年持平，比2013年减少13家；非食用植物油加工企业134家，占规模以上植物油加工企业数量的6.1%，比2014年减少1家，比2013年减少7家。

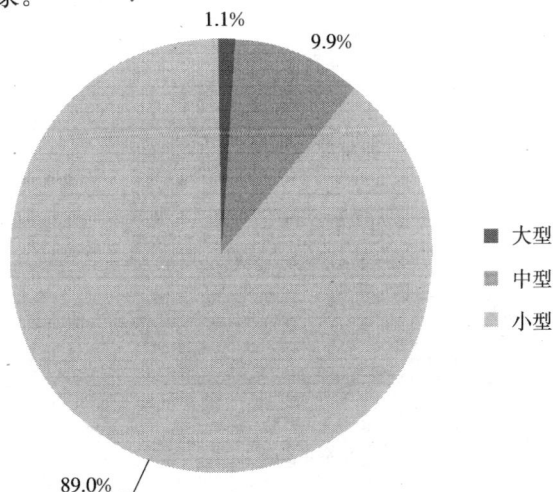

图4-1 2015年植物油加工企业数量规模结构

1. 企业数量稳中略降，小微企业居多 分规模看，大型企业 24 家，占全部规模以上植物油加工企业的 1.1％；中型企业 216 家，占 9.9％；小型企业 1 944 家，占 89.0％。因此，从企业规模看，植物油加工企业绝大部分是小型企业。

分投资类型看，国有控股企业 86 家，占全部规模以上植物油加工企业的 3.9％；集体控股企业 27 家，占 1.2％；私人控股企业 1 860 家，占 85.2％；港澳台商控股企业 34 家，占 1.6％；外商控股企业 81 家，占 3.7％；其他控股企业 96 家，占 4.4％。因此，从分投资类型看，植物油加工业企业绝大部分是私营企业。

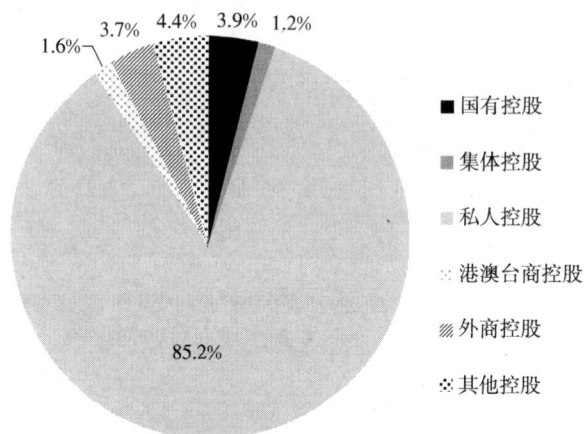

图 4 - 2　2015 年植物油加工企业数量投资类型结构

分区域看，东部地区拥有企业 734 家，占全国规模以上植物油加工企业的 33.6％；中部地区拥有企业 794 家，占 36.4％；西部地区拥有企业 489 家，占 22.4％；东北地区拥有企业 167 家，占 7.6％。可以看出，植物油加工企业多集中在中部和东部地区。其中，企业数量排名前五位的省份是山东、湖北、河南、安徽和江苏（湖南并列），规模以上植物油加工企业数量分别为 342 家、247 家、203 家、153 家和 123 家，占植物油加工业企业的比例分别为 15.7％、11.3％、9.3％、7.0％和 5.6％，排名前五位的省份企业数量加总达到 48.9％，约占全国植物油加工业企业的一半。

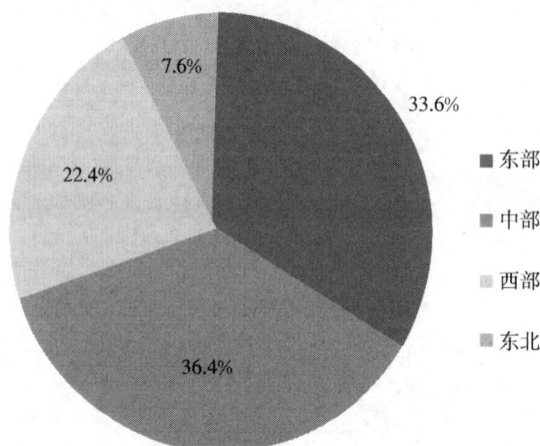

图 4 - 3　2015 年植物油加工企业数量区域结构

2. 主营业务收入增速下降，小型企业实现增长　2015 年，全国规模以上植物油加工业累计完成主营业务收入 1.0 万亿元，同比增长 0.5％，与 2014 年同比增速下降 2.5 个百分点，与 2013 年同比增速下降 10.6 个百分点。其中，食用植物油加工业完成主营业务收入 10 025.7 亿元，同比增长 0.8％；非食用植物油加工业完成主营业务收入 250.2 亿元，同比下降 10.6％。

分规模看，大型企业完成主营业务收入 1 825.3 亿元，占全部规模以上植物油加工业主营业务收入的 17.8％，同比下降 6.9％；中型企业完成主营业务收入 3 570.1 亿元，占全部规模以上植物油加工业主营业务收入的 34.7％，同比下降 0.5％；小型企业完成主营业务收入 4 880.4 亿元，占全部规模以上植物油加工业主营业务收入的 47.5％，同比增长 4.3％。小型企业主营业务收入增速要明显高于大中型企业。

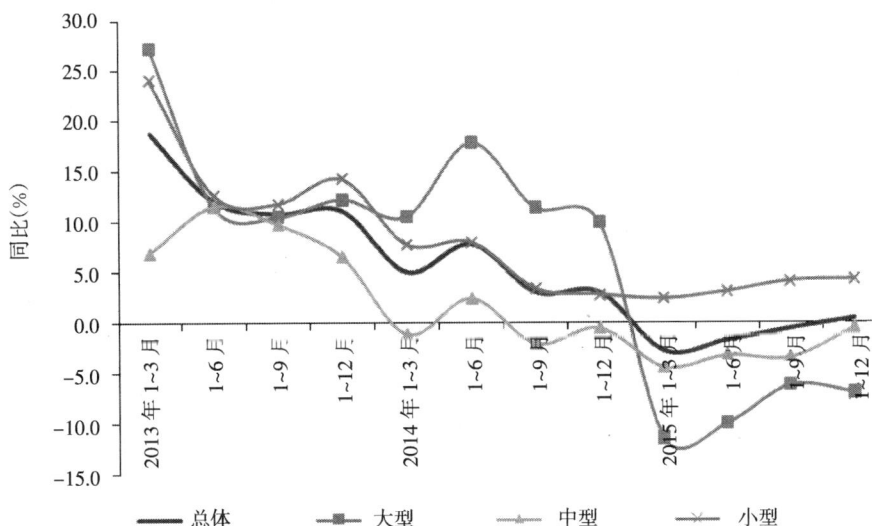

图 4 - 4　2013—2015 年植物油加工业分规模主营业务收入累计同比增速

分投资类型看，国有控股企业完成主营业务收入 1 447.5 亿元，占全部规模以上植物油加工业主营业务收入的 14.1％，同比下降 14.0％；集体控股企业完成主营业务收入 98.0 亿元，占全部规模以上植物油加工业主营业务收入的 1.0％，同比下降 7.6％；私人控股企业完成主营业务收入 5 280.4 亿元，占全部规模以上植物油加工业主营业务收入的 51.4％，同比增长 3.5％；港澳台商控股企业完成主营业务收入 452.2 亿元，占全部规模以上植物油加工业主营业务收入的 4.4％，同比下降 4.4％；外商控股企业完成主营业务收入 2 116.3 亿元，占全部规模以上植物油加工业主营业务收入的 20.6％，同比增长 4.8％；其他控股企业完成主营业务收入 881.4 亿元，占全部规模以上植物油加工业主营业务收入的 8.6％，同比增长 4.5％。私人控股、外商控股企业主营业务收入略有增加，国有控股、集体控股、港澳台商控股企业主营业务收入有所下降。

分区域看，东部地区企业完成主营业务收入 5 398.9 亿元，占全国规模以上植物油加工业主营业务收入的 52.5％，同比增长 0.8％；中部地区企业完成主营业务收入 2 553.2 亿元，占全国规模以上植物油加工业主营业务收入的 24.8％，同比增长 8.5％；西部地区企业完成主营业务收入 1 333.1 亿元，占全国规模以上植物油加工业主营业务收入的 13.0％，同

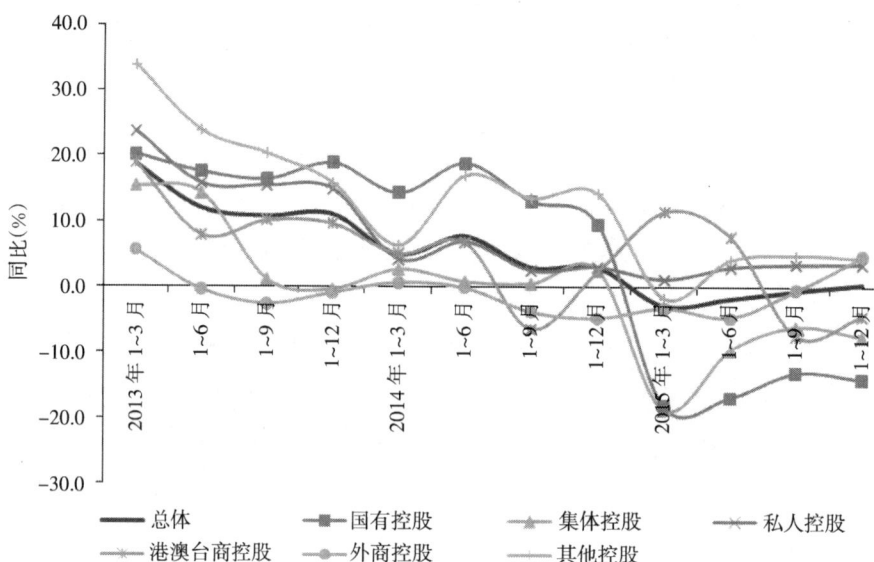

图 4-5　2013—2015 年植物油加工业分投资类型主营业务收入累计同比增速

比增长 0.5%；东北地区企业完成主营业务收入 990.6 亿元，占全国规模以上植物油加工业主营业务收入的 9.6%，同比下降 16.8%。中部地区植物油加工业主营业务收入增速较快，东北地区营收下降明显。其中，主营业务收入排名前五位的省份是山东、江苏、湖北、天津和广东，2015 年规模以上植物油加工业完成主营业务收入分别为 1 665.5 亿元、1 356.5 亿元、921.3 亿元、640.0 亿元和 603.7 亿元，同比增速分别是－1.5%、0.4%、9.1%、31.3% 和－10.5%。

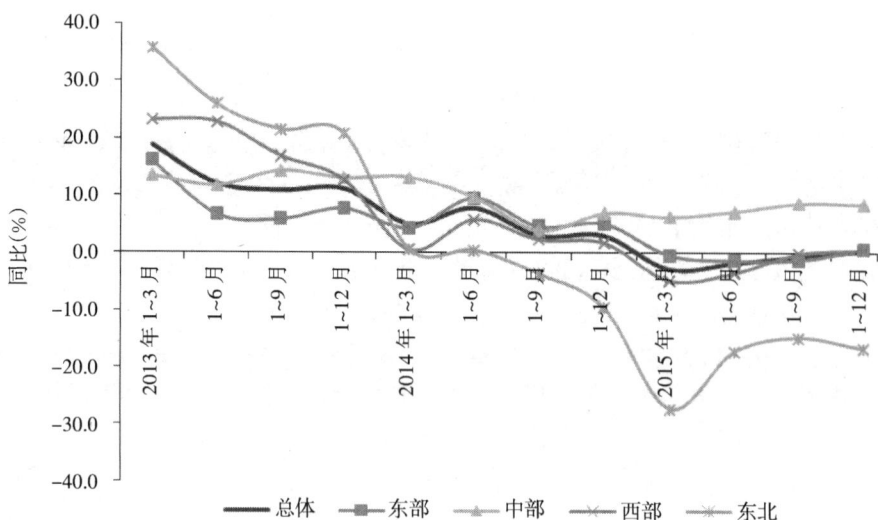

图 4-6　2013—2015 年植物油加工业分区域主营业务收入累计同比增速

3. 利润总额小幅增长，企业经营状况不佳　2015 年，全国规模以上植物油加工业累计实现利润总额 367.7 亿元，同比增长 3.8%，与 2014 年同比增速增长 15.3 个百分点，与2013 年同比增速下降 8.9 个百分点。植物油加工业主营业务收入利润率为 3.6%，远低于农产品加工业主营业务收入利润率的 5.8%，植物油加工业主营业务收入利润率近三年来基本保持在 2%～4% 的范围内。

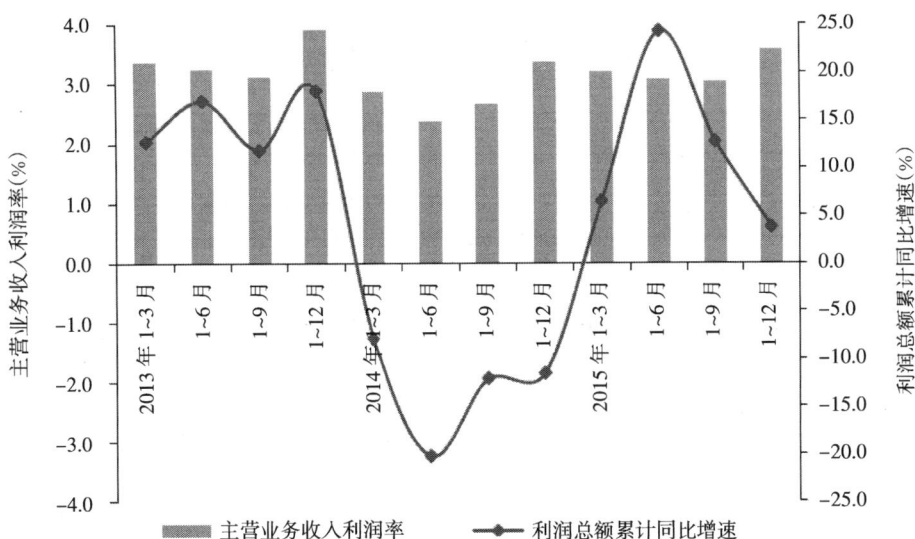

图 4-7　2013—2015 年植物油加工业利润总额增速与主营业务收入利润率

　　分规模看，大型企业实现利润总额 83.9 亿元，同比增长 20.1%；中型企业实现利润总额 105.3 亿元，同比增长 4.1%；小型企业实现利润总额 178.5 亿元，同比下降 2.6%。分投资类型看，国有控股企业实现利润总额 16.8 亿元，同比下降 33.9%；集体控股企业实现利润总额 4.2 亿元，同比增长 42.5%；私人控股企业实现利润总额 254.8 亿元，同比下降 0.4%；港澳台商控股企业实现利润总额 14.5 亿元，同比下降 23.9%；外商控股企业实现利润总额 68.0 亿元，同比增长 26.9%；其他控股企业实现利润总额 9.4 亿元，同比增长 472.0%。可以看出，集体控股和外商控股企业利润增幅较大，国有控股、港澳台商控股企业利润下降明显。分区域看，东部地区企业实现利润总额 175.7 亿元，同比增长 7.1%；中部地区企业实现利润总额 122.8 亿元，同比增长 7.6%；西部地区企业实现利润总额 50.8 亿元，同比增长 5.1%；东北地区企业实现利润总额 18.4 亿元，同比下降 33.9%。除东北地区利润大幅下降外，其他区域利润均呈平稳增长。

（二）食用植物油加工业情况

　　2015 年，全国规模以上食用植物油加工企业 2 050 家，数量与上年同期持平。完成主营业务收入 10 025.7 亿元，占全部规模以上植物油加工业主营业务收入的 97.6%，同比增长 0.2%。累计实现利润总额 356.5 亿元，占全部规模以上食用植物油加工业利润总额的 96.9%，与上年利润基本持平。食用植物油加工业主营业务收入利润率为 3.6%。

　　1. 企业数量保持稳定　分规模看，大型企业 24 家，占全部规模以上食用植物油加工企业的 1.2%，比 2014 年减少 2 家；中型企业 209 家，占 10.3%，比 2014 年减少 2 家；小型企业 1 817 家，占 89.7%，比 2014 年增加 4 家。因此，从企业规模看，食用植物油加工企业绝大部分是小型企业。

　　分投资类型看，国有控股企业 85 家，占全部规模以上食用植物油加工企业的 4.2%，比 2014 年增加 8 家；集体控股企业 26 家，占 1.3%，比 2014 年增加 1 家；私人控股企业 1 737 家，占 84.7%，比 2014 年减少 14 家；港澳台商控股企业 33 家，占 1.6%，比 2014 年增加 1 家；外商控股企业 77 家，占 3.8%，比 2014 年增加 1 家；其他控股企业 92 家，占 4.5%，比 2014 年增加 3 家。因此，从投资类型看，食用植物油加工企业绝大部分是私营企业。

分区域看，东部地区拥有企业 681 家，占全国规模以上食用植物油加工企业的 33.2%，比 2014 年减少 16 家；中部地区拥有企业 753 家，占 36.7%，数量同 2014 年持平；西部地区拥有企业 457 家，占 22.3%，比 2014 年增加 40 家；东北地区拥有企业 159 家，占 7.8%，比 2014 年减少 24 家。因此，从区域看，食用植物油加工企业主要分布在中部和东部地区。

2. 主营业务收入略有增长 分规模看，大型企业完成主营业务收入 1 825.3 亿元，占全部规模以上食用植物油加工业主营业务收入的 18.2%，同比下降 6.9%，增速比上年同期下降 16.9 个百分点；中型企业完成主营业务收入 3 524.1 亿元，占 35.2%，同比下降 0.1%，增速比上年同期上升 0.8 个百分点；小型企业完成主营业务收入 4 676.2 亿元，占 46.6%，同比增长 4.9%，增速比上年同期上升 2.6 个百分点。从规模看，食用植物油加工企业主营业务收入小型企业占比最大；大型企业主营业务收入增速下降明显，呈现负增长。

分投资类型看，国有控股企业完成主营业务收入 1 438.2 亿元，占全部规模以上食用植物油加工业主营业务收入的 14.4%，同比下降 14.1%，增速比上年同期下降 23.9 个百分点；集体控股企业完成主营业务收入 97.8 亿元，占 1.0%，同比下降 7.5%，增速比上年同期下降 10.0 个百分点；私人控股企业完成主营业务收入 5 080.0 亿元，占 50.7%，同比增长 4.0%，增速比上年同期增长 1.5 个百分点；港澳台商控股企业完成主营业务收入 452.2 亿元，占 4.5%，同比下降 4.2%，增速比上年下降 6.9 个百分点；外商控股企业完成主营业务收入 2 082.3 亿元，占 20.8%，同比增长 5.2%，增速比上年同期上升 10.1 个百分点；其他控股企业完成主营业务收入 875.2 亿元，占 8.7%，同比增长 4.9%，增速比上年同期下降 8.8 个百分点。从投资类型看，私人控股企业主营业务收入占比最高，外商控股企业主营业务收入增速上升幅度最大，国有控股企业增速明显下降。

分区域看，东部地区企业完成主营业务收入 5 294.0 亿元，占全部规模以上食用植物油加工业主营业务收入的 52.8%，同比增长 1.2%，增速比上年同期下降 3.8 个百分点；中部地区企业完成主营业务收入 2 487.9 亿元，占 24.8%，同比增长 9.1%，增速比上年同期上升 2.5 个百分点；西部地区企业完成主营业务收入 1 269.9 亿元，占 12.7%，同比增长 0.7%，增速比上年同期下降 0.1 个百分点；东北地区企业完成主营业务收入 973.9 亿元，占 9.7%，同比下降 17.0%，增速比上年同期下降 7.2 个百分点。从区域看，东部地区企业主营业务收入占比最高，中部地区企业主营业务收入增幅有所上升，东北地区企业营收继续下降。

3. 东部企业利润增速显著上升 分规模看，大型企业实现利润总额 83.9 亿元，占全部规模以上食用植物油加工业利润总额的 23.5%，同比增长 20.1%，增速比上年同期上升 29.2 个百分点；中型企业实现利润总额 103.6 亿元，占 29.1%，同比增长 4.9%，增速比上年同期上升 19.5 个百分点；小型企业实现利润总额 169.0 亿元，占 47.4%，同比下降 3.2%，增速比上年同期上升 7.2 个百分点。从规模看，小型企业利润总额占比最大，大型企业利润总额增速最快。

分投资类型看，国有控股企业实现利润总额 16.3 亿元，占全部规模以上食用植物油加工业利润总额的 4.6%，同比下降 34.1%，增速比上年同期下降 28.2 个百分点；集体控股企业实现利润总额 4.2 亿元，占 1.2%，同比增长 42.8%，增速比上年同期上升 36.3 个百分点；私人控股企业实现利润总额 245.6 亿元，占 68.9%，增速比上年同期上升 5.1 个百分点；港澳台商控股企业实现利润总额 14.5 亿元，占 4.1%，同比下降 23.9%，增速比上年下降 71.7 个百分点；外商控股企业实现利润总额 66.6 亿元，占 18.7%，同比上升 24.4%，增速比上年同期上升 38.7 个百分点；其他控股企业实现利润总额 9.3 亿元，占 2.6%，增速比上年同期上升 533.0 个百分点。从投资类型看，私人控股企业实现利润总额最多，集体控股、外商控股企业利润总额增速上升较快，国有控股、港澳台商控股企业增速显著下降。

分区域看，东部地区企业实现利润总额 171.1 亿元，占全部规模以上食用植物油加工业利润总额的 48.0%，同比增长 7.1%，增速比上年同期上升 22.1 个百分点；中部地区企业实现利润总额 120.3 亿元，占 33.7%，同比增长 8.0%，增速比上年同期上升 11.0 个百分点；西部地区企业实现利润总额 47.8 亿元，占 13.4%，同比增长 5.7%，增速比上年同期上升 9.1 个百分点；东北部地区企业实现利润总额 17.3 亿元，占 4.9%，同比下降 35.3%，增速比上年同期下降 8.1 个百分点。从区域类型看，东部地区企业利润总额最多且增幅较大，东北部地区企业利润总额增幅下降最明显。

二、主要产品贸易情况分析

2015 年，全国植物油及其分离品累计进出口总额 73.4 亿美元，同比下降 12.0%，增速较上年同期下降 6.1 个百分点；累计进出口总量 953.3 万吨，同比增长 7.9%，增速较上年同期增长 22.4 个百分点。其中，累计出口金额 2.8 亿美元，同比增长 3.1%，累计出口量 15.1 万吨，同比增长 3.5%；累计进口金额 70.6 亿美元，同比下降 12.5%，累计进口量

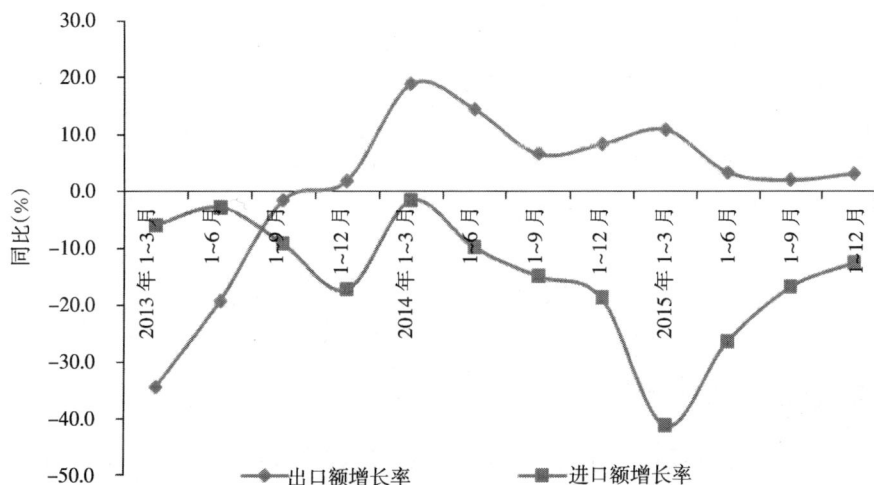

图 4-8　2013—2015 年植物油及其分离品进出口额累计同比增长率

938.2万吨，同比增长8.0%。

按贸易方式看，植物油及其分离品进出口的主要贸易方式是一般贸易。采用一般贸易方式出口的植物油及其分离品数量为8.3万吨，同比增长33.9%，占全部出口数量的54.9%，出口金额1.8亿美元，同比增长25.1%，占全部出口金额的65.7%；采用一般贸易方式进口的植物油及其分离品数量为756.2万吨，同比增长9.2%，占全部进口数量的80.6%，进口金额56.9亿美元，同比下降11.8%，占全部进口金额的80.6%。

分国别看，植物油及其分离品前五大出口目的地按出口数量统计为朝鲜、中国香港地区、马来西亚、新加坡和日本，2015年分别出口了8.3万吨、3.2万吨、0.8万吨、0.6万吨和0.4万吨，出口数量合计占全部出口数量的88.4%，同比下降1.7个百分点；前五大出口目的地按出口金额统计为朝鲜、中国香港地区、日本、美国和加拿大，2015年出口金额分别为1.0亿美元、0.5亿美元、0.2亿美元、0.2亿美元和0.2亿美元，出口金额合计占全部出口金额的74.0%，同比下降2.7个百分点。植物油及其分离品前五大进口来源地按进口数量统计为印度尼西亚、马来西亚、乌克兰、阿根廷和加拿大，2015年分别进口407.1万吨、257.8万吨、71.5万吨、59.3万吨和55.3万吨，进口数量合计占全部进口数量的90.7%，同比上升4个百分点；前五大进口来源地按进口金额统计同样为印度尼西亚、马来西亚、乌克兰、阿根廷和加拿大，2015年进口金额分别为27.6亿美元、16.8亿美元、6.4亿美元、4.9亿美元和4.4亿美元，进口金额合计占全部进口金额的84.9%，同比增长2.6个百分点。

分地区看，植物油及其分离品前五大出口地区为辽宁、广东、广西、山东和吉林，2015年出口数量分别为8.2万吨、1.8万吨、1.4万吨、1.2万吨和0.9万吨，除辽宁同比下降0.04%外，其他四省同比分别增长了11.8%、91.1%、80.6%和2.3%，出口数量合计占全国出口数量的92.6%，比上年同期下降2.23个百分点；出口金额分别为1.2亿美元、0.4亿美元、0.2亿美元、0.3亿美元和0.3亿美元，除辽宁同比下降9.5%外，其他四省同比分别增长了0.4%、66.1%、30.1%和21.2%，出口金额合计占全国出口金额的88.4%，比上年同期下降了4.5个百分点。植物油及其分离品前五大进口地区为江苏、广东、天津、上海和山东，2015年进口数量分别为341.2万吨、200.8万吨、116.1万吨、72.1万吨和55.8万吨，广东、上海、江苏同比分别增长34.2%、27.9%、8.7%，山东和天津同比分别下降9.5%和10.6%，进口数量合计占全国进口量的83.8%，比上年同期上升1.9个百分点；进口金额分别为24.2亿美元、13.5亿美元、9.1亿美元、6.8亿美元和4.5亿美元，上海和广东同比分别增长14.9%、3.9%，江苏、山东、天津同比分别下降16.5%、22.4%、23.6%，进口金额合计占全国进口金额的82.4%，比上年同期上升1个百分点。

三、主要产品价格趋势分析

（一）花生油价格震荡上升

根据国家统计局50个城市主要食品平均价格监测数据显示，2015年花生油价格总体维持在27.0～27.4元/升之间，年度平均价格为27.25元/升。从月度价格波动情况看，花生油价格从1月下旬的27.15元/升下降至2月上旬的27.04元/升，达到全年最低水平，下降了 0.41%；之后价格开始上升，至 6 月中旬价格上升至 27.25 元/升，上升了 0.77%；到 7 月中旬价格又下降至 27.12 元/升，下降了 0.48%；从 7 月下旬开始价格开始上升，至 8 月下旬上升至 27.43 元/升，达到全年最高水平，上升了 1.13%；从 9 月上旬开始价格出现小幅下降，10 月上旬之后价格出现小幅波动，至 12 月下旬价格上升至 27.40 元/升。

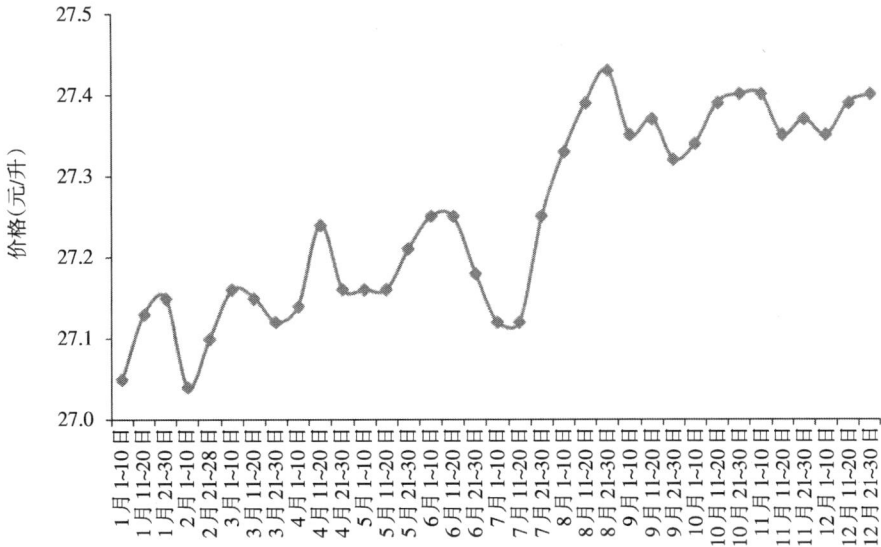

图 4-9 2015 年 1~12 月花生油价格波动情况

（二）大豆油价格震荡下跌

根据国家统计局 50 个城市主要食品平均价格监测数据显示，2015 年大豆油价格基本稳定在 9.99~10.31 元/升，年度平均价格为 10.09 元/升。从月度价格波动情况看，1 月上旬价格为全年最高点 10.31 元/升，之后大豆油价格开始出现震荡下跌，中间出现短暂回升，

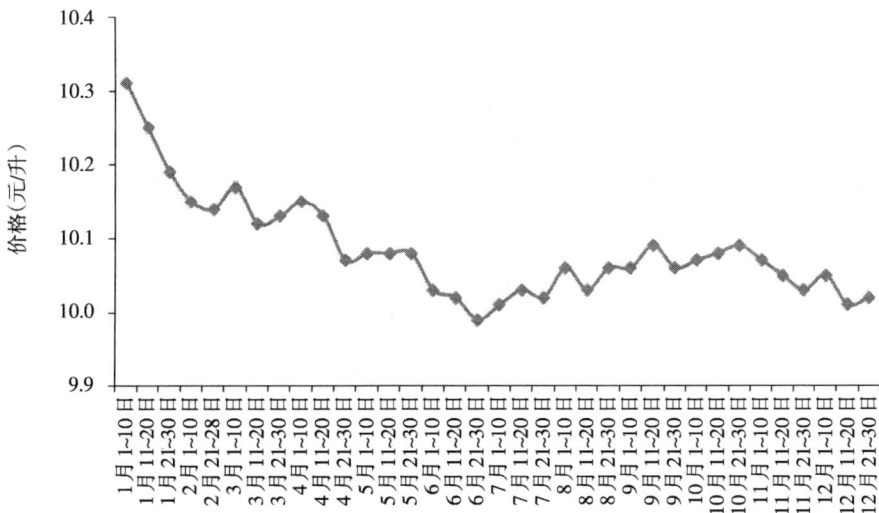

图 4-10 2015 年 1~12 月大豆油价格波动情况

到 6 月下旬下降达到全年最低点 9.99 元/升，价格比年初下滑了 3.2%；7 月上旬到 12 月下旬，价格出现短暂回升，之后又回落到 10.02 元/升。

（三）菜籽油价格总体呈下降趋势

根据国家统计局 50 个城市主要食品平均价格监测数据显示，2015 年菜籽油价格基本稳定在 13.32～13.61 元/升之间，年度平均价格为 13.39 元/升。从月度价格波动情况看，1 月上旬到 3 月上旬价格开始迅速下跌，跌至 13.38 元/升；3 月中旬到 10 月中旬期间，价格出现震荡下跌，价格 3 次达到全年最低点 13.32 元/升；10 月中旬价格开始回升，12 月下旬价格维持在 13.41 元/升。

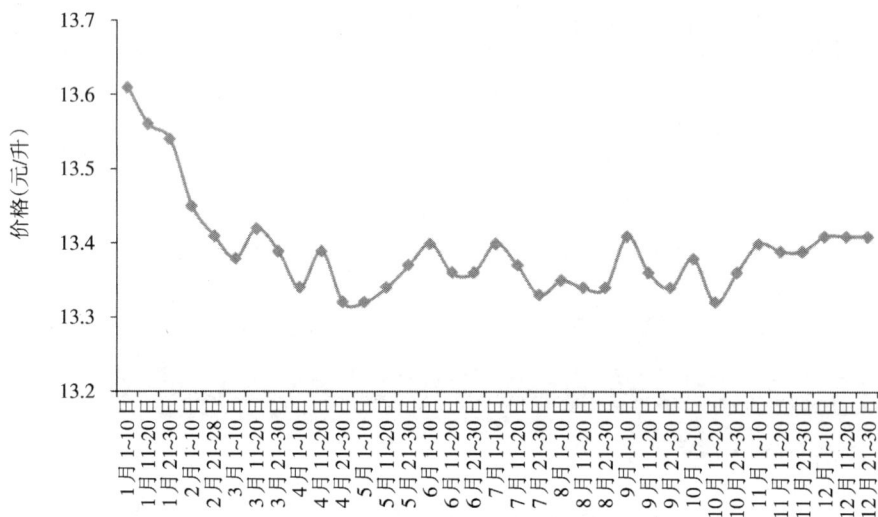

图 4-11　2015 年 1～12 月菜籽油价格波动情况

四、面临的主要问题

一是主要原料价格下降导致生产下滑，影响原料供应。2015 年，主产区大豆价格降幅达 13.0%，油菜籽开秤挂牌价 3.2 元/千克左右，较 2014 年下降近 2 元/千克。受价格低迷影响，大豆、菜籽等种植收益逐渐降低，导致种植面积不断减少，2015 年我国大豆种植面积为 610 万公顷，较 2014 年减少 70 万公顷，较 5 年前减幅超过 32.7%，2015 年国家取消油菜籽托市收购政策，油菜秋播面积减少 20% 以上，这也使我国对进口大豆、菜籽的依存度进一步提高。由于比较效益差，芝麻、油葵、胡麻等小油料作物种植逐渐萎缩。油料生产形势的变化对以国产油料为原料的企业，特别是油菜籽为主的企业将产生重大影响。

二是油料产后初加工技术与装备缺乏，原料产后品质堪忧。油菜、花生、芝麻等油料收获季节潮湿多雨，高效安全的贮藏设施建设较少，导致油料产后损失严重。同时油料易受潮霉变，产生黄曲霉毒素等有害物质，带来严重食品安全隐患。我国目前适合不同油料不同规模的干燥设备也较少，特别是适合种植大户、专业合作社及村组使用的中小型多功能干燥机械装备十分缺乏，且现有干燥技术尚存在干燥后油料品质差、能耗高等问题。

三是油料加工能耗高、成本高，压榨开工率严重不足。油料加工过程中大量能源消耗是产业长期存在的问题，与国外油脂加工企业相比，国内大型油脂加工企业的消耗偏高，一些中小型企业更高，生产成本居高不下，加之产能过剩，大量油脂加工企业处于"小开小亏、大开大亏、苦苦支撑"的困境。大豆压榨开工率不足50%，压榨油菜籽和棉籽为主的企业开工率低至10%。在此背景下，油料加工行业面临巨大压力，产品和市场竞争力不强的企业亟需调整决策经营策略或重新定位。

四是油料过度加工现象严重，副产物综合利用不足。我国传统的制油工业普遍采用高温压榨与四（五）脱精炼技术，过度加工现象严重，不利于行业发展。一是导致产品同质化现象严重、能耗高、炼耗高等问题；二是损失了生育酚、植物甾醇等对人体有益的微量营养素，并不可避免地产生反式脂肪酸、苯并芘等有害物质，严重降低了植物油的营养与安全品质；三是导致饼粕蛋白质变性程度高，有效氨基酸损失严重，只能用作低价值饲料的原料，高附加值产品的应用较少。此外，加工副产物如油脚、皂脚和脱臭馏出物以及油料作物秸秆、花粉等几乎未得到有效利用。

五是油脂消费结构不合理，产品质量安全问题突出。我国进口大豆油、棕榈油消费量占比过高，脂肪酸组成平衡合理的菜籽油、油茶籽油等消费量偏低。此外，小榨坊原料半径和产品销售范围较小，价格高且不受大宗商品影响，搀兑精炼油的现象较为普遍；花生油的黄曲霉毒素污染问题突出。小榨坊的生产环境恶劣、操作不规范等也带来诸多安全隐患。

五、对策建议

第一，加大产地初加工技术与装备补助力度，降低原料生产成本，提高品质。加大科技投入，从技术层面切实解决油料机械化生产各环节存在的问题。同时加大对产地初加工干燥与贮藏技术装备的补贴，降低油料生产成本的同时，提高原料品质，减少产后损失，保障加工产品的质量和安全性。

第二，推动企业技术升级改造。以低消耗、低排放及高度智能化为目标，大力开发电机节能、锅炉节能、节水、高效热能回收等节能减排工程技术；鼓励产能落后、设备陈旧的企业积极进行技术改造，政府给予一定改造资金补贴，逐步淘汰落后产能的同时提升我国油料加工业技术水平；建设油料高效加工技术与装备示范基地，宣传、鼓励和推动油料产地加工技术装备的示范应用。

第三，加强宣传引导，倡导"适度加工"，提高产品营养安全品质。针对当前我国植物油加工存在过度精炼的误区，大力开发与推广低温压榨制油及适度精炼技术，最大程度保留微量营养物质，避免有害物质形成，提升植物油营养与安全品质；同时制订生产技术规程标准，不断完善标准体系，对生产企业进行有效指导。加强对食用油消费知识的宣传，引导消费者根据自身情况，合理选择适合的食用油，提高营养健康水平。

第四，重视资源综合利用，积极引导企业向生产高附加值的产品转化。充分利用米糠、小麦胚芽、饼粕、皮壳、油脚、馏出物等副产物，加强对大豆油生产水溶性油漆及油料生产膳食纤维、低聚糖、食用级蛋白等深加工技术的研发，促进技术的推广应用，提高油料加工产业经济效益和产品附加值；逐步改善目前油料压榨产能过剩、企业开工率不足的现象，同时提升油料产业市场竞争力和抵御风险的能力。

六、上市企业情况

2015 年，沪深两市油料加工上市企业仅为西王食品股份有限公司。西王集团有限公司始建于 1986 年，是一家以玉米深加工和特钢为主业，投资涉及文化置业、高效生态农业、国际贸易、酒水、物流、热电等多个行业的全国大型企业。控股西王糖业（香港 002088）、西王食品（深圳 000639）、西王特钢（香港 1266）三家上市公司。公司主要生产果糖、食用级和药用级葡萄糖、果葡糖浆等，其主导产品打入国际市场，食用葡萄糖、玉米油、无水葡萄糖、麦芽糊精生产规模为亚洲最大。山东西王食品有限公司为山东西王集团的全资子公司，现已建成国内最大的玉米胚芽油专业生产、经营企业。从主营业务构成看，该公司的产品中小包装玉米油占主营业务收入的 68.7%、散装玉米油占 14.46%、葵花籽油占 6.54%，其他还包括胚芽粕和橄榄油等。2015 年，山东西王食品有限公司完成营业总收入 22.4 亿元，同比增长 19.97%；实现归属净利润 1.46 亿元，同比增长 24.5%。

表 4-1　2007—2015 年西王食品营业总收入及归属净利润

年份	营业总收入		归属净利润	
	累计（亿元）	同比增长（%）	累计（亿元）	同比增长（%）
2015	22.4	19.97	1.46	24.5
2014	18.7	−22.95	1.17	−35.07
2013	24.3	−2.14	1.81	26.48
2012	24.8	34.77	1.43	25.39
2011	18.4	53.01	1.14	36.26
2010	12	19.51	0.837 3	19.4
2009	10.1	−33.78	0.701 3	−632.15
2008	1.06	−18.12	0.006 71	−79.62
2007	1.3	−14.56	0.032 9	−59.63

1. 偿债能力分析　西王食品流动比率的变化情况大体分为两个阶段，2007—2010 年流动比率逐年上升，至 2010 年达到 5.12，为近年来最高，可能与报告期内该公司进行了重大资产重组有关。以 2010 年 11 月 30 日为基准日，西王食品股份有限公司将原来所有的资产和负债全部转让给西王集团，西王集团以现金支付 1.31 亿元，同时向西王集团发行 52683621 股股份收购其持有的山东西王食品有限公司 100% 股权。重组完成后，公司的主营业务发生了变化。第二个阶段为 2011 年至今。2011 年该公司流动比率基本回落至重组前水平，随后开始上升，2015 年为 2.5；2007—2015 年，西王食品速动比率均在 1 以上，2010年最高为 3.28；西王食品的资产负债率一直低于 50%，尤其是 2010 年的资产负债率仅为 10.65%。其长期偿债能力较强，但大量闲置资金反而不利于企业发展。

表 4-2　2007—2015 年西王食品部分偿债能力指标

年份	资产负债率（%）	流动比率	速动比率
2015	21.96	2.5	1.73
2014	34.43	1.82	1.38

（续）

年份	资产负债率（%）	流动比率	速动比率
2013	19.36	2.49	1.89
2012	28.41	1.83	1.24
2011	34.79	1.65	1.1
2010	10.65	5.12	3.28
2009	26.56	2.24	1.81
2008	46.2	1.48	1.34
2007	48.6	1.38	1.25

2. 资产运营能力分析 从资产运营的三个指标来看，西王食品在2010年以后指标有明显改善，处于较好的运营水平。2010—2012年，三个指标波动上升，2013年以来略有回落。以存货周转率来看，近三年存货周转率都不高，表明存货积压和价值损失的风险提高，还可能与西王集团以玉米深加工为主，生产周期较长，需储备一定量的存货有关。

表4-3 2007—2015年西王食品部分运营能力指标

年份	总资产周转率（次）	应收账款周转率	存货周转率
2015	1.25	18.70	5.77
2014	1.13	17.04	6.09
2013	1.69	20.97	8.99
2012	1.75	25.02	7.54
2011	1.59	26.63	6.39
2010	2.21	20.62	9.91
2009	0.31	1.16	2.73
2008	0.4	1.43	4.47
2007	0.48	1.74	4.06

3. 盈利能力指标 2009—2015年，西王食品营业收入利润率在6%～8.3%之间，处于相对较高水平。其中2013年营业收入利润率为8.0%，较2011年和2012年有较大提高。2013年，在国内油脂价格低迷、原料价格波动等诸多不利环境下，西王食品及时调整思路，出台具体应对措施，进一步加大西王牌玉米胚芽油小包装的宣传力度，并通过原料采购强化了市场信息掌控，着重提升市场形势的分析能力，抢抓市场机遇，在公司营业收入略有下降的情况下，盈利能力却获得较大幅度提升；随着小包装油的持续发力，西王食品小包装油在收入占比中持续上升，由于毛利率较高，整体带来毛利率的上升，自2010年以来，西王食品销售毛利率呈现上升态势；西王食品近三年每股收益逐年下降，但随着国内人均收入的增长和消费水平的提升，油脂消费趋向多元化、功能化、高品质化，玉米油作为国内增长最快的食用油细分品类，市场容量仍具有巨大的提升空间。随着西王食品产品结构的丰富、销售渠道的扩展，该公司业绩有提升空间，后续需继续关注。

表 4-4　2008—2015 年西王食品部分盈利能力指标

年份	营业利润率（%）	毛利率（%）	基本每股收益（元）
2015	7.3	28.01	0.39
2014	7.7	27.66	0.62
2013	8.0	24.7	0.96
2012	6.3	22.65	0.76
2011	7.1	22.51	0.91
2010	8.3	18.57	1.589 4
2009	8.2	26.61	−0.05
2008	3.0	28.34	0.009

七、行业热点事件

1. 2015 年国家取消油菜籽临时收储　近几年国家在部分主产区实行菜籽（油）临时收储政策，对促进油菜籽生产和保护农民利益起到了积极作用，但也逐渐产生和积累了一些矛盾问题。一是由于临储价格顶得过高，不能反映市场供求，下游企业经营困难加剧；二是库存菜籽油销售困难，财政负担加重；三是国内外菜籽油价格严重倒挂，油脂油料进口进一步增加。经国务院批准，调整完善油菜籽收购政策，充分发挥市场配置资源的决定性作用，2015 年起由地方政府负责组织各类企业进行油菜籽收购，不再实行油菜籽国家临时收储。国家财政设立专项补贴直补油菜籽种植农民。

2. 我国食用油感官评价标准制定启动　新中国成立 60 多年来，我国食用植物油感官评价标准一直是个空白，制定花生油、芝麻油感官评价标准，有利于与国际市场接轨，有利于油脂产业的健康发展。以前，国内对于各单品食用植物油的评价标准主要是国家标准，但国际上较为先进的评价方法则为感官评价法。在风味油脂中，花生油、芝麻油因其独特的优良风味受到关注，而现有的相关标准和检测仪器难以通过具体的质量指标对优质压榨花生油、芝麻油进行感官测量。为改变我国无油脂感官评价标准这一薄弱环节，《花生油感官评价方法》《芝麻油感官评价方法》两个国家行业标准有望在 2016 年立项、报批。此前，我国已启动了《初榨橄榄油感官评价》标准的制定，后期还会启动核桃油、茶籽油等高端食用油感官评价标准的制定。

3. 我国油脂油料期货踏上国际化新征程　2015 年，"一带一路"战略为国内期货市场带来新的机遇。业内人士认为，国内豆粕现货对东南亚的出口贸易、棕榈油品种分布均使国内油脂油料与"一带一路"战略息息相关，此机遇将令我国油脂油料期货踏上国际化的新征程。目前参与我国油脂油料期货的客户涉及上、中、下游全产业链条，豆粕、豆油、棕榈油等品种的相关产业链龙头企业的参与度已超过 80%，国内日压榨能力 1 000 吨以上的油厂90% 以上参与，现货套保比例达 70% 以上，成为国内期货品种的典范。

油脂油料期货在新机遇面前不断进行着内在的完善，大豆直补使大豆市场在市场化程度上进一步加深，发展市场机制作用成为新形势下的要求。同时，筹备中的豆粕期权正成为产业企业风险管理的新期盼。

4. 食用油料进口快速增长　根据国家统计局公布的数据，我国油料市场粮多油少现象突出。进口食用植物油料油脂已经占据国内大部分市场份额。与国内粮食供应大量过剩相比，国内食用植物油料油脂供应基本依靠进口来满足。此外，我国进口的豆油、菜油、棕榈油，菜粕、豆粕等植物油料以及下游产品数量庞大，且呈现出快速增长态势。

产生这种现象的原因主要有两点，一是当前农村劳动力比较短缺，而种植油料作物基本上是靠人工来完成，加之劳动力成本大幅提高，农民投入大量增加。二是种植油料作物得不到政策支持。自2015年新产油菜籽上市开始，有关部门基本上取消了油菜籽最低收购价政策，由于不再收储，2015年新产油菜籽价格比2014年同期下降了2 000元/吨左右。

5. 植物油做饭可致癌报道引起广泛关注　2015年11月初，英国《每日电讯报》的一篇报道中称"科学家称使用植物油做饭可释放出引发癌症的化学毒素"。随后，英国《每日邮报》撰文认为，猪油煎炸食物比较健康，因为植物油加热可释放出化学毒素，引发对烹饪用油安全性的关注。不少国内媒体以"使用花生油、橄榄油等植物油做饭有可能致癌"为标题，引述英国媒体公布的这项研究结果。做饭的时候，煎炸炒乃至烘焙都要用到食用油，这一研究结果的公布，让不少人担忧起厨房里的安全。

对此，国家食品药品监督管理总局发布《食品安全风险解析》，建议科学合理食用植物油，一般不会对人体健康产生影响。中国农业大学食品科学与营养工程学院副教授朱毅指出，用"植物油做饭可致癌"的说法代指英国这项研究结果有失偏颇。这项研究中这么表述的：食用油在180℃高温下，葵花籽油和玉米油能产生更多一些的醛类有害物质，黄油、橄榄油和猪油会更少，椰子油最少，椰子油和橄榄油都属于植物油的范畴，所以信息传播过程中，"植物油致癌"这种说法自以为是精炼出一句话，事实上以偏概全，和事实并不相符。

第5章 / 肉类加工

2015 年，受宏观经济形势影响，肉类加工业整体运行趋缓，主营业务收入增速呈现回落态势，利润总额增速小幅回升，进出口贸易额下降明显，贸易逆差有所缩小。2015 年全国规模以上肉类加工企业 4 039 家，比上年增长 4.2%；完成主营业务收入 1.4 万亿元，同比增长 4.4%，增速延续回落态势；虽然主营业务收入增速有所下降，但牲畜屠宰行业、肉制品及副产品加工业利润总额增速均有提高，同比分别增长 6.7% 和 7.1%，比上年同期增速分别提高 14.4 和 5.4 个百分点。

一、原料及主要产品生产情况

（一）主要原料及其生产情况

猪肉产量下降导致全国肉类总产量有所下降，牛羊禽肉产量均延续增长态势。2015 年，全国肉类总产量 8 625 万吨，比 2014 年下降 1.0%。其中：猪肉产量 5 487 万吨，比 2014 年下降 3.3%，占全部肉类产量的 63.6%；禽肉产量 1 826 万吨，比 2014 年增长 4.3%，占全部肉类产量的 21.2%；牛肉产量 700 万吨，比 2014 年增长 1.6%，占全部肉类产量的 8.1%；羊肉产量 441 万吨，比 2014 年增长 2.9%，占全部肉类产量的 5.1%。

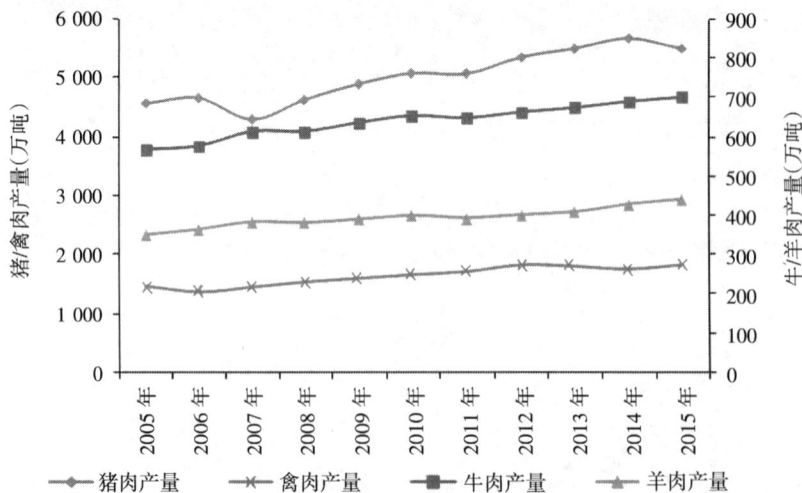

图 5-1　2005—2015 年猪牛羊禽肉产量变化趋势

生猪存栏、出栏、屠宰量均有所减少。2015 年末生猪存栏量约为 45 113 万头，比 2014 年减少 1 470 万头，同比下降 3.2%。其中，受 2014 年生猪市场持续低迷影响，12 月份我国能繁母猪存栏量约为 3 798 万头，同比下降 11.4%，连续 28 个月下降。全国生猪出栏量为 70 825 万头，比 2014 年减少 2 685 万头，同比下降 3.7%。全国规模以上生猪屠宰企业（年实际屠宰量在 2 万头以上的企业）屠宰生猪数量 21 400.0 万头，同比下降 9.5%。

（二）主要产品产量

全国鲜、冷藏肉产量有所减少，增速延续下降态势；产量下降的原因主要是由于东北地区的鲜、冷藏肉产量下降显著。2015 年，全国鲜、冷藏肉产量为 3 761.1 万吨，同比下降 1.8%，增速比 2014 年同期回落 6.6 个百分点，比 2013 年同期回落 11.4 个百分点。分区域看，东部地区鲜、冷藏肉产量为 1 449.6 万吨，同比增长 0.4%；中部地区鲜、冷藏肉产量为 965.8 万吨，同比增长 0.8%；西部地区鲜、冷藏肉产量为 776.0 万吨，同比增长 6.3%；东北地区鲜、冷藏肉产量为 569.7 万吨，同比下降 18.3%。全国鲜、冷藏肉产量最多的 5 个省份为山东、河南、四川、辽宁和湖北，其鲜、冷藏肉产量分别为 981.9 万吨、457.1 万吨、340.0 万吨、269.6 万吨和 187.3 万吨，其中四川、辽宁和湖北三省鲜、冷藏肉产量同比有所下降，分别下降了 3.0%、25.2% 和 3.0%，山东和河南两省鲜、冷藏肉产量有所增长，分别增长了 1.9% 和 2.6%。

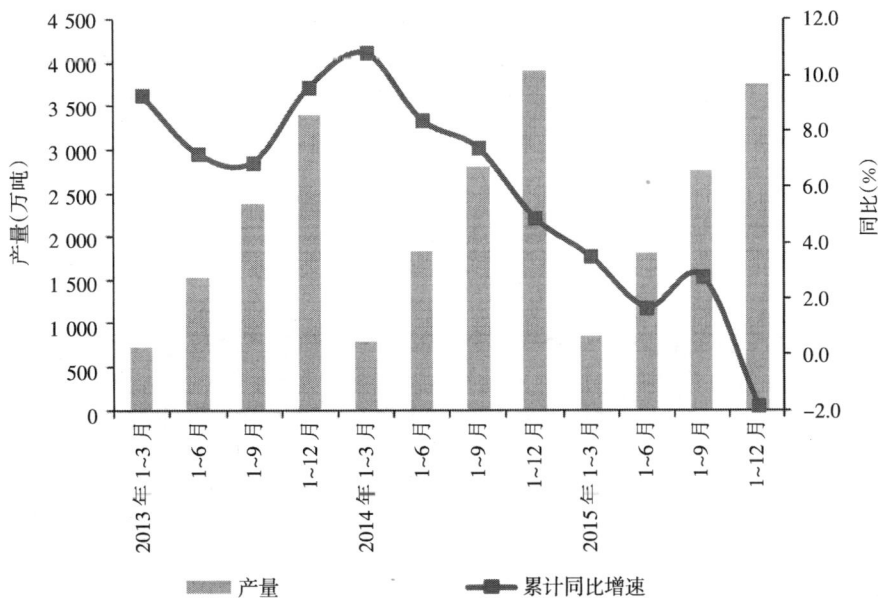

图 5-2　2013—2015 年全国鲜、冷藏肉产量

二、行业经济运行情况

（一）行业总体情况

2015 年，肉类加工企业数量继续增加，主营业务收入增速延续下降态势，利润增速由负转正。1~12 月，全国规模以上肉类加工企业数量为 4 039 家，比上年同期增加 161 家，

比 2013 年增加 260 家，占全部规模以上农产品加工企业数量的 5.1%；完成主营业务收入 13 552.0 亿元，同比增长 4.4%，增速较上年同期回落 4.0 个百分点，比 2013 年同比增速下降 10.1 个百分点；累计实现利润总额 673.3 亿元，同比增长 5.1%，比 2014 年同期增速上升 7.7 个百分点，比 2013 年同期增速下降 13.5 个百分点。肉类加工业主营业务收入利润率为 5.0%，低于农产品加工业总体水平 6.7%。

1. 企业数量增加，肉制品及副产品加工企业占比较大　分规模看，大型肉类加工企业 150 家，比上年同期增加 6 家，占全部规模以上肉类加工企业数量的 3.7%；中型肉类加工企业 670 家，比上年同期增加 15 家，占 16.6%；小型肉类加工企业 3 219 家，比上年同期增加 140 家，占 79.7%。可以看出，肉类加工企业以小型企业为主，且肉制品及副产品加工企业数量占比较大，为 42.6%。

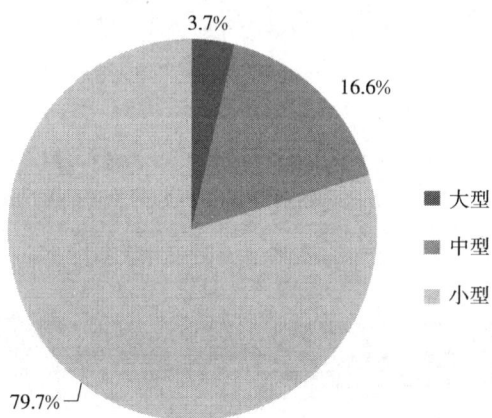

图 5-3　2015 年肉类加工企业数量规模结构

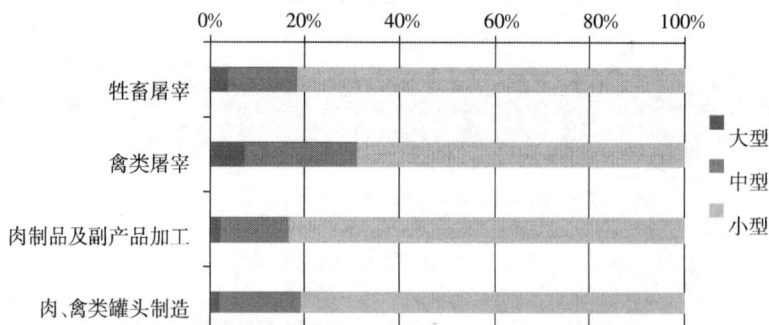

图 5-4　2015 年肉类加工企业数量分行业规模结构

分投资类型看，私人控股企业占比较大，且比重较上年同期扩大 3.5 个百分点；私人控股、港澳台商控股和其他控股企业数量有所增加，其他类型企业数量略有缩减。其中，国有控股肉类加工企业 139 家，比上年同期减少 5 家，占全部规模以上肉类加工企业数量的 3.4%；集体控股肉类加工企业 72 家，比上年同期减少 8 家，占 1.8%；私人控股肉类加工企业 3 509 家，比上年同期增加 160 家，占 86.9%；港澳台商控股肉类加工企业 71 家，比上年同期增加 2 家，占 1.8%；外商控股肉类加工企业 77 家，比上年同期减少 5 家，占

1.9%；其他控股肉类加工企业 171 家，比上年同期增加 17 家，占 4.2%。

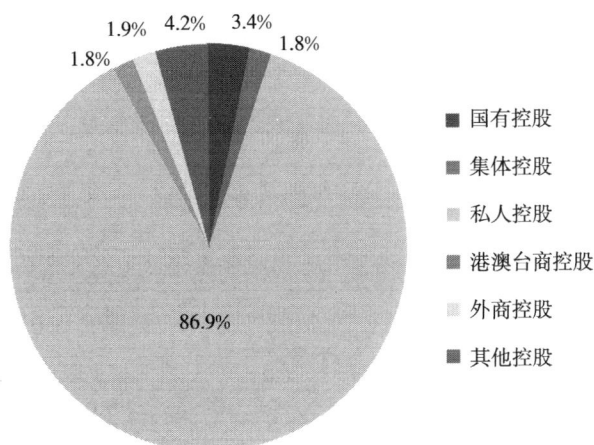

图 5-5　2015 年肉类加工企业数量投资类型结构

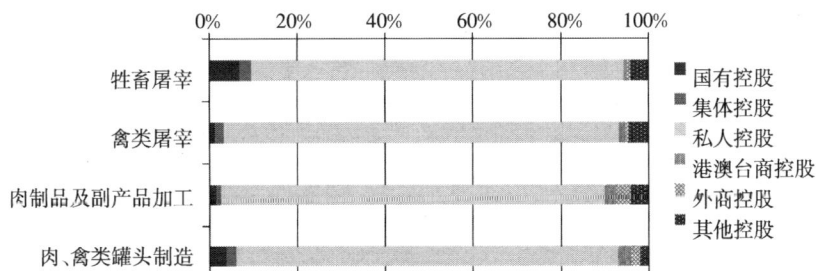

图 5-6　2015 年肉类加工企业数量分行业投资类型结构

分区域看，肉类加工企业主要集中在中东部地区，东北地区企业数量有所减少。其中，东部地区肉类加工企业有 1 577 家，比上年同期增加 41 家，占全部规模以上肉类加工企业数量的 39.0%；中部地区肉类加工企业有 965 家，比上年同期增加 58 家，占 23.9%；西部地区肉类加工企业有 1 031 家，比上年同期增加 73 家，占 25.5%；东北地区肉类加工企业有 466 家，比上年同期减少 11 家，占 11.5%。

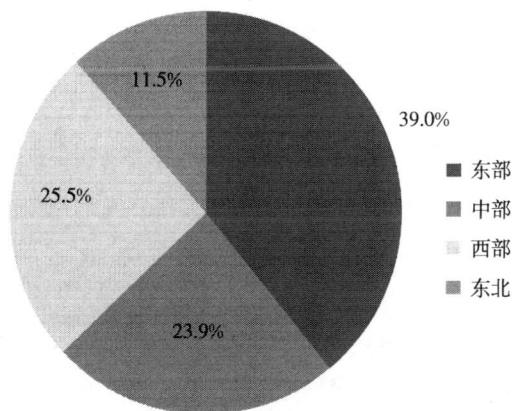

图 5-7　2015 年肉类加工企业数量区域结构

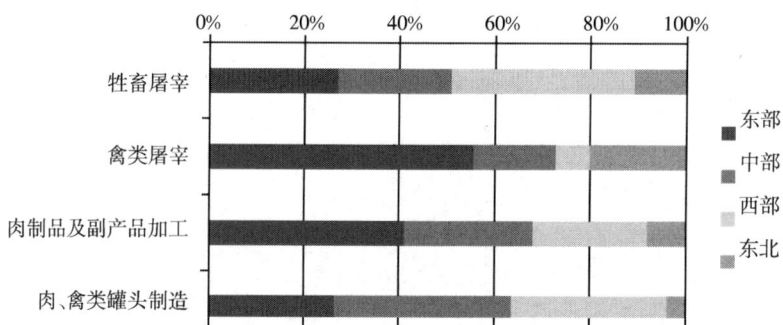

图 5-8　2015 年肉类加工企业数量分行业地区结构

2. 主营业务收入小幅增长，增速继续回落　分规模看，小型肉类加工企业主营业务收入增速快于大中型企业。其中，大型肉类加工企业完成主营业务收入 4 332.9 亿元，同比增长 2.3%，增速比上年同期下降 4.9 个百分点，占全部规模以上肉类加工企业主营业务收入的 32.0%；中型肉类加工企业完成主营业务收入 4 007.0 亿元，同比增长 3.8%，增速比上年同期下降 5.2 个百分点，占 29.6%；小型肉类加工企业完成主营业务收入 5 212.17 亿元，同比增长 6.9%，增速比上年同期下降 2.3 个百分点，占 38.5%。

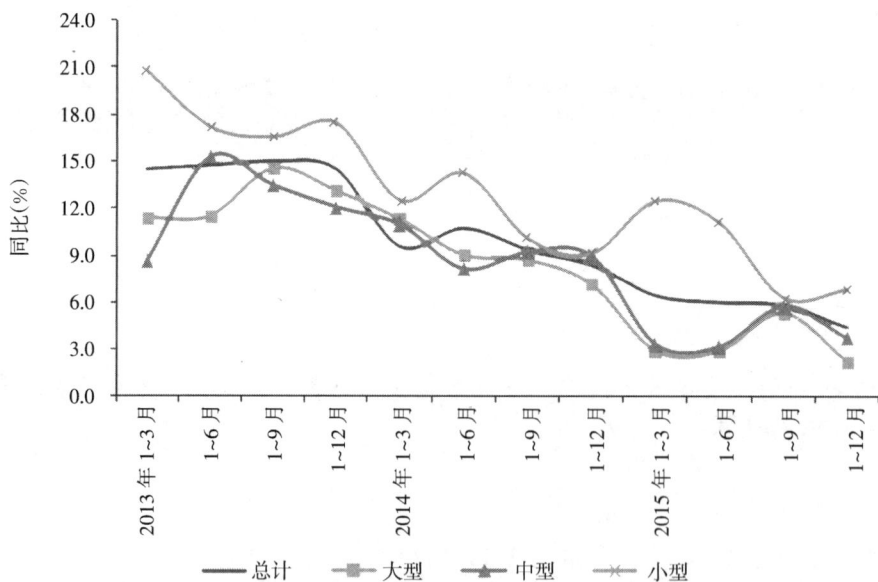

图 5-9　2013—2015 年肉类加工业分规模主营业务收入累计同比增速

分投资类型看，集体控股和外商控股企业主营业务收入增速下降明显，港澳台商控股企业营收增速由负转正。其中，国有控股肉类加工企业完成主营业务收入 625.3 亿元，同比增长 7.0%，增速比上年同期增长 3.1 个百分点，占全部规模以上肉类加工企业主营业务收入的 4.6%；集体控股肉类加工企业完成主营业务收入 501.7 亿元，同比下降 9.5%，增速比上年同期下降 19.7 个百分点，占 3.7%；私人控股肉类加工企业完成主营业务收入 10 169.1 亿元，同比增长 5.4%，增速比上年同期下降 3.2 个百分点，占 75.0%；港澳台商控股肉类加工企业完成主营业务收入 868.4 亿元，同比增长 7.0%，增速比上年同期增长 11.5 个百分点，占 6.4%；外商控股肉类加工企业完成主营业务收入 648.7 亿元，同比下降 3.1%，增速比上年同期下降 33.2 个百分点，占 4.8%；其他控股肉类加工企业完成主营业务收入 738.9 亿元，同比增长 4.1%，增速比上年同期下降 3.5 个百分点，占 5.5%。

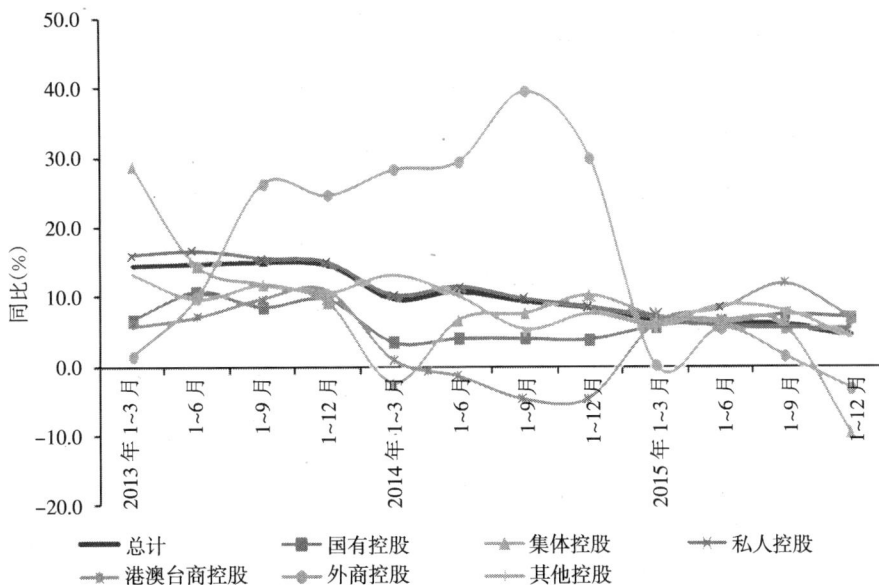

图 5-10　2013—2015 年肉类加工业分投资类型主营业务收入累计同比增速

分区域看，东部地区肉类加工企业完成主营业务收入 5 295.1 亿元，同比增长 4.8%，增速比上年同期下降 4.3 个百分点，占全部规模以上肉类加工企业主营业务收入的 39.1%；中部地区肉类加工企业完成主营业务收入 3 693.4 亿元，同比增长 7.9%，增速比上年同期下降 4.8 个百分点，占 27.3%；西部地区肉类加工企业完成主营业务收入 2 704.2 亿元，同

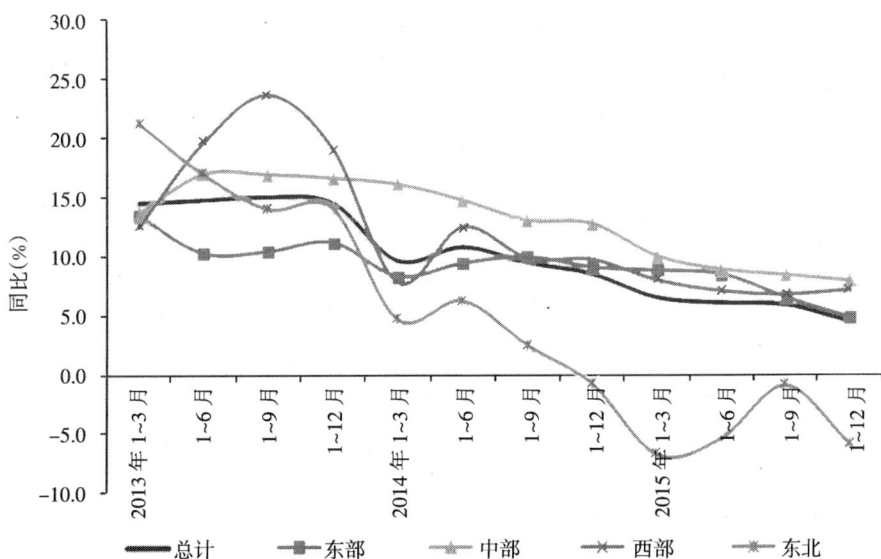

图 5-11　2013—2015 年肉类加工业分区域主营业务收入累计同比增速

比增长 7.1％，增速比上年同期下降 2.6 个百分点，占 20.0％；东北地区肉类加工企业完成主营业务收入 1 859.3 亿元，同比下降 5.9％，增速比上年同期下降 5.1 个百分点，占 13.7％。可以看出，4 个区域的主营业务收入增速均有所放缓，中西部地区营收增速较快；东北地区营收继续呈现负增长，且降幅有所扩大。其中，主营业务收入排名前五位的省份是山东、河南、四川、内蒙古和辽宁，2015 年分别完成主营业务收入 3 161.7 亿元、2 074.2 亿元、1 193.2 亿元、721.7 亿元和 714.0 亿元。

3. 企业利润总额增加，增速由负转正　分规模看，大型肉类加工企业利润继续下降；中小型企业利润增速由负转正。其中，大型肉类加工企业实现利润总额 205.6 亿元，同比下降 8.8％，增速比上年同期下降 6.7 个百分点；中型肉类加工企业实现利润总额 202.8 亿元，同比增长 0.3％，增速比上年同期上升 2.8 个百分点；小型肉类加工企业实现利润总额 264.9 亿元，同比增长 6.1％，增速比上年同期上升 9.1 个百分点。

分投资类型看，港澳台商控股企业利润增速显著提升，外商控股企业利润增速有所下降。其中，国有控股肉类加工企业实现利润总额 24.5 亿元，同比增长 6.7％，增速比上年同期下降 0.8 个百分点；集体控股肉类加工企业实现利润总额 16.8 亿元，同比下降 2.7％，增速比上年同期下降 0.1 个百分点；私人控股肉类加工企业实现利润总额 515.3 亿元，同比增长 3.2％，增速比上年同期上升 5.7 个百分点；港澳台商控股肉类加工企业实现利润总额 54.7 亿元，同比增长 34.0％，增速比上年同期上升 57.8 个百分点；外商控股肉类加工企业实现利润总额 31.5 亿元，同比下降 1.1％，增速比上年同期下降 17.8 个百分点；其他控股肉类加工企业实现利润总额 30.6 亿元，同比增长 7.7％，增速比上年同期下降 7.5 个百分点。

分区域看，东北地区和西部地区肉类加工企业利润继续下降，降幅有所收窄。其中，东部地区肉类加工企业实现利润总额 238.6 亿元，同比增长 9.1％，增速比上年同期上升 11.9 个百分点；中部地区肉类加工企业实现利润总额 221.6 亿元，同比增长 11.9％，增速比上

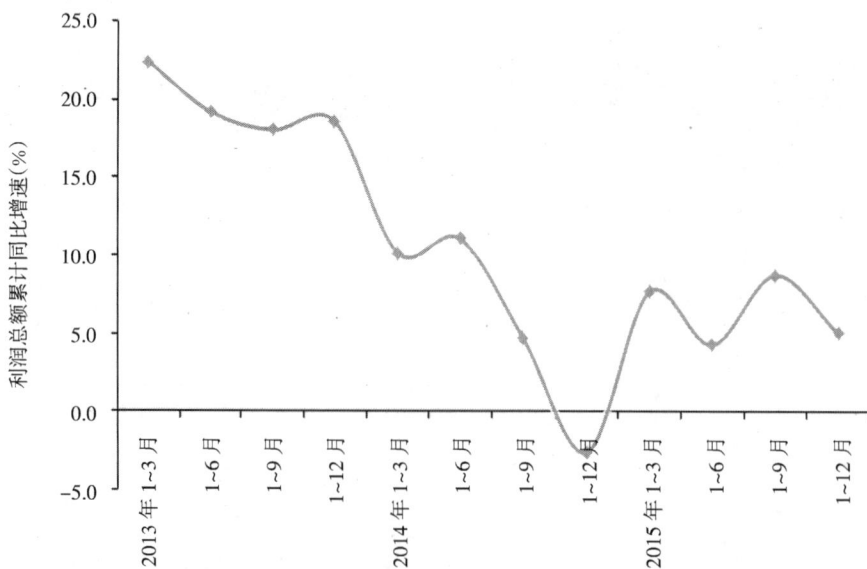

图 5-12　2013—2015 年肉类加工业利润总额增速

年同期上升 2.4 个百分点；西部地区肉类加工企业实现利润总额 144.4 亿元，同比下降 0.3%，增速比上年同期上升 5.5 个百分点；东北地区肉类加工企业实现利润总额 68.7 亿元，同比下降 13.3%，增速比上年同期上升 6.8 个百分点。

（二）屠宰加工

2015 年，全国畜禽屠宰企业 2 220 家，比上年同期增加 32 家，占全部规模以上肉类加工企业数量的 55.0%；完成主营业务收入 8 836.8 亿元，同比增长 3.4%，占 65.2%；实现利润总额为 390.9 亿元，同比增长 3.6%。畜禽屠宰加工业主营业务收入利润率为 4.4%，比肉类加工业主营业务收入利润率低 0.6 个百分点。

1. 企业数量增加，小型企业为主　分规模看，大型畜禽屠宰企业 109 家，比上年同期增加 9 家，占全部规模以上畜禽屠宰企业数量的 4.9%；中型畜禽屠宰企业 406 家，比上年同期减少 9 家，占 18.3%；小型畜禽屠宰企业 1 705 家，比上年同期增加 32 家，占 76.8%。可以看出，屠宰企业以小型企业为主，中型企业数量有所减少。

分投资类型看，国有控股畜禽屠宰企业 108 家，比上年同期减少 4 家，占全部规模以上畜禽屠宰企业数量的 4.9%；集体控股畜禽屠宰企业 53 家，比上年同期减少 2 家，占 2.4%；私人控股畜禽屠宰企业 1 920 家，比上年同期增加 33 家，占 86.5%；港澳台商控股畜禽屠宰企业 26 家，比上年同期减少 2 家，占 1.2%；外商控股畜禽屠宰企业 16 家，比上年同期减少 1 家，占 0.7%；其他控股畜禽屠宰企业 97 家，比上年同期增加 8 家，占 4.4%。可以看出，私人控股屠宰企业占主导；除私人控股和其他控股企业数量有所增加，其他类型企业数量均有所减少。

分区域看，东部地区畜禽屠宰企业有 843 家，比上年同期减少 5 家，占全部规模以上畜禽屠宰企业数量的 38.0%；中部地区畜禽屠宰企业有 467 家，比上年同期增加 11 家，占 21.0%；西部地区畜禽屠宰企业有 587 家，比上年同期增加 34 家，占 26.4%；东北地区畜禽屠宰企业有 323 家，比上年同期减少 8 家，占 14.5%。可以看出，屠宰企业集中在东部和西部；中西部企业有所增加，东部及东北地区企业数量略有下降。

2. 主营业务收入增速有所下降，国有企业增速逆势加快　分规模看，大中小型屠宰企业主营业务收入比重较为均衡，中型企业主营业务收入增速明显下降。其中，大型畜禽屠宰企业完成主营业务收入 2 848.2 亿元，同比增长 2.8%，增速比上年同期下降 2.2 个百分点，占全部规模以上畜禽屠宰企业主营业务收入的 32.2%；中型畜禽屠宰企业完成主营业务收入 2 710.7 亿元，同比增长 1.9%，增速比上年同期下降 10.0 个百分点，占 30.7%；小型畜禽屠宰企业完成主营业务收入 3 277.9 亿元，同比增长 5.2%，增速比上年同期下降 1.2 个百分点，占 37.1%。

分投资类型看，私人控股企业主营业务收入占比接近八成；集体控股企业营收增速下降明显，港澳台商控股企业营收增速降幅收窄。其中，国有控股畜禽屠宰企业完成主营业务收入 511.3 亿元，同比增长 10.0%，增速比上年同期增长 6.5 个百分点，占全部规模以上畜禽屠宰企业主营业务收入的 5.8%；集体控股畜禽屠宰企业完成主营业务收入 456.6 亿元，同比下降 10.9%，增速比上年同期下降 23.8 个百分点，占 5.2%；私人控股畜禽屠宰企业完成主营业务收入 7 010.0 亿元，同比增长 4.1%，增速比上年同期下降 4.0 个百分点，占 79.3%；港澳台商控股畜禽屠宰企业完成主营业务收入 166.9 亿元，同比下降 10.3%，增速比上年同期增长 6.2 个百分点，占 1.9%；外商控股畜禽屠宰企业完成主营业务收入 125.8 亿元，同比增长 16.9%，增速比上年同期上升 10.7 个百分点，占 1.4%；其他控股畜禽屠宰企业完成主营业务收入 566.3 亿元，同比增长 4.6%，增速比上年同期下降 7.4 个百分点，占 6.4%。

分区域看，屠宰企业主要集中在东中部；东北地区营收继续下降，且降幅有所扩大。其中，东部地区畜禽屠宰企业完成主营业务收入 3 434.0 亿元，同比增长 2.8%，增速比上年同期下降 5.3 个百分点，占全部规模以上畜禽屠宰企业主营业务收入的 38.9%；中部地区畜禽屠宰企业完成主营业务收入 2 174.1 亿元，同比增长 8.6%，增速比上年同期下降 5.3 个百分点，占 24.6%；西部地区畜禽屠宰企业完成主营业务收入 1 707.9 亿元，同比增长 6.7%，增速比上年同期下降 0.9 个百分点，占 19.3%；东北地区畜禽屠宰企业完成主营业务收入 1 520.7 亿元，同比下降 5.3%，增速比上年同期下降 4.7 个百分点，占 17.2%。

3. 利润总额增速显著上升，港澳台商控股企业利润快速增长　分规模看，屠宰企业利润增长显著，大型和小型企业利润增速均由负转正；中型企业利润稍有下降，降幅有所缩小。其中，大型畜禽屠宰企业实现利润总额 111.7 亿元，同比增长 8.6%，增速比上年同期增长 9.7 个百分点；中型畜禽屠宰企业实现利润总额 126.8 亿元，同比下降 0.3%，增速比上年同期上升 3.1 个百分点；小型畜禽屠宰企业实现利润总额 152.4 亿元，同比增长 3.4%，增速比上年同期上升 14.1 个百分点。

分投资类型看，港澳台商控股企业利润比上年增长了三倍；外商控股企业利润增速显著下降，但仍保持强势增长态势；集体控股企业利润继续下降，且降幅有所扩大。其中，国有控股畜禽屠宰企业实现利润总额 16.0 亿元，同比增长 22.0%，增速比上年同期增长 16.1 个百分点；集体控股畜禽屠宰企业实现利润总额 15.0 亿元，同比下降 3.3%，增速比上年同期下降 2.0 个百分点；私人控股畜禽屠宰企业实现利润总额 327.3 亿元，同比增长 1.4%，增速比上年同期上升 7.9 个百分点；港澳台商控股畜禽屠宰企业实现利润总额 2.7 亿元，同比增长 341.1%，增速比上年同期上升 438.0 个百分点；外商控股畜禽屠宰企业实现利润总额 6.9 亿元，同比增长 41.4%，增速比上年同期下降 41.3 个百分点；其他控股畜禽屠宰企业实现利润总额 23.0 亿元，同比增长 11.4%，增速比上年同期上升 0.6 个百分点。

分区域看，东部地区和西部地区利润增速由负转正，且西部地区增幅更加明显；东北地区利润仍下降，降幅有所下降。其中，东部地区畜禽屠宰企业实现利润总额 136.9 亿元，同比增长 3.0%，增速比上年同期上升 3.9 个百分点；中部地区畜禽屠宰企业实现利润总额 119.7 亿元，同比增长 15.7%，增速比上年同期上升 8.5 个百分点；西部地区畜禽屠宰企业实现利润总额 82.2 亿元，同比增长 2.0%，增速比上年同期上升 16.6 个百分点；东北地区畜禽屠宰企业实现利润总额 52.1 亿元，同比下降 13.9%，增速比上年同期上升 8.0 个百分点。

（三）肉制品及副产品加工

2015 年，肉制品及副产品加工企业 1 720 家，比上年同期增加 122 家，占全部规模以上肉类加工企业数量的 42.6%；完成主营业务收入 4 454.3 亿元，同比增长 6.6%，占全部规模以上肉类加工企业主营业务收入的 32.9％；实现利润总额 267.5 亿元，同比增长 7.1％。主营业务收入利润率为 6.0％，比肉类加工业主营业务收入利润率高 1.0 个百分点。

1. 企业数量增加，中小型企业为主　分规模看，大型企业数量略有减少，中小企业数量有所增加。其中，大型肉制品及副产品加工企业 39 家，比上年同期减少 4 家，占全部规模以上肉制品及副产品加工企业数量的 2.3％；中型肉制品及副产品加工企业 247 家，比上年同期增加 23 家，占 14.4％；小型肉制品及副产品加工企业 1 434 家，比上年同期增加 103 家，占 83.4％。

分投资类型看，肉制品及副产品加工主要以私人控股企业为主。其中，国有控股肉制品及副产品加工企业 27 家，比上年同期减少 1 家，占全部规模以上肉制品及副产品企业数量的 1.6％；集体控股肉制品及副产品加工企业 17 家，比上年同期减少 6 家，占 1.0％；私人控股肉制品及副产品加工企业 1 503 家，比上年同期增加 121 家，占 87.4％；港澳台商控股肉制品及副产品加工企业 42 家，比上年同期增加 4 家，占 2.4％；外商控股肉制品及副产品加工企业 59 家，比上年同期减少 4 家，占 3.4％；其他控股肉制品及副产品加工企业 72 家，比上年同期增加 8 家，占 4.2％。

分区域看，肉制品及副产品加工企业主要集中在东部地区；除东北地区企业数量有所下降，其他区域企业数量均有所增加。其中，东部地区肉制品及副产品加工企业有 708 家，比上年同期增加 46 家，占全部规模以上肉制品及副产品企业数量的 41.2％；中部地区肉制品及副产品加工企业有 461 家，比上年同期增加 42 家，占 26.8％；西部地区肉制品及副产品加工企业有 412 家，比上年同期增加 37 家，占 24.0％；东北地区肉制品及副产品加工企业有 139 家，比上年同期减少 3 家，占 8.1％。

2. 主营业务收入增长，集体企业增长加快增速略有下降　分规模看，中型企业主营业务收入增速有所上升，大型企业和小型企业营收增速有所下降。其中，大型肉制品及副产品加工企业完成主营业务收入 1 451.1 亿元，同比增长 1.5％，增速比上年同期下降 9.7 个百分点，占全部规模以上肉制品及副产品加工企业主营业务收入的 32.6％；中型肉制品及副产品加工企业完成主营业务收入 1 182.8 亿元，同比增长 8.5％，增速比上年同期上升 5.5 个百分点，占 26.6％；小型肉制品及副产品加工企业完成主营业务收入 1 820.4 亿元，同比增长 9.7％，增速比上年同期下降 4.1 个百分点，占 40.9％。

分投资类型看，集体控股企业主营业务收入增速上升明显，由负增长转为正增长；国有企业营收有所减少；外商控股企业营收增速出现大幅下降。其中，国有控股肉制品及副产品加工企业完成主营业务收入 97.4 亿元，同比下降 6.2％，增速比上年同期下降 10.9 个百分点，占全部规模以上肉制品及副产品企业主营业务收入的 2.2％；集体控股肉制品及副产品加工企业完成主营业务收入 41.7 亿元，同比增长 5.9％，增速比上年同期上升 24.4 个百分点，占 0.9％；私人控股肉制品及副产品加工企业完成主营业务收入 2 929.0 亿元，同比增长 8.9％，增速比上年同期下降 0.9 个百分点，占 65.8％；港澳台商控股肉制品及副产品加工企业完成主营业务收入 697.8 亿元，同比增长 12.3％，增速比上年同期增长 12.1 个百分点，占 15.7％；外商控股肉制品及副产品加工企业完成主营业务收入 516.6 亿元，同比下降 7.2％，增速比上年同期下降 44.8 个百分点，占 11.6％；其他控股肉制品及副产品加工企业完成主营业务收入 171.7 亿元，同比增长 2.6％，增速比上年同期上升 7.0 个百分点，占 3.9％。

分区域看，东中西部地区主营业务收入均有增长，增速有所下降；东北地区营收继续呈下降态势，降幅有所扩大。其中，东部地区肉制品及副产品加工企业完成主营业务收入1 812.3亿元，同比增长8.7％，增速比上年同期下降2.2个百分点，占全部规模以上肉制品及副产品企业主营业务收入的40.7％；中部地区肉制品及副产品加工企业完成主营业务收入1 455.8亿元，同比增长6.3％，增速比上年同期下降4.9个百分点，占32.7％；西部地区肉制品及副产品加工企业完成主营业务收入855.0亿元，同比增长9.8％，增速比上年同期下降4.1个百分点，占19.2％；东北地区肉制品及副产品加工企业完成主营业务收入331.2亿元，同比下降9.1％，增速比上年同期下降7.1个百分点，占7.4％。

3. 利润总额增加，国有企业增速大幅回落 分规模看，大中型企业利润增速有所上升，小型企业增速与上年基本持平。其中，大型肉制品及副产品加工企业实现利润总额92.8亿元，同比增长9.3％，增速比上年同期上升12.8个百分点；中型肉制品及副产品加工企业实现利润总额69.8亿元，同比增长1.6％，增速比上年同期上升3.4个百分点；小型肉制品及副产品加工企业实现利润总额104.9亿元，同比增长9.1％，增速比上年同期下降0.1个百分点。

分投资类型看，集体控股、港澳台商控股企业利润增长显著，利润增速由负转正；国有控股、外商控股和其他控股企业利润增速大幅下降，利润由正增长变为负增长。其中，国有控股肉制品及副产品加工企业实现利润总额7.1亿元，同比下降20.4％，增速比上年同期下降27.9个百分点；集体控股肉制品及副产品加工企业实现利润总额1.6亿元，同比增长1.8％，增速比上年同期上升21.5个百分点；私人控股肉制品及副产品加工企业实现利润总额174.8亿元，同比增长6.5％，增速比上年同期上升2.0个百分点；港澳台商控股肉制品及副产品加工企业实现利润总额51.9亿元，同比增长28.1％，增速比上年同期上升42.8个百分点；外商控股肉制品及副产品加工企业实现利润总额24.5亿元，同比下降8.6％，增速比上年同期下降17.8个百分点；其他控股肉制品及副产品加工企业实现利润总额7.5亿元，同比下降2.3％，增速比上年同期下降29.2个百分点。

分区域看，东部地区企业利润增长较快，中西部企业利润增速有所回落，东北地区利润降幅收窄。东部地区肉制品及副产品加工企业实现利润总额98.7亿元，同比增长17.8％，增速比上年同期上升25.0个百分点；中部地区肉制品及副产品加工企业实现利润总额98.5亿元，同比增长8.0％，增速比上年同期下降3.7个百分点；西部地区肉制品及副产品加工企业实现利润总额54.1亿元，同比下降4.4％，增速比上年同期下降13.6个百分点；东北地区肉制品及副产品加工企业实现利润总额16.1亿元，同比下降10.7％，增速比上年同期上升4.9个百分点。

（四）肉禽类罐头制造

2015年，肉禽类罐头制造企业99家，比上年同期增加7家，占全部规模以上肉类加工企业数量的2.5％；完成主营业务收入261.0亿元，同比增长4.7％，占全部规模以上肉类加工企业主营业务收入的1.9％；实现利润总额14.9亿元，同比增长9.5％。主营业务收入利润率为5.7％，比肉类加工业主营业务收入利润率高0.7个百分点。

1. 企业数量增加，主要集中在中西部地区 分规模看，肉禽类罐头制造企业以小型企业为主。其中，大型肉禽类罐头制造企业 2 家，比上年同期增加 1 家，占全部规模以上肉禽类罐头制造企业数量的 2.0%；中型肉禽类罐头制造企业 17 家，比上年同期增加 1 家，占 17.2%；小型肉禽类罐头制造企业 80 家，比上年同期增加 5 家，占 80.8%。

　　分投资类型看，肉禽类罐头制造企业以私人控股企业为主。其中，国有控股肉禽类罐头制造企业 4 家，与上年持平，占全部规模以上肉禽类罐头制造企业数量的 4.0%；集体控股肉禽类罐头制造企业 2 家，与上年持平，占 2.0%；私人控股肉禽类罐头制造企业 86 家，比上年同期增加 6 家，占 86.9%；港澳台商控股肉禽类罐头制造企业 3 家，与上年持平，占 1.2%；外商控股肉禽类罐头制造企业 2 家，占 2.0%；其他控股肉禽类罐头制造企业 2 家，比上年同期增加 1 家，占 2.0%。

　　分区域看，肉禽类罐头制造企业主要集中在中部和西部地区，西部地区企业数量有所减少。其中，东部地区肉禽类罐头制造企业有 26 家，比上年持平，占全部规模以上肉禽类罐头制造企业数量的 26.3%；中部地区肉禽类罐头制造企业有 37 家，比上年同期增加 5 家，占 37.4%；西部地区肉禽类罐头制造企业有 32 家，比上年同期减少 2 家，占 32.3%；东北地区肉禽类罐头制造企业有 4 家，与上年持平，占 4.0%。

　　2. 主营业务收入增速有所下降，外商控股企业快速增长　　分规模看，大型企业主营业务收入呈现下降态势，大型和小型企业营收增速均较上年有所下降。其中，大型肉禽类罐头制造企业完成主营业务收入 33.6 亿元，同比下降 7.7%，增速比上年同期下降 9.7 个百分点，占全部规模以上肉禽类罐头制造企业主营业务收入的 13.0%；中型肉禽类罐头制造企业完成主营业务收入 113.4 亿元，同比增长 1.9%，增速与上年持平，占 43.5%；小型肉禽类罐头制造企业完成主营业务收入 113.9 亿元，同比增长 12.3%，增速比上年同期下降 16.7 个百分点，占 43.6%。

　　分投资类型看，集体控股和外商控股企业主营业务收入快速增长；港澳台商控股企业营收降幅大幅收窄。其中，国有控股肉禽类罐头制造企业完成主营业务收入 16.6 亿元，同比增长 3.6%，增速比上年同期下降 4.9 个百分点，占全部规模以上肉禽类罐头制造企业主营业务收入的 6.4%；集体控股肉禽类罐头制造企业完成主营业务收入 3.4 亿元，同比增长 43.5%，增速比上年同期上升 21.6 个百分点，占 1.3%；私人控股肉禽类罐头制造企业完成主营业务收入 230.1 亿元，同比增长 4.3%，增速比上年同期下降 10.1 个百分点，占 88.2%；港澳台商控股肉禽类罐头制造企业完成主营业务收入 3.6 亿元，同比下降 6.6%，增速比上年同期上升 30.4 个百分点，占 1.4%；外商控股肉禽类罐头制造企业完成主营业务收入 6.3 亿元，同比增长 17.3%，增速比上年同期上升 16.2 个百分点，占 2.4%；其他控股肉禽类罐头制造企业完成主营业务收入 9 248.1 万元，同比下降 11.9%，增速比上年同期上升 43.7 个百分点，占 0.4%。

　　分区域看，西部地区企业营收占比超五成，增速由正转负；中部地区营收增长较快；东北地区营收维持增长态势，涨幅有所下降。其中，东部地区肉禽类罐头制造企业完成主营业务收入 48.9 亿元，同比增长 8.1%，增速比上年同期下降 3.4 个百分点，占全部规模以上肉禽类罐头制造企业主营业务收入的 18.7%；中部地区肉禽类罐头制造企业完成主营业务收入 63.5 亿元，同比增长 20.2%，增速比上年同期上升 11.7 个百分点，占 24.3%；西部地区肉禽类罐头制造企业完成主营业务收入 141.2 亿元，同比下降 2.3%，增速比上年同期下降 15.5 个百分点，占 54.1%；东北地区肉禽类罐头制造企业完成主营业务收入 7.4 亿元，同比增长 12.2%，增速比上年同期下降 9.5 个百分点，占 2.8%。

3. 利润总额增速显著下降 分规模看，大中小型企业利润增速均较上年有所下降，小型企业降幅最大。其中，大型肉禽类罐头制造企业实现利润总额 1.1 亿元，同比下降 3.6%，增速比上年同期下降 18.1 个百分点；中型肉禽类罐头制造企业实现利润总额 6.2 亿元，同比下降 2.3%，增速比上年同期下降 8.1 个百分点；小型肉禽类罐头制造企业实现利润总额 7.6 亿元，同比增长 24.2%，增速比上年同期下降 42.1 个百分点。

分投资类型看，国有控股企业利润继续保持快速增长；私人控股、港澳台商控股、外商控股企业利润增速均显著下降。其中，国有控股肉禽类罐头制造企业实现利润总额 1.3 亿元，同比增长 51.5%，增速比上年同期增长 4.0 个百分点；集体控股肉禽类罐头制造企业实现利润总额 0.2 亿元，同比增长 6.9%，增速比上年同期上升 10.6 个百分点；私人控股肉禽类罐头制造企业实现利润总额 13.1 亿元，同比增长 3.8%，增速比上年同期下降 14.1 个百分点；港澳台商控股肉禽类罐头制造企业实现利润总额 920.0 万元，同比下降 129.6%，增速比上年同期下降 55.3 个百分点；外商控股肉禽类罐头制造企业实现利润总额 1 178.9 万元，同比下降 32.4%，增速比上年同期下降 19.3 个百分点；其他控股肉禽类罐头制造企业实现利润总额 42.0 万元，同比下降 66.2%，增速比上年同期下降 3.7 个百分点。

分区域看，东部和中部地区利润保持增长态势，增速大幅下降；东北地区利润增速下降明显，利润呈现负增长。其中，东部地区肉禽类罐头制造企业实现利润总额 3.0 亿元，同比增长 47.8%，增速比上年同期下降 174.3 个百分点；中部地区肉禽类罐头制造企业实现利润总额 3.4 亿元，同比增长 2.3%，增速比上年同期下降 35.8 个百分点；西部地区肉禽类罐头制造企业实现利润总额 8.1 亿元，同比增长 5.4%，增速比上年同期下降 3.7 个百分点；东北地区肉禽类罐头制造企业实现利润总额 3 998.4 万元，同比下降 31.2%，增速比上年同期下降 79.6 个百分点。

三、主要产品贸易情况分析

2015 年，全国肉类加工商品累计进出口总额为 103.8 亿美元，同比增长 4.6%；累计进出口总量为 355.7 万吨，同比增长 6.2%。其中，累计出口总额为 34.7 亿美元，同比下降 12.1%；累计出口总量为 73.4 万吨，同比下降 7.6%。累计进口金额为 69.1 亿美元，同比增长 15.5%；累计进口总量为 282.3 万吨，同比增长 10.4%。在肉类加工贸易中，猪肉及其制品进出口总额和进出口总量居首位。

从原料进出口情况看，2015 年，我国生猪产品出口 35.7 万吨，同比下降 9.6%，出口总额 12.3 亿美元，同比下降 10.3%；牛肉出口 4 702.1 吨，同比下降 27.6%，出口总额 4 472.1 万美元，同比下降 24.6%，主要出口吉尔吉斯斯坦、中国香港地区和朝鲜；羊肉出口 3 759.2 吨，同比下降 15.2%，出口总额 3 371.9 万美元，同比下降 22.4%，主要出口中国香港地区；禽肉出口 24.7 万吨，同比增长 9.7%，出口总额 6.1 亿美元，同比增长 5.3%，主要出口中国香港地区、马来西亚和吉尔吉斯斯坦。2015 年，生猪产品进口 159.5 万吨，同比增长 15.2%，进口总额 27.5 亿美元，同比增长 10.5%；牛肉进口 47.4 万吨，同比增长 59.0%，进口总额 23.21 亿美元，同比增长 79.9%，主要进口来源国为澳大利亚、乌拉圭和新西兰；羊肉进口 22.3 万吨，同比下降 21.1%，进口总额 7.3 亿美元，同比下降 35.6%，主要进口来源国为新西兰和澳大利亚；禽肉进口 40.9 万吨，同比下降 12.9%，进口总额 9.3 亿美元，同比增长 5.9%，巴西、美国、阿根廷、智利、波兰和法国是主要进口来源国。

（一）肉及肉制品进出口情况

2015 年，全国肉及肉制品进出口总量为 355.7 万吨，同比增长 6.2%，进出口总额为 103.8 亿美元，同比增长 4.6%，其中：猪肉及肉制品进出口总量为 191.7 万吨，同比增长 10.4%，进出口总额为 41.1 亿美元，同比增长 3.1%；牛肉及肉制品进出口总量为 50.5 万吨，同比增长 50.4%，进出口总额为 24.6 亿美元，同比增长 66.5%；羊肉及肉制品进出口总量为 26.7 万吨，同比下降 17.9%，进出口总额为 12.3 亿美元，同比下降 26.6%；禽肉及肉制品进出口总量为 80.1 万吨，同比下降 9.7%，进出口总额为 22.7 亿美元，同比下降 7.3%；其他肉制品进出口总量为 6.7 万吨，同比增长 2.2%，进出口总额为 3.0 亿美元，同比下降 8.5%。

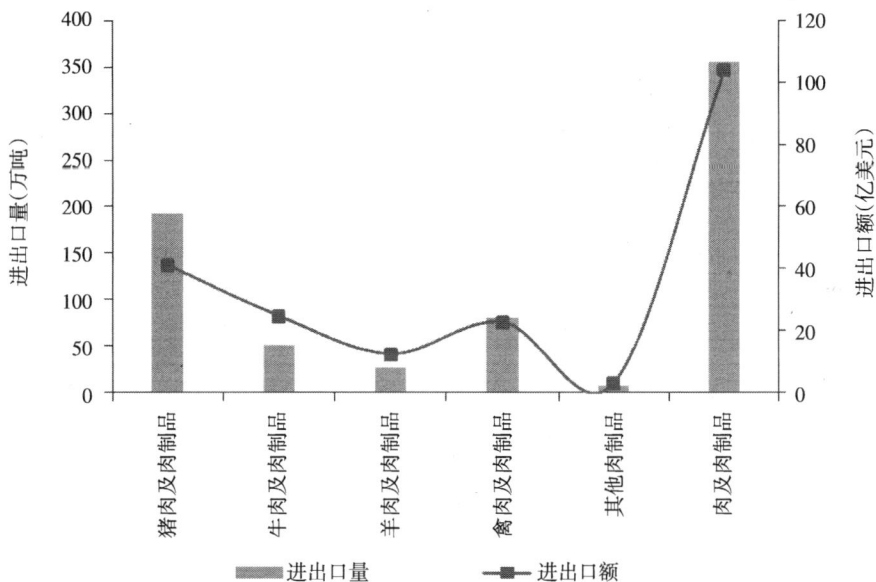

图 5-13　2015 年肉及肉制品进出口情况

2015 年，全国肉及肉制品出口总量为 73.4 万吨，同比下降 7.6%，出口总额为 34.7 亿美元，同比下降 12.1%。其中：猪肉及肉制品出口总量为 24.5 万吨，同比下降 11.9%，出口总额为 12.5 亿美元，同比下降 11.2%；牛肉及肉制品出口总量为 1.7 万吨，同比下降 21.8%，出口总额为 1.2 亿美元，同比下降 18.4%；羊肉及肉制品出口总量为 2.0 万吨，同比增长 5.7%，出口总额为 4.7 亿美元，同比下降 7.6%；禽肉及肉制品出口总量为 39.2 万吨，同比下降 6.2%，出口总额为 13.4 亿美元，同比下降 7.4%；其他肉制品出口总量为 6.0 万吨，同比增长 4.5%，出口总额为 2.8 亿美元，同比下降 7.4%。

2015 年，全国肉及肉制品进口总量为 282.3 万吨，同比增长 10.4%，进口总额为 69.1 亿美元，同比增长 15.5%。其中：猪肉及肉制品进口总量为 167.2 万吨，同比增长

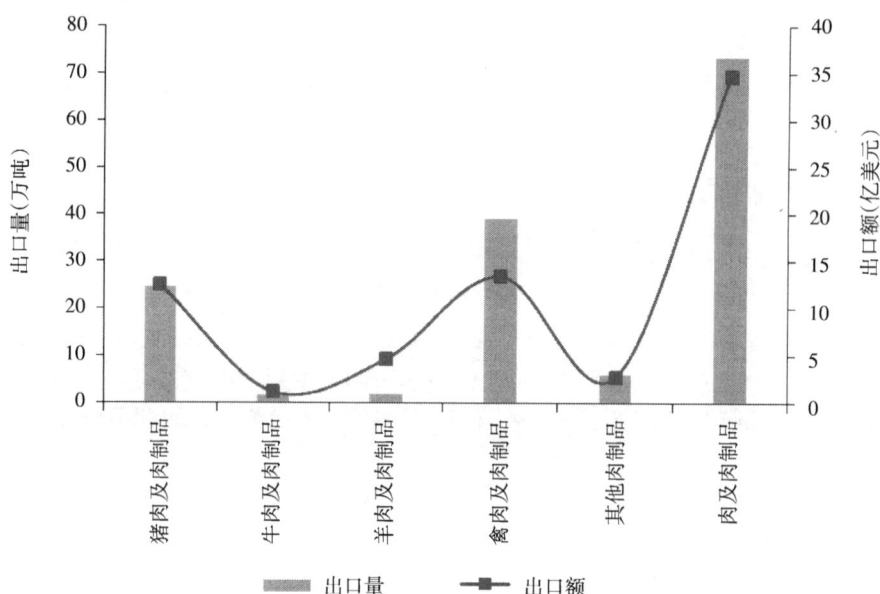

图 5-14　2015 年肉及肉制品出口情况

14.6%，进口总额为 28.6 亿美元，同比增长 10.9%；牛肉及肉制品进口总量为 48.8 万吨，同比增长 55.4%，进口总额为 23.4 亿美元，同比增长 76.1%；羊肉及肉制品进口总量为 24.8 万吨，同比下降 19.3%，进口总额为 7.64 亿美元，同比下降 34.9%；禽肉及肉制品进口总量为 40.9 万吨，同比下降 12.9%，进口总额为 9.3 亿美元，同比增长 5.9%；其他肉制品进口总量为 6 311.4 吨，同比下降 15.6%，进口总额为 1 754.2 万美元，同比下降 23.1%。

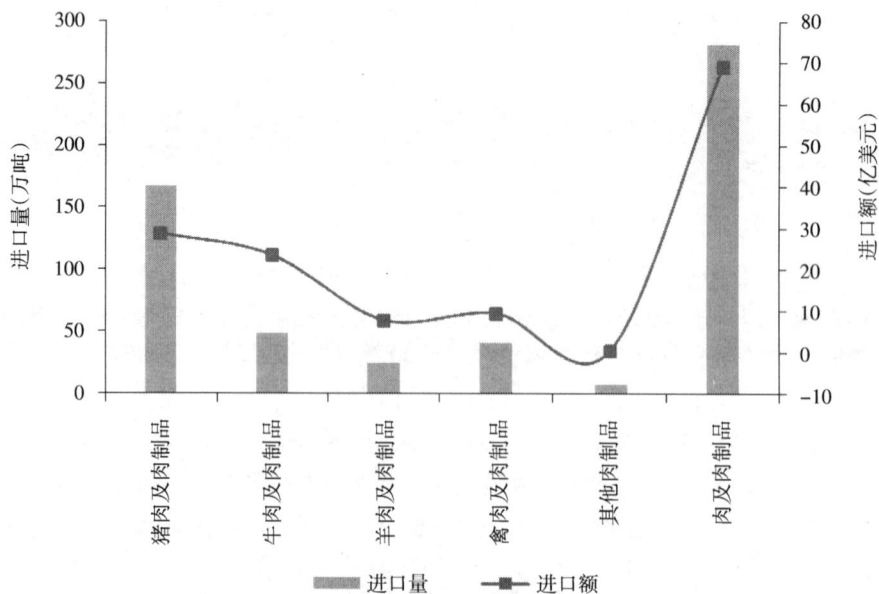

图 5-15　2015 年肉及肉制品进口情况

（二）冻的畜禽肉进出口情况

2015 年，全国冻的畜禽肉进出口总量为 291.1 万吨，同比增长 8.3%，进出口总额为 73.9 亿美元，同比增长 11.5%。其中：进口总量为 267.6 万吨，同比增长 9.4%，进口总额为 67.0 亿美元，同比增长 15.6%；出口总量为 23.5 万吨，同比下降 2.3%，出口总额为 6.9 亿美元，同比下降 17.1%。

按贸易方式看，冻的畜禽肉出口的主要贸易方式是一般贸易。采用一般贸易方式出口的冻的畜禽肉数量为 22.3 万吨，同比下降 5.9%，占全部冻的畜禽肉出口数量的 94.8%，出口金额为 6.6 亿美元，同比下降 19.1%，占全部冻的畜禽肉出口金额的 95.6%；冻的畜禽肉加工进口的主要贸易方式也是一般贸易方式，采用一般贸易方式进口的数量为 236.6 万吨，同比增长 2.9%，占全部冻的畜禽肉进口数量的 88.4%，进口金额为 58.2 亿美元，同比增长 8.1%，占冻的畜禽肉进口金额的 86.8%。

分国别看，冻的畜禽肉五大出口目的地按出口数量统计为中国香港地区、马来西亚、吉尔吉斯斯坦、巴林和伊拉克，2015 年分别出口了 11.3 万吨、3.0 万吨、2.9 万吨、7 941.3 吨、7 726.6 吨，出口数量合计占全部冻的畜禽肉出口数量的 80.2%；前五大出口目的地按出口金额统计为中国香港地区、吉尔吉斯斯坦、马来西亚、俄罗斯和中国澳门地区，2015 年出口金额分别为 3.8 亿美元、8 175.9 万美元、6 563.9 万美元、2 022.5 万美元、2 005.9 万美元，出口金额合计占全部冻的畜禽肉出口金额的 82.7%。冻的畜禽肉前五大进口来源地按进口数量统计为德国、巴西、美国、澳大利亚和丹麦，2015 年分别进口了 35.6 万吨、35.4 万吨、27.6 万吨、23.7 万吨和 22.6 万吨，进口数量合计占全部冻的畜禽肉进口数量的 54.2%；前五大进口来源地按进口金额统计为巴西、澳大利亚、新西兰、德国和乌拉圭，2015 年进口金额分别为 9.9 亿美元、9.7 亿美元、8.8 亿美元、6.0 亿美元和 5.4 亿美元，进口金额合计占全部冻的畜禽肉进口金额的 59.4%。

分地区看，冻的畜禽肉出口排名前五位的地区为山东、辽宁、湖南、河南和云南，2015 年出口数量分别为 8.7 万吨、4.5 万吨、3.2 万吨、2.8 万吨和 9 705.8 吨，其中山东、辽宁、河南同比分别增长 9.9%、12.3% 和 19.8%，湖南和云南同比分别下降 24.8% 和 8.2%，出口数量合计占全部冻的畜禽肉出口数量的 86.0%；出口金额分别为 17 694.0 万美元、9 826.6 万美元、17 366.8 万美元、7 604.2 万美元和 4 727.5 万美元，辽宁和河南同比分别增长 5.1% 和下降 6.6%，山东、湖南和云南同比分别下降 17.2%、25.4% 和 13.4%，出口金额合计占全部冻的畜禽肉出口金额的 83.0%。冻的畜禽肉进口排名前五位的地区为天津、广东、上海、江苏和辽宁，2015 年进口数量分别为 79.6 万吨、59.0 万吨、39.7 万吨、24.9 万吨和 20.9 万吨，其中天津、上海、江苏同比分别增长 38.4%、31.6% 和 19.3%，进口数量合计占全部冻的畜禽肉进口数量的 83.7%；进口金额分别为 17.9 亿美元、13.6 亿美元、11.0 亿美元、6.1 亿美元和 6.4 亿美元，除辽宁同比下降 41.3%，其他省份同比分别增长 35.9%、13.0%、54.5% 和 40.3%，进口金额合计占全部冻的畜禽肉进口金额的 82.1%。

（三）干、熏、盐腌（渍）猪肉和牛肉进出口情况

2015 年，全国干、熏、盐腌（渍）猪肉和牛肉累计进出口总量为 991.0 吨，同比下降

3.9％，累计进出口总额为805.5万美元，同比下降16.9％。其中：进口总量为148.0吨，同比增长10.1％，进口总额为306.5万美元，同比下降23.2％；出口总量为843.1吨，同比下降6.0％，出口总额为499.0万美元，同比下降12.5％。

按贸易方式看，干、熏、盐腌（渍）猪肉和牛肉出口的主要贸易方式是一般贸易，采用一般贸易方式出口的干、熏、盐腌（渍）猪肉和牛肉数量为676.0吨，同比下降13.8％，占全部干、熏、盐腌（渍）猪肉和牛肉出口数量的80.2％；出口金额为413.4万美元，同比下降19.5％，占全部干、熏、盐腌（渍）猪肉和牛肉出口金额的82.8％。干、熏、盐腌（渍）猪肉和牛肉进口的主要贸易方式是一般贸易，采用一般贸易方式进口的干、熏、盐腌（渍）猪肉和牛肉数量为145.1吨，同比增长15.4％，占全部干、熏、盐腌（渍）猪肉和牛肉进口数量的99.9％；进口金额为302.2万美元，同比下降21.5％，占全部干、熏、盐腌（渍）猪肉和牛肉进口金额的99.7％。

分国别看，干、熏、盐腌（渍）猪肉和牛肉主要出口目的地为中国香港和中国澳门地区，2015年分别出口了802.7吨和39.0吨，出口数量合计占全部干、熏、盐腌（渍）猪肉和牛肉出口数量的99.96％；出口金额分别为477.2万美元和20.1万美元，出口金额合计占全部干、熏、盐腌（渍）猪肉和牛肉出口金额的99.9％。干、熏、盐腌（渍）猪肉和牛肉进口来源地主要为意大利和西班牙，2015年分别进口了92.1吨和55.8吨，进口数量合计占全部干、熏、盐腌（渍）猪肉和牛肉进口数量的99.9％；进口金额分别为128.5万美元和177.7万美元，进口金额合计占全部干、熏、盐腌（渍）猪肉和牛肉进口金额的99.0％。

分地区看，干、熏、盐腌（渍）猪肉和牛肉出口较大的地区为广东和湖南，2015年出口数量分别为576.0吨、231.3吨，分别同比增长22.6％和下降36.6％，出口数量合计占全部干、熏、盐腌（渍）猪肉和牛肉出口数量的95.8％；出口金额分别为259.0万美元和206.8万美元，分别同比增长20.1％和下降29.9％，出口金额合计占全部干、熏、盐腌（渍）猪肉和牛肉出口金额的93.3％。干、熏、盐腌（渍）猪肉和牛肉进口较大的地区为上海和江苏，2015年进口数量分别为99.6吨和46.6吨，分别同比下降8.1％和增长101.0％，进口数量合计占全部干、熏、盐腌（渍）猪肉和牛肉进口数量的98.8％，进口金额分别为239.1万美元和59.4万美元，分别同比下降33.2％和增长81.1％，进口金额合计占全部干、熏、盐腌（渍）猪肉和牛肉进口金额的97.4％。

（四）肉禽类罐头进出口情况

2015年，全国肉禽类罐头进出口总量为4.7万吨，同比下降15.2％，进出口总额为1.4亿美元，同比下降14.7％。其中：进口总量为2.2吨，同比下降97.3％，进口总额为1.5万美元，同比下降95.1％；出口总量为4.7万吨，同比下降15.1％，出口总额为1.4亿美元，同比下降14.6％。肉禽类罐头进口比上年下降明显。

四、主要产品价格趋势分析

（一）肉禽及其制品类居民消费价格指数分析

2015年，肉禽及其制品类居民消费价格指数同比（上年同期＝100）价格高于2014年；

12月，肉禽及其制品类居民消费价格指数同比（上年同月＝100）为106.2，比2014年12月下降6.4个百分点。从2015年的变化情况看，肉禽及其制品类居民消费价格指数同比总体上呈现上升趋势；环比价格先升后降。

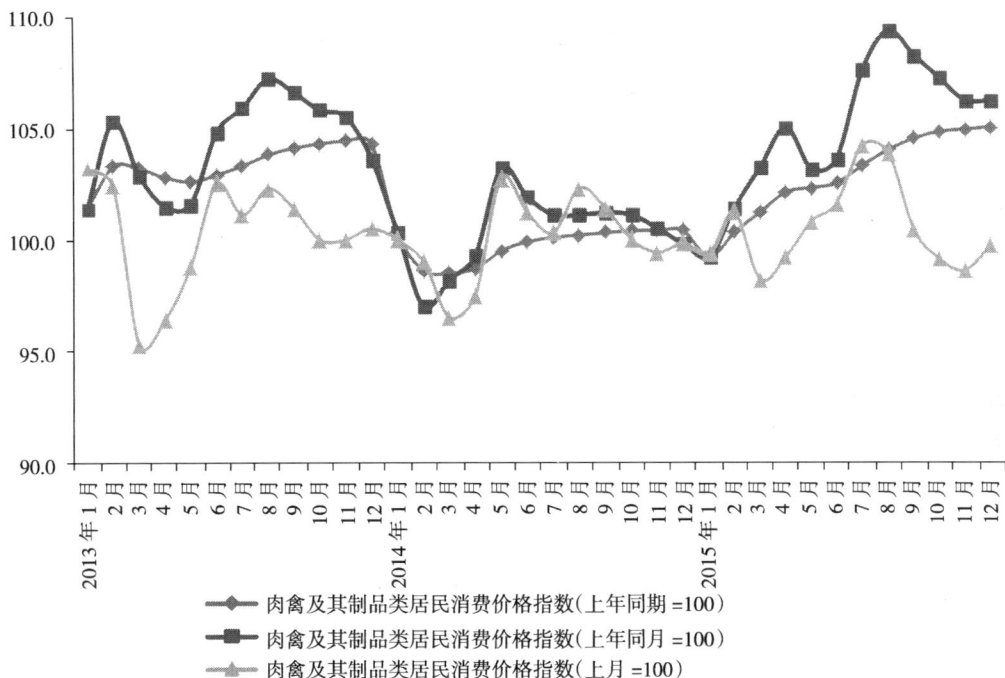

图 5-16　2013—2015 年肉禽及其制品类居民消费价格指数

（二）猪肉价格总体呈现上升态势

根据国家统计局50个城市主要食品平均价格监测数据显示，2015年猪肉价格总体维持在23～30元/千克之间，年度平均价格猪肉后臀尖（后腿肉）为26.56元/千克，比上年均价上涨8.9%；五花肉为26.99元/千克，比上年均价上涨10.6%。月度之间价格波动明显，1～3月价格小幅下滑，猪肉后臀尖（后腿肉）价格从1月上旬的24.66元/千克下跌至3月下旬的23.16元/千克，达到全年最低价格；4月至9月上旬价格逐步回升，9月中旬达到全年最高价格30.08元/千克，比4月下旬上涨了29.9%；之后价格又开始缓慢回落，降至12月下旬的28.38元/千克，年末比年初价格上涨了15.1%。五花肉的月度价格波动趋势与猪肉后臀尖（后腿肉）价格波动趋势一致。

与之相似的是仔猪和活猪价格的变化。据农业部畜产品和饲料集贸市场监测数据显示，2015年仔猪价格比上年大幅增长，1～2月仔猪价格保持平稳，3～9月初价格呈现上升趋势，9月第1周价格达到全年最高价格34.8元/千克，比年初上涨79.2%，之后价格小幅下降至年末的29.94元/千克，比年初上涨54.2%。2015年活猪价格也比上年有所增长，1～3月活猪价格小幅下滑，至3月第3周达到全年最低价格12.23元/千克，之后价格开始上涨，9月第1周价格达到全年最高价格18.25元/千克，比最低价格上涨49.2%，之后价格小幅下降至年末的16.69元/千克，比年初上涨23.9%。

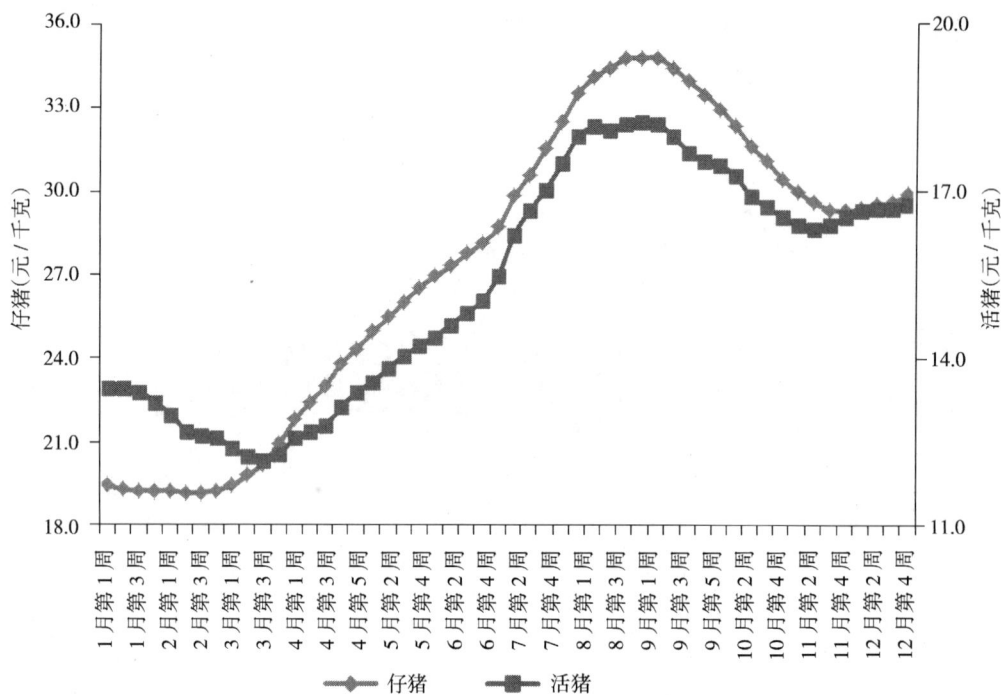

图 5-17　2015 年 1～12 月仔猪和活猪价格波动情况

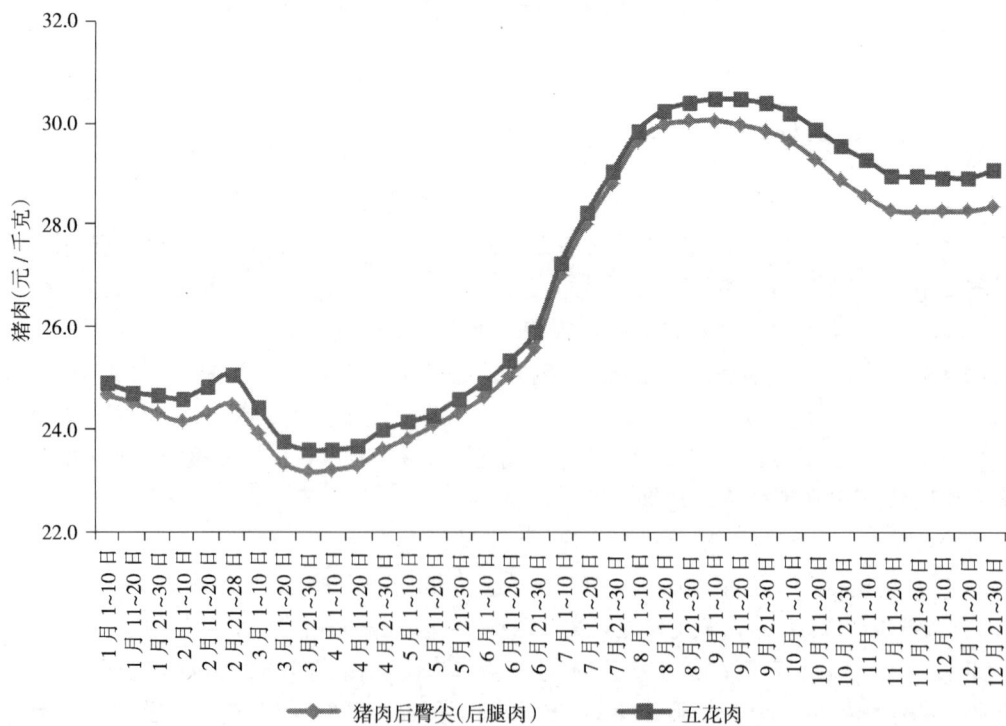

图 5-18　2015 年 1～12 月猪肉价格波动情况

（三）牛羊肉价格趋于下降

根据农业部畜产品和饲料集贸市场监测数据显示，2015 年牛肉价格基本稳定在 62～66 元/千克之间，年度平均价格为 63.22 元/千克。从月度价格波动情况看，1～2 月价格呈现上升趋势，2 月第 3 周达到全年价格最高水平，为 65.26 元/千克；之后价格开始下滑，及至 7 月第 1 周价格下降至 62.35 元/千克，为全年最低水平，比最高价格下降 4.5%；之后价格开始缓慢上升，至年末价格为 63.46 元/千克，比年初价格下降 0.8%。2015 年羊肉价格总体保持在 58～66 元/千克之间，年度平均价格为 61.19 元/千克。从月度价格波动情况看，1～2 月价格出现小幅上涨，价格从 1 月第 1 周的 65.03 元/千克上涨至 2 月第 3 周的 65.42 元/千克，达到全年最高水平；之后羊肉价格呈现持续下跌态势，一路下跌至年末的 58.33 元/千克，达到全年最低水平，比年初价格下降 10.3%，比最高价格下降 10.8%。

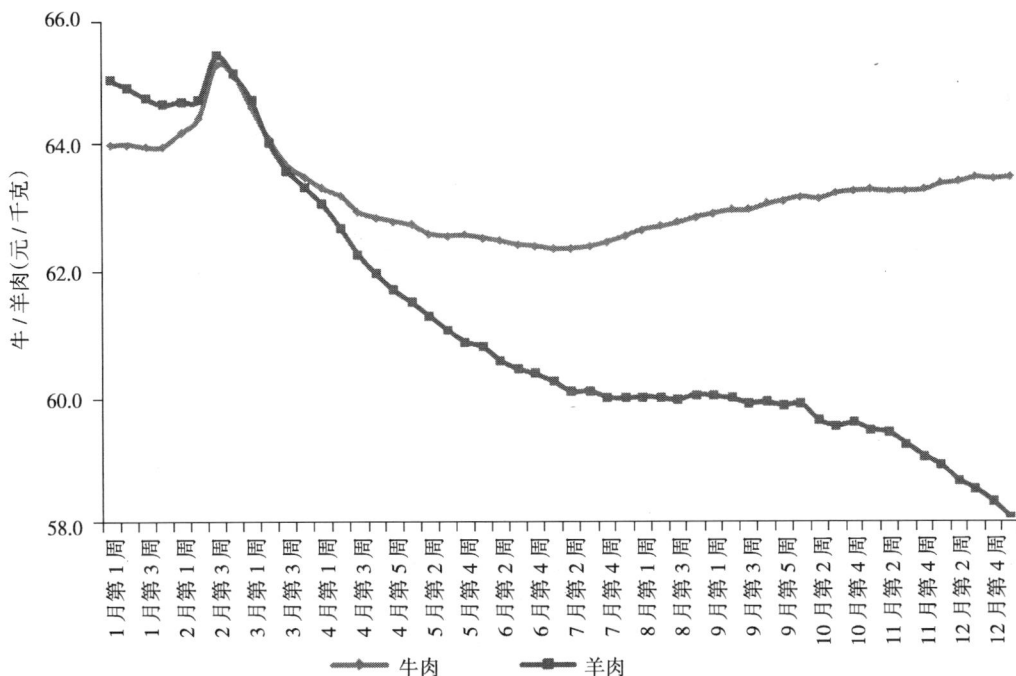

图 5-19　2015 年 1～12 月牛肉和羊肉价格波动情况

（四）禽肉价格震荡下跌

根据国家统计局 50 个城市主要食品平均价格监测数据显示，2015 年鸡肉（白条鸡）价格基本稳定在 20～22 元/千克之间，年度平均价格为 20.93 元/千克，比上年均价上涨 5.23%；鸡胸肉价格基本稳定在 20～22 元/千克之间，年度平均价格为 20.73 元/千克，比上年均价下降 1.52%。从月度价格变化情况看，鸡肉（白条鸡）价格波动明显，年末价格略低于年初价格。1～2 月上旬价格较为平稳，维持在 20.96 元/千克，之后价格开始上涨，至 2 月底价格达到全年最高水平 21.48 元/千克，之后价格一路下跌至 6 月上旬，达到全年最低价 20.7 元/千克，比最高价格下跌 3.63%，之后价格小幅上涨至 9 月中下旬后下跌，年末价格为 20.85 元/千克；鸡胸肉价格总体呈现下降趋势，年末价格比年初下降 4.9%。

2015 年鸭肉（白条鸭）价格基本稳定在 17.5～18.5 元/千克之间，年度平均价格为 18.15 元/千克，比上年均价上涨 4.8%。从月度价格变化情况看，1 月中旬价格为全年最低价格 17.88 元/千克，之后价格上涨至 2 月下旬的全年最高水平 18.36 元/千克，比最低价格上涨 2.7%，3 月中旬到 9 月下旬价格缓慢攀升，随后回落到年末的 18.0 元/千克。

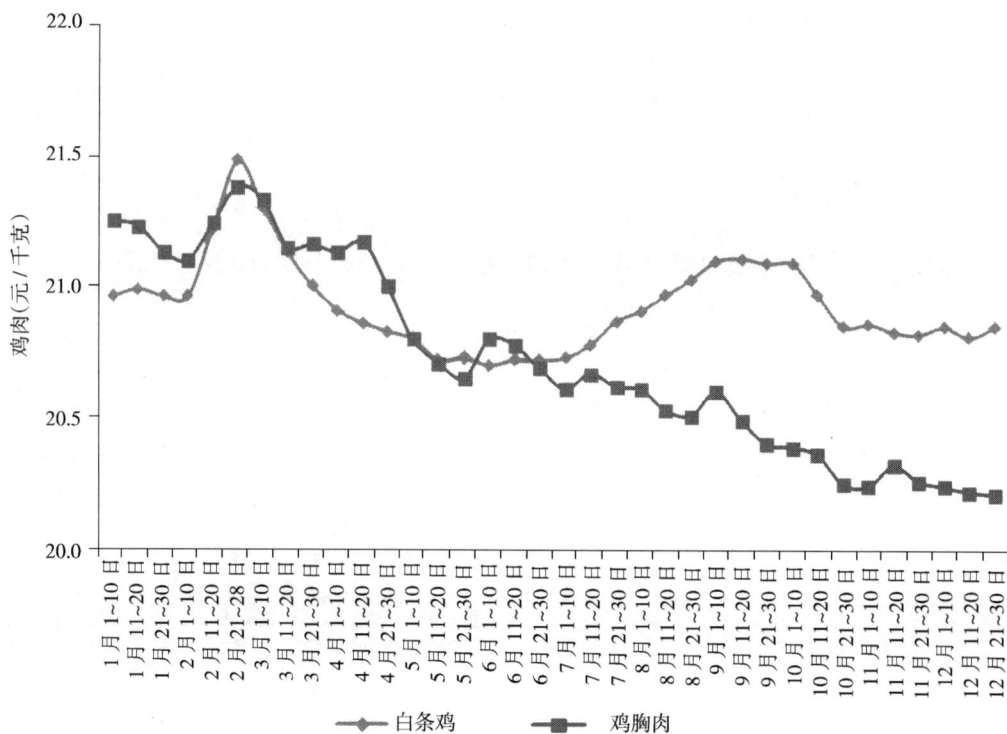

图 5-20　2015 年 1～12 月鸡肉价格波动情况

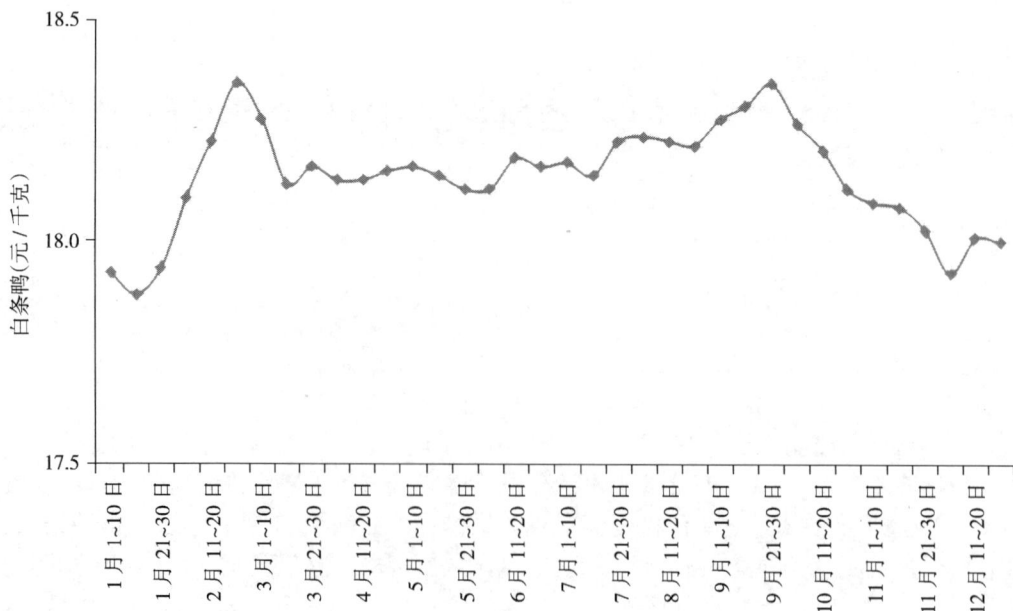

图 5-21　2015 年 1～12 月鸭肉（白条鸭）价格波动情况

　　根据农业部畜产品和饲料集贸市场监测数据显示，2015 年活鸡价格基本稳定在 18～20 元/千克之间，年度平均价格为 18.68 元/千克。从月度价格波动情况看，活鸡价格走势与白条鸡价格走势基本一致。商品代肉雏鸡价格在 2～3 元/只之间，价格震荡波动，3 月第 4 周和 7～8 月价格处于波峰，价格在 2.8～2.9 元/只；1 月下旬、6 月上旬及 11 月价格处于波谷，价格约为 2.4 元/只，年末价格为 2.5 元/只，稍低于年初价格。

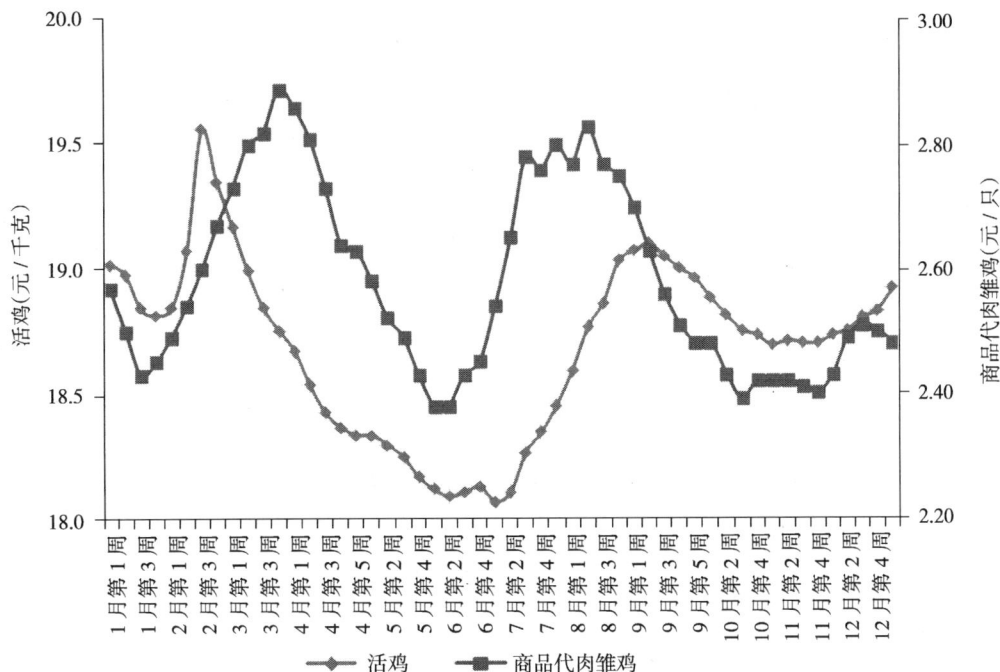

图 5-22　2015 年 1～12 月活鸡和商品代肉雏鸡价格波动情况

五、面临的主要问题

　　一是行业"小、散、乱、低"特征明显。目前，我国畜禽屠宰和肉制品加工企业超过 4 万家，其中小微企业占绝大多数，规模以上企业仅占 10% 左右。相当部分小微屠宰和肉制品加工企业尚未脱离作坊式生产，仍处于手工或半机械加工的落后状态，发展水平较低。这种小而散的市场结构一方面造成了大中型企业先进屠宰设备利用率严重不足；另一方面也加大了市场监管的难度，导致注水肉、病死肉和走私肉等问题时有发生，造成了市场的无序发展与竞争。此外，由于我国肉类产品分等分级标准制定落后，市场上优质产品难以实现优价，甚至出现注水肉、病死肉和走私劣质肉等冒充优质肉在市场上销售，反而将优质肉挤出市场的现象。

　　二是禽类加工行业生产效益持续低迷。近年来，受禽流感疫情和"速生鸡""激素鸡"等宣传误区影响，我国禽类消费需求受到抑制，禽肉产品价格持续下降，禽类屠宰企业的产品库存不断增加。同时，土地资源紧张、劳动力成本高企和环保约束加大使禽类养殖和加工成本不断攀升，禽类产业遭受了消费萎靡和成本上升的双重挤压，种禽企业、养殖场户、加工企业、产品市场等多个产业环节均陷入困境。统计数据显示，禽类屠宰行业的利润增速从

2012 年的 21.7％下降到 2014 年的—2.3％。2015 年，禽类屠宰业的利润总额却仍同比下降 2.3％，生产效益持续低迷。

六、对策建议

第一，推动行业结构性改革，加快产业转型升级。以市场需求为导向，积极推进肉类加工行业供给侧结构性改革，鼓励经营业绩良好的龙头企业遵循资源配置和市场规律，实施兼并重组；在流动资金、债务核定、职工安置等方面给予政策支持，建立企业退出机制，加快淘汰落后产能，优化产业结构；制定扶持现代肉类产业发展的政策措施，积极推进畜禽养殖、屠宰、加工、流通一体化，重点建立养殖与屠宰的利益联结机制，从源头保障肉类产业向中高端升级。

第二，推进相关标准的制（修）订，研究分等分级标准。对于优质产品难以优价、市场秩序混乱等问题，一方面，积极推进有关标准的制定和修订，做到有法可依，规避食用畜产品逆淘汰风险；另一方面，要充分发挥行业协会的作用，鼓励行业协会研究肉类产品分等分级指标，制定行业分等分级标准，客观反映我国肉类产品的综合品质，提高优质产品的竞争力，维护市场的正常秩序。

七、上市企业情况

沪深两市共有肉类加工上市企业 14 家，其中从事牲畜屠宰的 5 家，分别为罗牛山股份有限公司、雏鹰农牧集团股份有限公司、山东龙大肉食品股份有限公司、湖南新五丰股份有限公司、山东得利斯食品股份有限公司；从事禽类屠宰的企业 3 家，分别为福建圣农发展股份有限公司、河南华英农业发展股份有限公司、山东仙坛股份有限公司；从事肉制品及副产品加工的企业 3 家，分别为山东民和牧业股份有限公司、江西煌上煌集团食品股份有限公司、金字火腿股份有限公司。2015 年，河北福成五丰食品股份有限公司按产品划分的主营业务主要构成来看，肉制品业务占 19.06％，牛肉屠宰加工占 17.3％，因此不能按照以上行业划分；河南双汇投资发展股份有限公司按产品划分的主营业务主要构成为生鲜冻品占 51.74％，高温肉制品占 31.89％，但生鲜冻品包括牲畜及禽类；上海梅林正广和股份有限公司按产品划分的主营业务主要构成为冷鲜猪肉占 36.11％、罐头食品占 10.20％、牛羊肉占 4.49％，也不能按照以上行业划分。

2015 年，沪深两市肉类加工上市企业实现营业总收入 825.38 亿元，同比增长 1.08％，其中 8 家企业收入实现增长，河南双汇投资发展股份有限公司、上海梅林正广和股份有限公司和福建圣农发展股份有限公司营收位居行业前三位，分别实现营业总收入 447 亿元、122 亿元和 69.4 亿元，河南双汇投资发展股份有限公司、上海梅林正广和股份有限公司营业总收入同比分别下降 2.19％、6.63％，福建圣农发展股份有限公司同比增长 7.83％。此外，雏鹰农牧集团股份有限公司总营收增长最快，同比增长 105.43％，罗牛山股份有限公司营收同比下降 27.42％。

表 5 - 1　2015 年沪深两市肉类加工上市企业营业总收入及同比增速

企业名称	营业总收入 （亿元）	同比增长 （%）
罗牛山股份有限公司	7.30	−27.42
山东民和牧业股份有限公司	9.01	−24.07
福建圣农发展股份有限公司	69.40	7.83
河南华英农业发展股份有限公司	18.60	0.78
雏鹰农牧集团股份有限公司	36.20	105.43
山东龙大肉食品股份有限公司	42.70	20.41
山东仙坛股份有限公司	17.60	1.22
河北福成五丰食品股份有限公司	13.40	9.81
湖南新五丰股份有限公司	13.30	1.81
江西煌上煌集团食品股份有限公司	11.50	16.98
河南双汇投资发展股份有限公司	447.00	−2.19
山东得利斯食品股份有限公司	15.50	−4.40
金字火腿股份有限公司	1.87	−12.23
上海梅林正广和股份有限公司	122.00	−6.63

2015 年，沪深两市肉类加工上市企业归属母公司股东净利润合计 44.64 亿元，同比下降 0.89%，其中，12 家企业实现盈利，与 2014 年持平；7 家企业净利润增长，其中上海梅林正广和股份有限公司净利润同比增长达 140.45%。

1. 偿债能力分析　2015 年，沪深两市肉类加工上市企业中有 9 家企业流动比率小于 2，其中 3 家企业低于 1，较 2014 年减少 1 家，2015 年肉类加工上市企业整体短期偿债能力略低于 2014 年。2015 年上市企业的流动比率均在大于 1 低于 2 的区间内的有 6 家，高于 2 的 5 家，分化趋势明显。其中，江西煌上煌集团食品股份有限公司和金字火腿股份有限公司的流动比率连续两年在 5 及以上。福建圣农发展股份有限公司和河南华英农业发展股份有限公司连续两年流动比率均低于 1，短期偿债风险较大。对应的速动比率，各上市企业中 8 家两年均在 1 以上，其余 6 家低于 1。综合以上两个指标来看，山东龙大肉食品股份有限公司、河北福成五丰食品股份有限公司、湖南新五丰股份有限公司和山东得利斯食品股份有限公司两个指标的比率在 1.5 以上，资金流动性较妗。2015 年，沪深两市肉类加工上市企业资产负债率为 39.4%，较上年下降 3.2 个百分点。近两年来，各上市企业资产负债率均在 40%～60% 之间，仅河南华英农业发展股份有限公司资产负债率连续两年在 60% 以上，但也有企业资产负债率过低如金字火腿股份有限公司。其中，6 家企业资产负债率较上年降低，山东仙坛股份有限公司和湖南新五丰股份有限公司降幅最大，分别为 15.2% 和 19.8%。

表 5 - 2　2014、2015 年沪深两市肉类加工上市企业资产负债率

企业名称	资产负债率（%）	
	2014	2015
罗牛山股份有限公司	57.4	59.3
山东民和牧业股份有限公司	45.6	51.5

（续）

企业名称	资产负债率（%）	
	2014	2015
福建圣农发展股份有限公司	64.0	48.9
河南华英农业发展股份有限公司	64.5	69.2
雏鹰农牧集团股份有限公司	60.2	53.6
山东龙大肉食品股份有限公司	12.9	15.8
山东仙坛股份有限公司	46.4	31.2
河北福成五丰食品股份有限公司	18.2	19.2
湖南新五丰股份有限公司	53.0	33.2
江西煌上煌集团食品股份有限公司	7.4	15.3
河南双汇投资发展股份有限公司	25.5	22.7
山东得利斯食品股份有限公司	24.7	24.1
金字火腿股份有限公司	7.7	3.1
上海梅林正广和股份有限公司	52.8	53.4

2. 资产运营能力分析　2015 年，沪深两市肉类加工上市企业罗牛山、民和股份、圣农发展、华英农业、雏鹰农牧、龙大肉食、仙坛股份、福成股份、新五丰、煌上煌、双汇发展、得利斯、金字火腿、上海梅林的总资产周转率分别为 0.17 次、0.45 次、0.66 次、0.4次、0.42 次、2.33 次、1.19 次、0.83 次、0.89 次、0.67 次、1.99 次、0.92 次、0.15 次、1.71 次，雏鹰农牧和煌上煌的总资产周转率比上年提高，其他企业均有所下降。各上市企业总资产周转率大多低于 1 次，龙大肉食、仙坛股份、双汇发展和上海梅林 4 家企业的周转率在 1 次以上；各上市企业的应收账款周转率分别为 11.09、20.06、26.30、12.94、19.19、24.44、49.11、11.72、13.96、37.82、342.86、9.35、13.83、18.28，除得利斯外其他上市企业周转率连续两年在 10 以上，其中仙坛股份和双汇发展的周转率较高；各上市企业的存货周转率分别为 0.95、4.64、4.93、3.17、2.24、8.33、5.78、1.89、3.56、2.47、9.97、5.76、0.44、9.75，其中仅雏鹰农牧、龙大肉食、仙坛股份、煌上煌和得利斯存货周转率有所上升。其中，双汇发展和上海梅林的存货周转率最高。从以上指标综合情况来看，龙大肉食、仙坛股份、双汇发展和上海梅林的各项指标居行业前列，资产运行能力较好。

表 5-3　2015 年沪深两市肉类加工上市企业资产运营能力指标

企业名称	总资产周转率（次）	应收账款周转率	存货周转率
罗牛山股份有限公司	0.17	11.09	0.95
山东民和牧业股份有限公司	0.45	20.06	4.64
福建圣农发展股份有限公司	0.66	26.30	4.93
河南华英农业发展股份有限公司	0.40	12.94	3.17
雏鹰农牧集团股份有限公司	0.42	19.19	2.24
山东龙大肉食品股份有限公司	2.33	24.44	8.33
山东仙坛股份有限公司	1.19	49.11	5.78

（续）

企业名称	总资产周转率 （次）	应收账款周转率	存货周转率
河北福成五丰食品股份有限公司	0.83	11.72	1.89
湖南新五丰股份有限公司	0.89	13.96	3.56
江西煌上煌集团食品股份有限公司	0.67	37.82	2.47
河南双汇投资发展股份有限公司	1.99	342.86	9.97
山东得利斯食品股份有限公司	0.92	9.35	5.76
金字火腿股份有限公司	0.15	13.83	0.44
上海梅林正广和股份有限公司	1.71	18.28	9.75

3. 盈利能力指标 2015 年，沪深两市肉类加工上市企业营业利润率为 6.0%，较上年下降 4.4 个百分点，其中罗牛山、民和股份、圣农发展、华英农业和新五丰营业利润为负，福成股份、金字火腿和双汇发展营业利润率在行业中较高，分别为 15.6%、13.5% 和 12.1%；上市企业中有 9 家企业的销售毛利率在 10% 以上，其中福成股份、煌上煌和金字火腿的毛利率分别为 40.91%、30.65% 和 36.83%，居全行业前列，民和股份和圣农发展的毛利率为负。2015 年，肉类加工上市企业每股收益较上年上升的有罗牛山、华英农业、雏鹰农牧、福成股份、新五丰和上海梅林，每股收益较上年分别上升 0.011 元/股、0.011 5 元/股、0.423 3 元/股、0.06 元/股、0.34 元/股和 0.010 5 元/股。

表 5-4 2015 年沪深两市肉类加工上市企业每股收益排名

企业名称	股票名称	代码	每股收益 （元/股）
河南双汇投资发展股份有限公司	双汇发展	000895	1.289 2
江西煌上煌集团食品股份有限公司	煌上煌	002695	0.48
山东龙大肉食品股份有限公司	龙大肉食	002726	0.27
雏鹰农牧集团股份有限公司	雏鹰农牧	002477	0.22
河北福成五丰食品股份有限公司	福成股份	600965	0.2
上海梅林正广和股份有限公司	上海梅林	600073	0.17
山东仙坛股份有限公司	仙坛股份	002746	0.15
湖南新五丰股份有限公司	新五丰	600975	0.13
罗牛山股份有限公司	罗牛山	000735	0.069
金字火腿股份有限公司	金字火腿	002515	0.06
山东得利斯食品股份有限公司	得利斯	002330	0.045
河南华英农业发展股份有限公司	华英农业	002321	0.041
福建圣农发展股份有限公司	圣农发展	002299	−0.371 4
山东民和牧业股份有限公司	民和股份	002234	−1.04

八、行业热点事件

1. 我国启动制定首部畜禽养殖和屠宰福利标准 我国首部畜禽养殖和屠宰福利标准启

动制定。这一标准由中国兽医协会携手 30 余家行业内领先的养殖企业、屠宰企业、食品深加工企业、餐饮企业共同制定，具体内容包括对畜禽的饲养管理、畜舍环境、疫病防控、行为表达、人员操作要求、宰前处置、击晕和刺杀放血等方面设置技术参数，以确定养殖和屠宰环节的福利基本要求。这也将成为我国畜牧兽医领域首部涵盖生猪、肉鸡、蛋鸡、肉羊、肉牛、奶牛六大畜种的农场动物福利行业标准。标准还将对畜禽养殖环节的动物福利提出具体规范，如饲养密度、棚舍温湿度、氨气浓度、饲料清洁度、饮水清洁度等，最终提高动物健康与防疫水平。中国兽医协会正式启动标准制定工作后，拟于 2016 年 6 月份正式发布畜禽养殖和屠宰福利标准，并希望通过 2 年左右的探索实践，将修订后的行业标准上升为国家推荐标准。

2. 红肉及其加工制品致癌引热议 2015 年 10 月 26 日，世界卫生组织下属国际癌症研究机构（IARC）宣布火腿、香肠、肉干等加工肉制品为"致癌物"以来，社会民众一度陷入对加工肉制品和生鲜红肉的恐慌状态，人们纷纷质疑，难道真的"肉类食品碰不得"？中国罐头工业协会表示：应当正确解读 IARC 的致癌报告，避免恐慌情绪，否则自己将走进"因噎废食"的死胡同。

中国罐头协会相关负责人称，国际癌症研究机构的致癌报告，引发了消费者对每天食用加工肉制品数量的关注，从"饮食有节"的健康养生角度来看，具有一定指导性，但千万不能从此远离肉类食品而误入歧途。我们必须看到，肉类含有血红素、铁、锌、维生素 B_{12} 等人体所需的重要营养物质，对健康的有益性远远大于理论上的风险。肉类的致癌风险往往与摄入量、加工技术、烹饪方法以及配菜等因素有关，人们仍然可以放心去吃火腿、香肠、肉罐头等加工肉制品和生鲜红肉，但要控制数量和次数，并做到荤素搭配、膳食均衡。

3. 农业部多措并举促现代畜牧业提质增效 2015 年，农业部在现代畜牧业建设上取得明显进展，主要采取以下措施。一是转方式，调结构，畜牧业发展水平快速提升。持续推进畜禽标准化规模养殖，加快生产方式转变。深入开展畜禽养殖标准化示范创建，积极推进"粮改饲"试点，制定发布《关于促进草食畜牧业发展的意见》，进一步优化畜禽生产结构。二是强质量，抓安全，努力增强市场消费信心。严厉打击饲料和生鲜乳违禁添加等违法犯罪行为。切实抓好饲料和生鲜乳质量安全监管。组织召开中国奶业 D20 峰会，推动建立中国奶业 D20 企业联盟，从源头提高奶业质量安全水平。三是优调控，稳生产，增进畜牧业生产效益。顺应现代畜牧业发展需要，优化宏观调控手段，更多地发挥市场在资源配置中的决定性作用。四是强化政策，完善机制，加快畜牧业绿色发展。深入实施草原生态保护补助奖励政策，开展草牧业试验试点，制定发布《关于促进南方水网地区生猪养殖布局优化调整的指导意见》，推进畜牧业绿色发展。下一步，畜牧业发展将以十八届五中全会精神为指导，坚持"创新、协调、绿色、开放、共享"发展理念，加快转变生产方式，强化政策支持和法制保障，努力实现畜牧业在农业现代化进程中率先突破的目标任务。

4. 农业部、食品药品监管总局联合发文强化畜禽屠宰检验检疫和畜禽产品监管 农业部、国家食品药品监督管理总局联合下发《关于进一步加强畜禽屠宰检验检疫和畜禽产品进入市场或者生产加工企业后监管工作的意见》，从 4 个方面进一步明确畜禽屠宰检验检疫和畜禽产品进入市场或者生产加工企业后的监管措施。一是进一步明确政府属地管理责任、部门监管责任和企业主体责任。二是进一步明确畜禽屠宰检验检疫要求，严格畜禽产品准出管理。三是进一步明确畜禽产品进入市场或者生产加工企业后的监管措施，严格畜禽产品准入管理。四是进一步明确畜禽屠宰检验检疫和畜禽产品生产经营监督执法要求。

5. "僵尸肉"引发重拳打击肉类违法　2015 年 6 月，海关总署在国内 14 个省份统一组织开展打击冻品走私专项查缉抓捕行动。行动的成果让人震惊，"70 后"猪蹄、"80 后"鸡翅……比一些年轻人年纪还大的"僵尸肉"通过走私途径，悄无声息地出现在百姓餐桌上。"僵尸肉"真的存在吗？由此引发了人们对于食品"保质期"的高度关注。专家认为"僵尸肉"应定义为"走私的严重过期冻肉"。其本质是利益驱动的掺杂使假、以次充好，而且过期冷冻和反复冻融会降低其营养价值和加工特性。从纯科学角度讲，肉类违法未必带来实际健康问题，但由于脱离了正常的食品安全管理体系，因此不可接受。但也应该注意到，过期肉、变质肉、走私肉、病死肉等仍是国内常见的肉类违法。对于打击"僵尸肉"的出现，专家建议，在提高企业和国民的法制观念，建设信息化、可追溯的国内肉类市场流通与质量监管体系的同时，要从经济杠杆的角度加以解决，加强国内肉类生产加工供给，规范国际肉类进口贸易保障。

第6章 乳品加工

我国乳制品行业起步晚、起点低，但发展迅速。特别是改革开放以来，奶类生产量以每年两位数的增长幅度迅速增加，远远高于1%的同期世界平均水平。但同时，我国人均奶消费量与发达国家相比，甚至与世界平均水平相比，差距都还十分悬殊。随着我国乳业的迅速发展，乳品行业的产品结构发生了很大的变化，已成为技术装备先进、产品品种较为齐全、初具规模的现代化食品制造业。我国是乳制品生产和消费大国，因此乳制品行业作为新兴食品行业，具有很大的发展潜力。

一、行业经济运行情况

2015年，全国规模以上乳制品加工企业638家，比2014年增加了7家，比2013年减少20家；完成主营业务收入3 328.5亿元，同比增长1.66%；累计实现利润总额241.65亿元，同比增长了7.68%，增速比2014年同期下降了18.0个百分点，比2013年同期下降5.0个百分点。乳制品主营业务收入利润率为7.3%。

（一）企业数量稳中略升，中小型企业居多

分规模看，大型企业49家，占全部规模以上乳制品加工业企业的7.7%；中型企业162家，占25.4%；小型企业427家，占66.9%。因此，从企业规模看，乳制品加工业企业绝大部分是小微企业。

分投资类型看，国有控股企业74家，占全部规模以上乳制品加工业企业的11.6%；集体控股企业21家，占3.3%；私人控股企业411家，占64.4%；港澳台商控股企业17家，占2.7%；外商控股企业54家，占8.5%；其他控股企业61家，占9.6%。因此，分投资类型看，乳制品加工业企业大部分是私营企业。

分区域看，东部地区拥有企业220家，占规模以上乳制品加工业企业的34.5%；中部地区拥有企业102家，占16.0%；西部地区拥有企业233家，占36.5%；东北地区拥有企业83家，占13.0%。其中企业数量排名前六位的省份是山东、内蒙古、黑龙江、陕西、河南和河北，规模以上乳制品加工业企业数量分别为62家、58家、53家、44家和38家，其中河南、河北规模以上乳制品加工企业数量相同，占乳制品行业的比例分别为9.7%、9.0%、8.3%、6.8%和6.0%。排名前六位的省份企业数量加总达到45.9%。

（二）主营业务收入增速放缓

分规模看，大型企业完成主营业务收入 1 411.3 亿元，占全部规模以上乳制品加工业主营业务收入的 42.4%，同比增长 1.7%；中型企业完成主营业务收入 1 254.7 亿元，占全部规模以上乳制品加工业主营业务收入的 37.7%，同比增长 2.9%；小型企业完成主营业务收入 662.6 亿元，占全部规模以上乳制品加工业主营业务收入的 19.9%，同比下降 0.8%。总体来看，规模以上乳制品企业主营业务收入增速明显放缓，其中小型乳制品企业主营业务收入出现负增长。

分区域看，东部地区企业完成主营业务收入 1 286.0 亿元，占全国规模以上乳制品加工业主营业务收入的 38.6%，同比增长 0.04%；中部地区企业完成主营业务收入 404.6 亿元，占全国规模以上乳制品加工业主营业务收入的 12.2%，同比增长 6.3%；西部地区企业完成主营业务收入 1 141.2 亿元，占全国规模以上乳制品加工业主营业务收入的 34.3%，同比增长 1.4%；东北地区企业完成主营业务收入 496.8 亿元，占全国规模以上乳制品加工业主营业务收入的 14.9%，同比增长 2.89%。总体来看，东部和西部地区企业主营业务收入占比较大，中部地区企业主营业务收入增长较快。2015 年主营业务收入排名前五位的省份是内蒙古、黑龙江、山东、河北和陕西，完成主营业务收入分别为 633.6 亿元、374.2 亿元、305.3 亿元、288.4 亿元和 153.4 亿元，同比增速分别为 0.5%、1.3%、0.4%、10.8% 和 −5.7%。同比增长率排名前五位的省份分别是湖北、广西、贵州、青海和吉林。

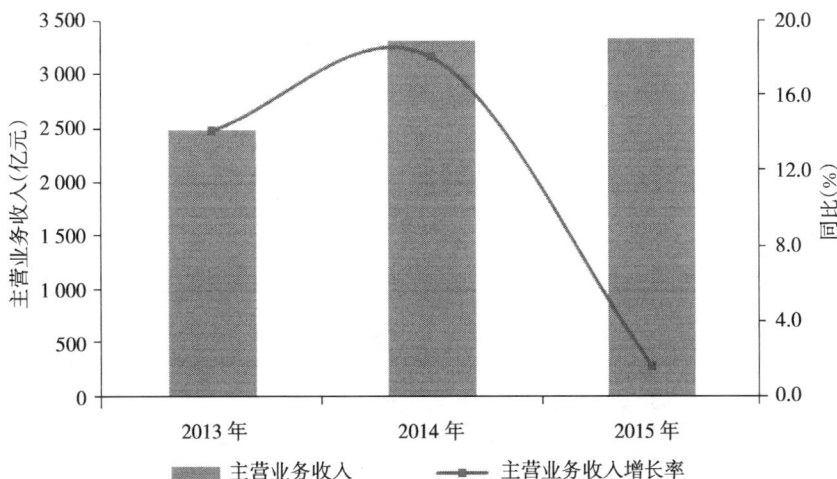

图 6-1　2013—2015 年乳制品加工业主营业务收入及增长率

（三）企业利润增速继续下降

2015 年，全国规模以上乳制品加工企业累计实现利润总额 241.7 亿元，同比增长 7.7%，增速比 2014 年同期下降 18.0 个百分点，比 2013 年同期下降 5.0 个百分点。

分规模来看，大型乳制品企业实现利润总额 108.1 亿元，同比增长 6.2%，增速比上年同期下降 32.3 个百分点；中型企业实现利润总额 96.2 亿元，同比增长 3.6%，增速比上年同期下降 16.1 个百分点；小型企业实现利润总额 37.2 亿元，同比增长 25.7%，增速比上年同期上升 11.7 个百分点。可以看出，小型企业利润增长显著，增速较上年有所提高；大型企业利润增速显著下降。

分投资类型来看，国有控股企业实现利润总额 62.8 亿元，同比增长 16.6%，增速比上年同期下降 10.3 个百分点；集体控股企业实现利润总额 5.5 亿元，同比增长 4.4%，增速比上年同期下降 43.5 百分点；私人控股企业实现利润总额 79.6 亿元，同比增长 9.0%，增速比上年同期下降 2.0 个百分点；港澳台商控股企业实现利润总额 9.8 亿元，同比增长 45.9%，增速比上年同期上升 54.1 个百分点；外商控股企业实现利润总额 55.4 亿元，同比下降 1.7%，增速比上年同期下降 45.5 个百分点；其他控股企业实现利润总额 28.6 亿元，同比下降 2.1%，增速比上年同期下降 47.6 个百分点。从投资类型看，港澳台商控股企业利润增长较大，增速显著提高；集体控股、外商控股企业利润增速下降较为明显。

分地区来看，东部地区企业实现利润总额 79.4 亿元，同比增长 24.1%，增速比上年同期上升 22.0 个百分点；中部地区企业实现利润总额 26.2 亿元，同比增长 8.6%，增速比上年同期下降 4.5 个百分点；西部地区企业实现利润总额 101.4 亿元，同比增长 12.4%，增速比上年同期下降 47.9 个百分点；东北地区企业实现利润总额 34.6 亿元，同比下降 24.9%，增速比上年同期下降 48.8 个百分点。可以看出，东部地区企业利润增速较快；西部和东北部地区利润增速较上年有显著下降。

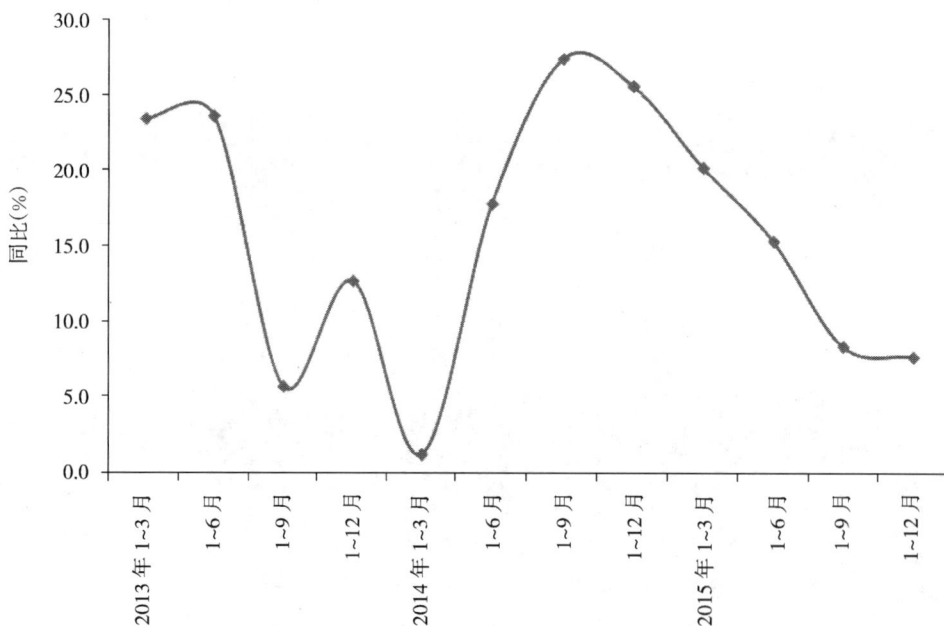

图 6-2 2013—2015 年乳制品加工业利润总额累计同比增长率

二、主要产品贸易情况分析

(一) 乳制品出口情况

2015 年，全国规模以上乳制品加工业企业出口总量为 3.3 万吨，同比下降 16.4%，比 2014 年同期下降 27.0 个百分点，比 2013 年同期下降 21.0 个百分点；出口总额为 4 507.7 万美元，同比下降 40.0%，比 2014 年同期下降 71.1 个百分点，比 2013 年下降 43.3 个百分点。

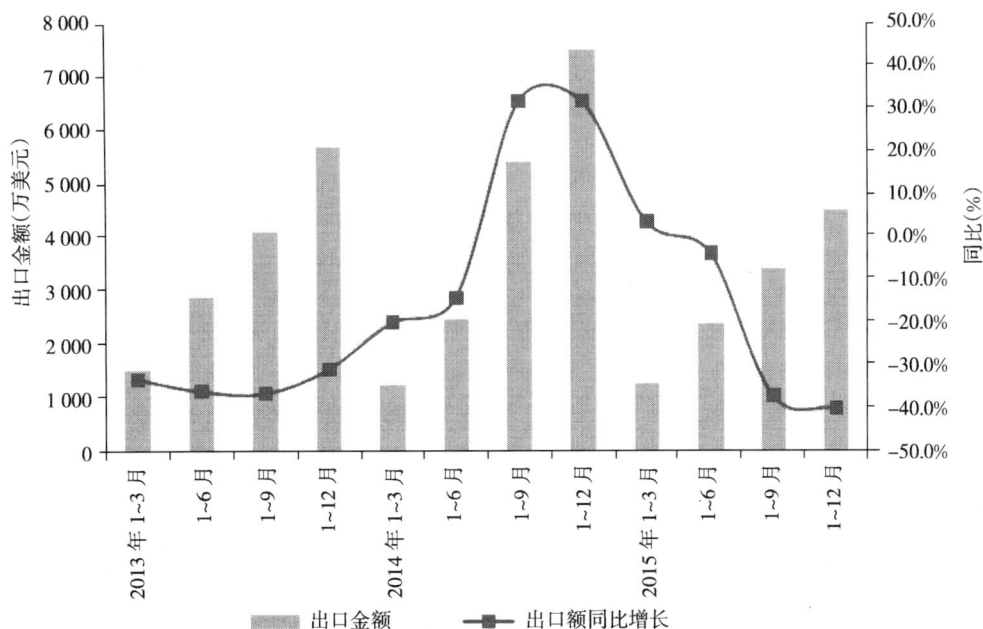

图 6-3 2013—2015 年乳制品出口额及同比增长率

（二）乳制品进口情况

2015 年，全国规模以上乳制品加工业企业进口总量为 161.1 万吨，同比下降 11.1%，增速比 2014 年同期下降 24.9 个百分点，比 2013 年同期下降 50.1 个百分点；进口总额为 31.8 美元，同

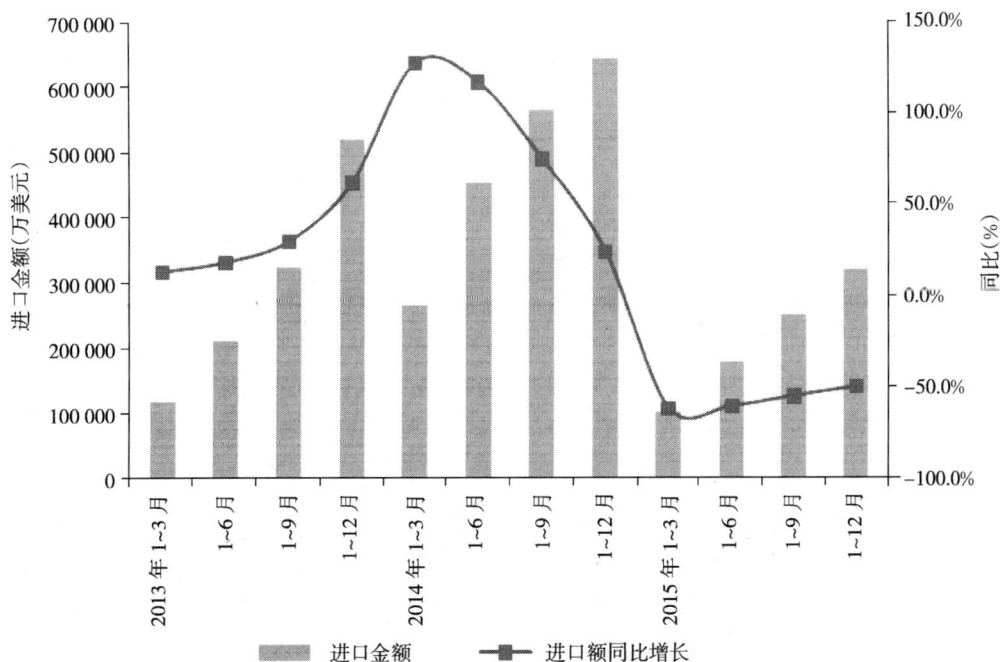

图 6-4 2013—2015 年乳制品进口额及同比增长率

比下降50.4％，增速比2014年同期下降74个百分点，比2013年同期下降112个百分点。

三、主要产品价格趋势分析

　　2015年，内蒙古、河北等10个奶牛主产省（自治区）生鲜乳的平均价格为3.45元/千克，价格总体呈现"U"形趋势。年初价格处于年内价格最高点3.67元/千克，年初到2月第三周价格大幅下降至3.43元/千克，至8月第二周价格基本保持平稳，随后价格开始逐步上升，年底生鲜乳价格攀升至3.54元/千克。

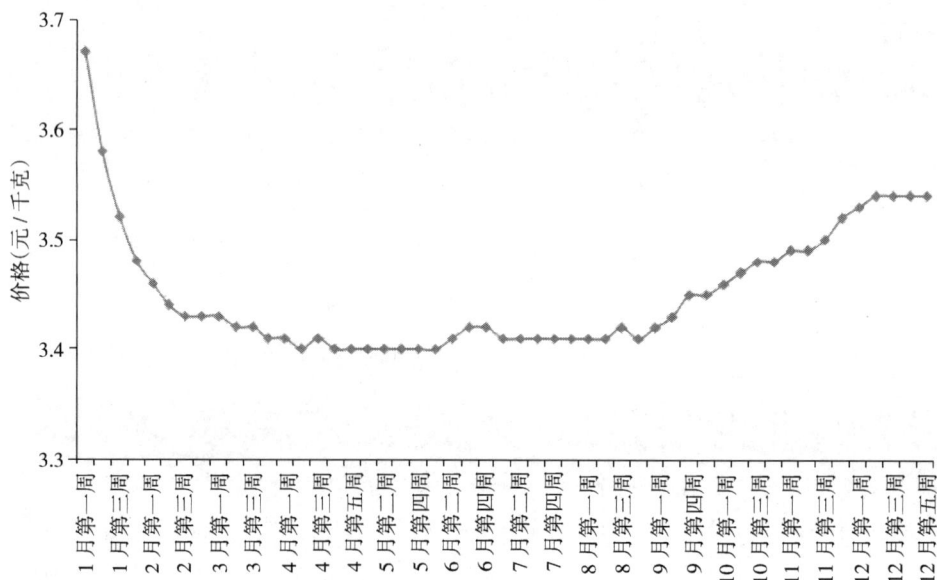

图6-5　2015年奶牛主产省（自治区）生鲜乳平均价格

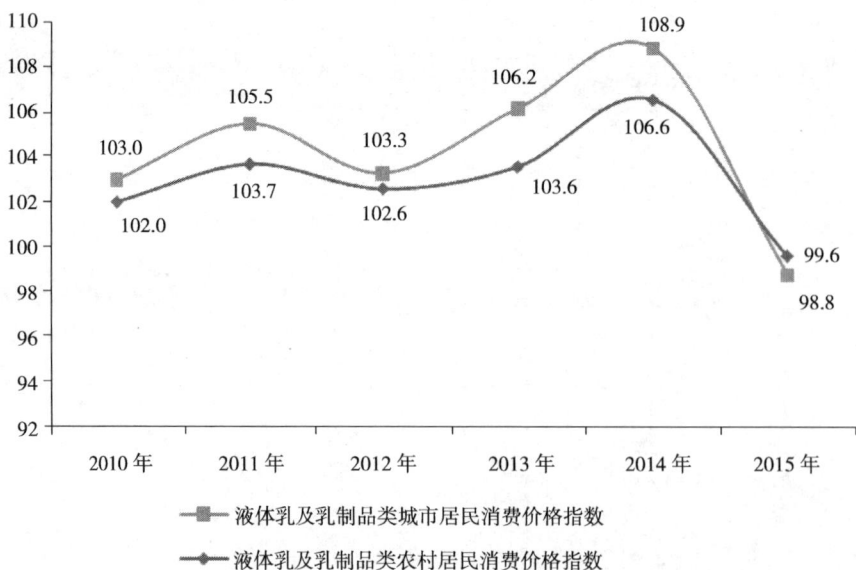

图6-6　2010—2015年液体乳及乳制品类居民消费价格指数

2015 年全国液体乳及乳制品类居民消费价格指数为 98.9，比 2014 年下降 9.6 个百分点。其中，液体乳及乳制品类城市居民消费价格指数是 98.8，，比 2014 年下降 10.1 个百分点；液体乳及乳制品类农村居民消费价格指数是 99.6，，比 2014 年下降 7.0 个百分点。液体乳及乳制品类农村居民消费价格指数近 5 年来首次高于液体乳及乳制品类城市居民消费价格指数。

四、上市企业情况

2015 年，沪深两市共有乳制品加工业上市企业 11 家，从企业的主营业务构成来看，新疆西部牧业股份有限公司的产品中乳制品占 58.76%（常温液体乳、乳粉等），其他产品还包括自产生鲜乳等；黑牛食品股份有限公司的产品中液态奶占 41.7%，还包括豆奶粉等；皇氏集团股份有限公司的产品中乳制品占 59.71%，包括常温酸奶、发酵乳等；贝因美婴童食品股份有限公司的产品中奶粉类占 94.48%，主要为婴幼儿配方乳粉；麦趣尔集团股份有限公司的产品中乳制品占 45.17%（液体乳、调制乳、乳酸饮料等），其他产品还包括烘焙食品等，其中烘焙食品占 36.82%；广东燕塘乳业股份有限公司的产品中花式奶占 38.03%、乳酸菌乳饮料占 31.51%、液体乳占 29.56%；河南科迪乳业股份有限公司的产品中常温乳制品占 85.93%、低温乳制品占 10.01%；新疆天润乳业股份有限公司的产品中酸奶系列占 58.54%、UHT 等鲜奶系列占 26.62%、乳饮料系列占 8.8%、巴氏奶系列占 2.84%；北京三元食品股份有限公司的产品中液态奶占 70.57%、固态奶占 26.18%；光明乳业股份有限公司的产品中液态奶占 73.64%、其他乳制品占 15.87%；内蒙古伊利实业集团股份有限公司的产品中液体乳占 78.12%、奶粉及奶制品占 10.68%、冷饮产品占 6.79%。

2015 年，沪深两市乳制品加工上市企业实现营业总收入 944.21 亿元，同比增长 5.58%，其中 7 家企业收入实现增长，新疆天润乳业股份有限公司总营收增长最快，同比增长 80.26%，黑牛食品股份有限公司营收同比下降 26.2%。内蒙古伊利实业集团股份有限公司、光明乳业股份有限公司和北京三元食品股份有限公司总营收位居行业前三位，分别实现营业总收入 604 亿元、194 亿元和 45.5 亿元，内蒙古伊利实业集团股份有限公司、北京三元食品股份有限公司营业总收入同比分别增长 10.88%、0.35%，光明乳业股份有限公司同比下降 6.18%。

表 6-1　2015 年沪深两市乳制品加工上市企业营业总收入及同比增速

企业名称	营业总收入 （亿元）	同比增长 （%）
新疆西部牧业股份有限公司	6.00	−22.23
黑牛食品股份有限公司	4.31	−26.20
皇氏集团股份有限公司	16.90	49.09
贝因美婴童食品股份有限公司	45.30	−10.20
麦趣尔集团股份有限公司	5.18	61.23
广东燕塘乳业股份有限公司	10.30	8.69
河南科迪乳业股份有限公司	6.83	2.53
新疆天润乳业股份有限公司	5.89	80.26
北京三元食品股份有限公司	45.50	0.35
光明乳业股份有限公司	194.00	−6.18
内蒙古伊利实业集团股份有限公司	604.00	10.88

2015年，沪深两市乳制品加工上市企业归属母公司股东净利润合计51.12亿元，同比下降1.16%，其中，10家企业实现盈利，比2014年减少1家；9家企业净利润增长，其中新疆天润乳业股份有限公司净利润同比增长达304.94%。

1. 偿债能力分析 2015年，沪深两市乳制品加工上市企业中有8家企业流动比率小于2，其中2家企业低于1，较2014年减少1家，2015年乳制品加工上市企业整体短期偿债能力略低于2014年。2015年上市企业的流动比率均在大于1低于2的区间内的有6家，高于2的3家。其中，麦趣尔集团股份有限公司流动比率连续两年保持在3及以上，但较上年大幅降低。河南科迪乳业股份有限公司连续两年流动比率均低于1，短期偿债风险较大。对应的速动比率，各上市企业中7家在1以上，其余4家低于1。综合以上两个指标来看，麦趣尔集团股份有限公司、广东燕塘乳业股份有限公司和北京三元食品股份有限公司的资金流动性较好。2015年，沪深两市乳制品加工上市企业资产负债率为47.6%，较上年下降2.6个百分点。近两年来，各上市企业资产负债率均在40%～60%之间，2015年新疆西部牧业股份有限公司和光明乳业股份有限公司资产负债率较高，分别为67.8%和66.2%，其中光明乳业股份有限公司资产负债率连续两年高于60%。其中，5家企业资产负债率较上年降低，河南科迪乳业股份有限公司和北京三元食品股份有限公司降幅最大，分别为6.7%和34.4%。

表6-2 2014、2015年沪深两市乳制品加工上市企业资产负债率

企业名称	资产负债率（%）	
	2014	2015
新疆西部牧业股份有限公司	56.8	67.8
黑牛食品股份有限公司	36.9	40.7
皇氏集团股份有限公司	26.1	37.5
贝因美婴童食品股份有限公司	24.5	31.2
麦趣尔集团股份有限公司	18.1	22.0
广东燕塘乳业股份有限公司	23.0	21.9
河南科迪乳业股份有限公司	52.3	45.5
新疆天润乳业股份有限公司	39.6	35.6
北京三元食品股份有限公司	58.2	23.8
光明乳业股份有限公司	60.1	66.2
内蒙古伊利实业集团股份有限公司	52.4	49.2

2. 资产运营能力分析 2015年，沪深两市乳制品加工上市企业西部牧业、黑牛食品、皇氏集团、贝因美、麦趣尔、燕塘乳业、科迪乳业、天润乳业、三元股份、光明乳业、伊利股份的总资产周转率分别为0.3次、0.25次、0.5次、0.9次、0.46次、1.04次、0.42次、0.75次、0.77次、1.37次、1.53次，仅天润乳业和伊利股份的总资产周转率比上年提高，其他企业均有所下降。燕塘乳业、光明乳业和伊利股份的总资产周转率在1次以上，其余8家上市企业总资产周转率均低于1次；各上市企业的应收账款周转率分别为4.98、15.16、3.76、5.07、7.87、44.28、13.99、26.12、17.55、11.65、110.43，除西部牧业、皇氏集团、贝因美和麦趣尔外，其他上市企业周转率连续两年在10以上，其中伊利股份和燕塘乳业的周转率较高；各上市企业的存货周转率分别为1.01、4.34、7.97、2.61、5.39、

10.87、8.37、4.95、6.92、6.38、7.94，其中仅黑牛食品、黄氏集团、麦趣尔和科迪乳业
存货周转率有所上升。其中，燕塘乳业和科迪乳业的存货周转率最高。从以上指标综合情况
来看，伊利股份和燕塘乳业的各项指标居行业前列，资产运营能力较好。

表6-3　2015年沪深两市乳制品加工上市企业资产运营能力指标

企业名称	总资产周转率（次）	应收账款周转率	存货周转率
新疆西部牧业股份有限公司	0.30	4.98	1.01
黑牛食品股份有限公司	0.25	15.16	4.34
皇氏集团股份有限公司	0.50	3.76	7.97
贝因美婴童食品股份有限公司	0.90	5.07	2.61
麦趣尔集团股份有限公司	0.46	7.87	5.39
广东燕塘乳业股份有限公司	1.04	44.28	10.87
河南科迪乳业股份有限公司	0.42	13.99	8.37
新疆天润乳业股份有限公司	0.75	26.12	4.95
北京三元食品股份有限公司	0.77	17.55	6.92
光明乳业股份有限公司	1.37	11.65	6.38
内蒙古伊利实业集团股份有限公司	1.53	110.43	7.94

3. 盈利能力指标　2015年，沪深两市乳制品加工上市企业营业利润率为6.0%，较上
年上升0.1个百分点，其中西部牧业和黑牛食品营业利润为负，科迪乳业、麦趣尔和皇氏集
团营业利润率在行业中较高，分别为17.1%、14.0%和12.0%；上市企业中有9家企业的
销售毛利率在30%以上，其中贝因美、麦趣尔和光明乳业的毛利率分别为56.55%、
46.67%和36.11%，居全行业前列，西部牧业和黑牛食品的毛利率为行业中较低水平。
2015年，乳制品加工上市企业每股收益较上年上升的有贝因美、麦趣尔和天润乳业，每股
收益较上年分别上升0.03元/股、0.1953元/股、0.4元/股。

表6-4　2015年沪深两市乳制品加工上市企业每股收益排名

企业名称	股票名称	代码	每股收益（元/股）
内蒙古伊利实业集团股份有限公司	伊利股份	600887	0.76
麦趣尔集团股份有限公司	麦趣尔	002719	0.655 3
广东燕塘乳业股份有限公司	燕塘乳业	002732	0.61
新疆天润乳业股份有限公司	天润乳业	600419	0.55
河南科迪乳业股份有限公司	科迪乳业	002770	0.4
光明乳业股份有限公司	光明乳业	600597	0.34
皇氏集团股份有限公司	皇氏集团	002329	0.23
新疆西部牧业股份有限公司	西部牧业	300106	0.14
贝因美婴童食品股份有限公司	贝因美	002570	0.1
北京三元食品股份有限公司	三元股份	600429	0.056 4
黑牛食品股份有限公司	黑牛食品	002387	−1.366 6

五、行业热点事件

1. 2015 年中央 1 号文件继续加大奶业扶持力度　2015 年 1 号文件提出：加快发展草牧业，支持青贮玉米和苜蓿等饲草料种植，开展粮改饲和种养结合模式试点，促进粮食、经济作物、饲草料三元种植结构协调发展。加大对奶牛标准化规模养殖场（小区）建设支持力度，实施畜禽良种工程，加快推进规模化、集约化、标准化畜禽养殖，增强畜牧业竞争力。

苜蓿作为奶牛的主要饲料，经过近几年国家对苜蓿产业的大力支持，国产苜蓿产量在 2014 年达 90 万吨左右，已经与进口苜蓿并驾齐驱。但是我国苜蓿产业发展仍处于初级阶段，用于高产奶牛需要的优质牧草产量较低，产业链也不完善，种养结合还不能有效推广，所以仍然需要大力发展苜蓿产业。而中国奶业遭遇的倒奶杀牛，让中国奶牛养殖模式饱受诟病，中小养殖户已难有发展空间，不可否认他们曾为中国奶业的初期发展做出巨大贡献，但随着养殖成本增加，乳品质量安全日益严格，向规模化、集约化、标准化养殖模式转变势在必行。

2. 奶牛养殖企业接连上市　随着国际乳业市场竞争的逐渐加剧，国内产业链下游的乳品市场产品竞争已由最初的以奶粉为主的单一竞争蔓延为液态奶、奶粉、奶酪等多元化竞争，这无疑对产业链上游的奶牛养殖企业带来巨大的影响。2015 年上半年，随着"倒奶杀牛"事件的蔓延，众多竞争力薄弱的散户、小型奶牛养殖场相继退出，然而，2015 年下半年赛科星、中地乳业、中鼎联合等奶牛养殖企业扎堆上市。有业内人士认为，奶牛养殖企业集中登陆资本市场，与国内乳业的市场见好有关。总之，随着奶业转型升级的不断深化，效率高、产能强的规模化养殖企业上市融资为国内奶业带来的增产增效，在保障生鲜乳有效供给的同时，也在一定程度上提升了本土乳业竞争力，并为终端乳品市场消费低迷的回转打下坚实基础。

3. 中外乳企加速资本融合布局国内奶粉市场　当前，中国乳业的转型升级已由过渡时期进入关键时期，在乳业兼并重组和国际化程度不断深入的大背景下，面对终端市场消费低迷的状况，以及"二胎"政策放开和奶粉新政带来的变化，深处乳业产业链下游的乳品加工企业纷纷加快产业战略布局脚步，欲在新一轮变革后的国内奶粉市场抢得先机。2015 年新一轮乳业巨头的战略布局不管是各取所需还是互惠互利，国内外乳企合作已然成为一种趋势和潮流，但整合资源和节本增效的同时，保障安全依然是中国婴幼儿配方奶粉行业不可触碰的红线。

4. 史上最严"婴幼儿乳粉注册制度"即将落地　2015 年 12 月 9 日，国家食品药品监督管理总局对外公开征求《食品安全法实施条例》修订草案的意见。其中，婴幼儿配方奶粉由过去不得多于 5 个系列 15 种产品配方改为不得多于 3 个系列 9 种配方。同时，婴幼儿配方乳粉不得限制区域销售，不得为销售商专门定制生产。那么这就意味着，婴幼儿奶粉定制品牌将被彻底赶出市场。国家食品药品监督管理总局监管一司司长马纯良表示，配方注册只是监管的一个方面，重点是加大监督检查。对配方的注册不仅仅是对配方的严格管理，还包括对企业的严格审查，以此来淘汰一部分质量没有保证的企业。

5. 全面二孩放开，中国乳企面临挑战　不断发生的国产乳品品牌的质量安全事件给中国消费者心里埋下的阴影一直未抹去，如果"奶粉配方注册制"实施，现有国内奶粉 2 000

多个品牌将剩下 400 个左右。而且按照 2015 年 12 月 9 日，国家新版《中华人民共和国食品安全法实施条例》（修订草案征求意见稿）的要求，同一企业申请注册的同年龄段产品配方应当具有明显差异，并有科学依据证实，原则上每个企业不得超过 3 个系列 9 种产品配方。这又把产销希望寄托在"一方多品"、走量冲规模的国产中小奶粉企业在火上烤了一把。

而对于国外奶粉企业来说形势却一片大好。2015 年 12 月 20 日，中韩、中澳自由贸易协定正式生效，中澳自由贸易协定中明确规定，包括澳大利亚婴儿配方奶粉在内的乳制品将在 4 年内免关税进入中国。可以说，国内奶粉企业一方面面临被洗牌，另一方面面临的是澳大利亚、新西兰、荷兰等奶业大国以及韩国、巴西等国的奶粉企业对中国市场的侵蚀。国产奶粉企业在这样的全面攻击下很难再有笑容。但进口奶粉也不是十全十美，进口奶粉也曾经在恶性事件的风波中苦苦挣扎，2002—2013 年，惠氏、美赞臣、雅培，多美滋、明一都曾因为安全事件而发生产品召回事件。总之，不管怎么样，能够啃到奶粉蛋糕的企业终究是要安全过硬、品质过硬的企业。安全和品质永远是奶粉市场的王道！所以，不管遭遇什么样的困难和险阻，国产奶粉企业都要努力去争取这次二胎政策所带来的巨大红利。

第**7**章 / 蛋品加工

我国是世界上最大的蛋品生产国和消费国。改革开放以来，我国连续 20 多年保持世界第一产蛋大国的地位，蛋品产量超过世界蛋品产量的 40%，比第二位到第三十位的产量总和还要多。我国的蛋品产业是关乎老百姓菜篮子质量的民生工程，如何推动养鸡业从传统、简单的生产方式，向现代化、规模化、集约化、产业化的蛋品产业过渡，促进蛋品产业经济结构调整和发展方式转变，提高产业运行质量和效益，是事关社会安定和国民经济平稳运行的大事情。

一、主要原料及其生产情况

1980 年，我国禽蛋产量 256.6 万吨；1985 年，我国禽蛋总产量 534.7 万吨，超过美国，成为世界第一禽蛋大国；1990 年禽蛋产量 794.6 万吨，2000 年禽蛋产量 2 182.0 万吨，2010 年禽蛋产量 2 762.7 万吨，2015 年全年禽蛋产量 2 999 万吨，比上年增长 3.6%，是近 5 年增长率最高水平。2011—2015 年，我国的禽蛋产量处于稳步上升的状态。近 10 年以来，中国禽蛋总产量占世界禽蛋总产量的 43%～45%。鸡蛋是禽蛋的最主要品种，鸡蛋总产量约占禽蛋总产量的 80% 左右，鸭蛋占禽蛋总产量的 15% 左右，鹌鹑蛋占禽蛋总产量的 2% 左右，其他禽蛋占禽蛋总产量的 3% 左右，主要是鹅蛋、鸵鸟蛋等。

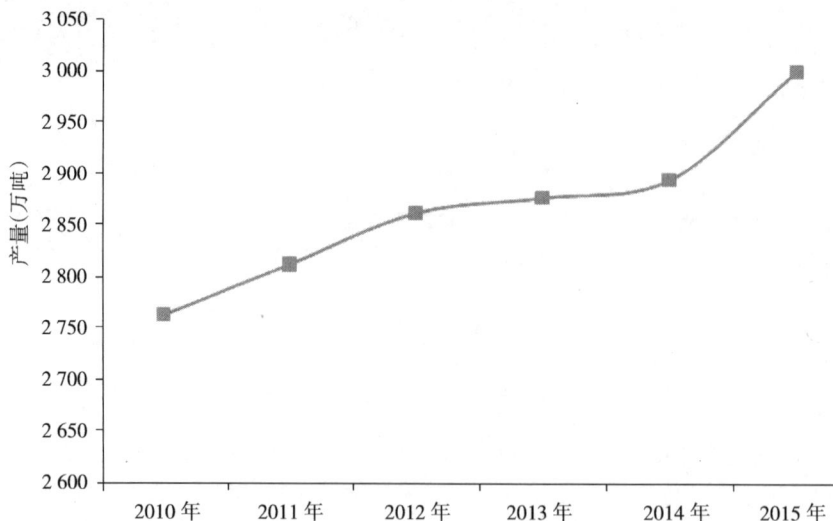

图 7 - 1　2010—2015 年禽蛋产量

二、行业经济运行情况

2015 年，全国规模以上蛋品加工企业 187 家，比 2014 年、2013 年分别增加 13 家、20 家，数量快速增加。上述企业完成主营业务收入 299.3 亿元，同比增长 8.4%，实现利润总额为 19.8 亿元，同比增长 13.8%，比上年同期增速分别回落 13.0 和 2.2 个百分点。新型深加工蛋制品行业进一步发展，液蛋（蛋清液、蛋黄液、全蛋液）、蛋粉（蛋清粉、蛋黄粉、全蛋粉）、洁蛋等产品发展较为迅速。北京市 90% 以上的烘焙企业直接使用液蛋作为加工配料；湖北、江苏、山东等地蛋品加工企业的液蛋加工企业规模和收入整体增长幅度在 30% 以上。此外，在我国经济发达城市，如京沪等地，液蛋开始进入超市，供普通消费者作为烹饪原料使用。

（一）企业数量略有增加，小型企业为主

2015 年 1～12 月，全国规模以上蛋品加工企业为 187 家，相比 2014 年增加 13 家，相比 2013 年增加 22 家。

分规模看，大型企业 1 家，占全部规模以上蛋制品加工业企业的 0.5%；中型企业 13 家，占 7.0%，比上年减少 1 家；小型企业 173 家，占 92.5%，比上年增加 14 家。因此，从企业规模看，蛋制品加工业企业绝大部分是小型企业。

分投资类型看，国有控股企业 2 家，占全部规模以上蛋制品加工业企业的 1.1%；集体控股企业 2 家，占 1.1%；私人控股企业 172 家，占 93%；港澳台商控股企业 2 家，占 1.1%；外商控股企业 3 家，占 1.6%；其他控股企业 6 家，占 3.2%。因此，分投资类型看，蛋制品加工业企业大部分是私营企业。

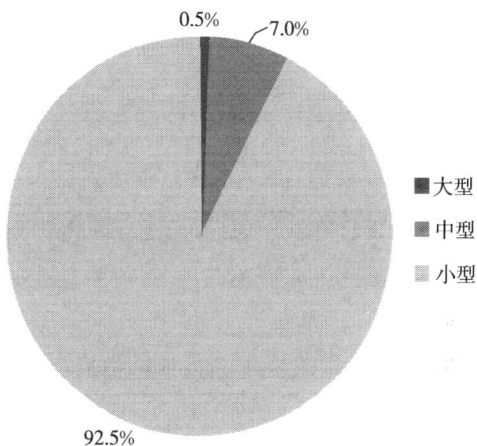

图 7-2　2015 年蛋品加工企业数量规模结构

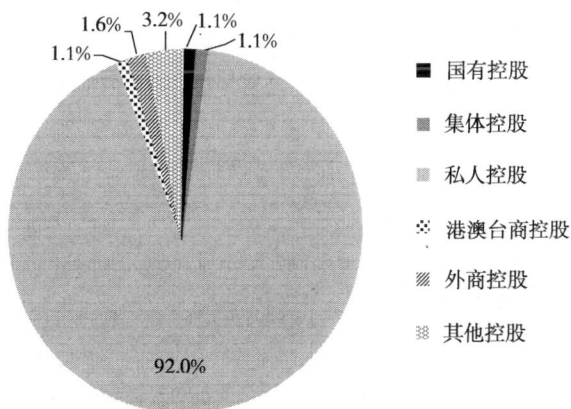

图 7-3　2015 年蛋品加工企业数量投资类型结构

分区域看，东部地区拥有企业 84 家，占规模以上蛋制品加工业企业的 44.9%；中部地区拥有企业 73 家，占 39.0%；西部地区拥有企业 16 家，占 8.6%；东北地区拥有企业 14 家，占 7.5%。

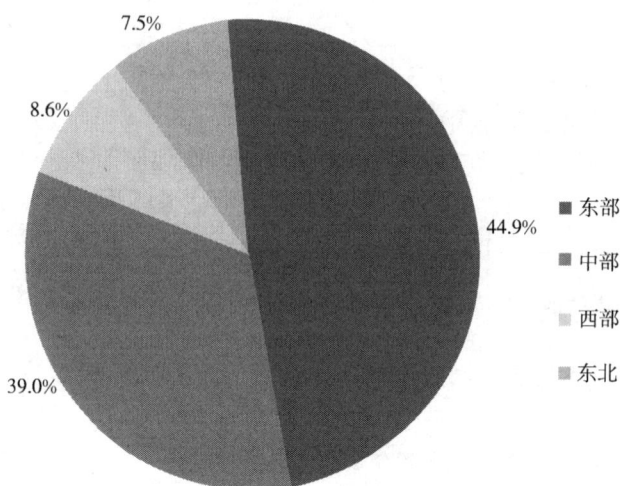

图 7-4　2015 年蛋品加工企业数量区域结构

（二）主营业务收入保持快速增长

2015 年，我国蛋品加工的主营业务收入是 299.35 亿元，同比增长 8.35%。2013 年至 2015 年这三年间，我国蛋品加工业主营业务收入呈现逐步上升趋势，但增速有所放缓。由 2013 年的 221.04 亿元到 2015 年的 299.35 亿元，增加 78.31 亿元，年均增幅达 16.4%。可以看出我国蛋品加工业正在蓬勃发展，市场空间巨大。

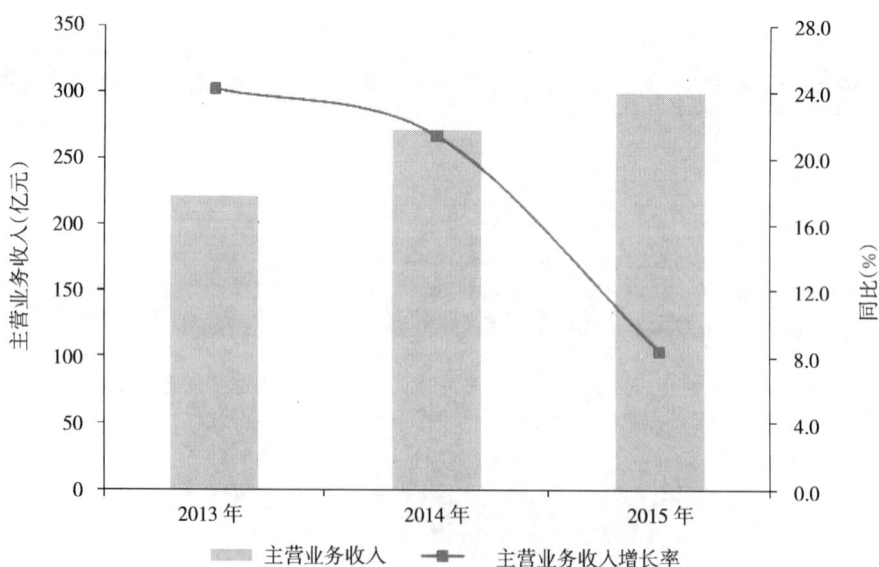

图 7-5　2013—2015 年蛋品加工业主营业务收入及增长率

　　分规模看，大型企业完成主营业务收入 13.9 亿元，占全部规模以上蛋制品加工业主营业务收入的 4.6%，同比增长 10%；中型企业完成主营业务收入 35.5 亿元，占全部规模以上蛋制品加工业主营业务收入的 11.9%，同比下降 9.9%；小型企业完成主营业务收入 250 亿元，占全部规模以上蛋制品加工业主营业务收入的 83.5%，同比增长 15.38%。可以看出，中型企业主营业务收入有所下降。

　　分区域看，东部地区企业完成主营业务收入 134.9 亿元，占全国规模以上蛋制品加工业主营业务收入的 45%，同比增长 5.9%；中部地区企业完成主营业务收入 116.4 亿元，占全国规模以上蛋制品加工业主营业务收入的 38.9%，同比增长 11.5%；西部地区企业完成主营业务收入 17.2 亿元，占全国规模以上蛋制品加工业主营业务收入的 5.7%，同比增长 21.8%；东北地区企业完成主营业务收入 30.9 亿元，占全国规模以上蛋制品加工业主营业务收入的 10.3%，同比增长 1.74%。可以看出，中西部地区企业主营业务收入增速较快。

　　2015 年主营业务收入排名前五位的省份是山东、湖北、辽宁、江苏和湖南，主营业务收入分别为 84.02 亿元、66.53 亿元、23.57 亿元、22.87 亿元和 17.29 亿元，同比增速分别为 9.96%、10.40%、−3.17%、9.31% 和 32.96%；同比增长率排名前五位的省份分别是黑龙江、四川、湖南、天津和新疆，其中黑龙江主营业务收入增长超过了 1.25 倍。

表 7 - 1　各省份 2015 年蛋品加工业主营业务收入及增长率

地区	主营业务收入 （亿元）	主营业务收入 增长率（%）	地区	主营业务收入 （亿元）	主营业务收入 增长率（%）
山东	84.02	9.96	四川	6.15	34.97
湖北	66.53	10.40	浙江	1.65	−48.93
辽宁	23.57	−3.17	吉林	6.04	10.77
江苏	22.87	9.31	广东	2.64	20.13
湖南	17.29	32.96	贵州	1.72	8.25
河北	11.50	−4.15	天津	1.16	30.74
安徽	13.04	6.74	新疆	0.94	20.95
福建	10.83	−4.70	黑龙江	1.28	125.27
河南	8.98	−11.51	云南	0.32	−1.69
江西	10.52	20.54	重庆	0.36	19.47
陕西	7.72	17.33	上海	0.24	2.81

（三）利润总额增速略有下降

　　2015 年，全国规模以上蛋品加工业累计实现利润总额 19.8 亿元，同比增长 13.8%，约占农产品加工业利润总额的 0.2%，比 2014 年同比增速下降 2.2 个百分点，比 2013 年同比增速下降 14.6 个百分点。

分规模看，大型企业实现利润总额 0.4 亿元，同比增长 13.4％；中型企业实现利润总额 2 亿元，同比增长 2.0％；小型企业实现利润总额 17.42 亿元，同比增长 15.4％。可以看出，小型企业利润增速占比较大，增速较快。

分投资类型看，国有控股企业实现利润总额 267.6 万元，同比增长 53.4％；集体控股企业实现利润总额 155.1 万元，同比下降 29.4％；私人控股企业实现利润总额 17.4 亿元，同比增长 11.7％；港澳台商控股企业实现利润总额 142.8 万元，同比增长 296.9％；外商控股企业实现利润总额 0.52 亿元，同比增长 193.3％；其他控股企业实现利润总额 1.84 亿元，同比增长 14.4％。可以看出，国有控股、港澳台商控股、外商控股企业利润增加显著，集体控股企业利润有所下降。

分区域看，东部地区企业实现利润总额 9.4 亿元，同比增长 7.5％；中部地区企业实现利润总额 6.6 亿元，同比增长 5.9％；西部地区企业实现利润总额 1.9 亿元，同比增长 36.3％；东北地区企业实现利润总额 1.9 亿元，同比下降 81.3％。可以看出，西部地区企业利润增速较快，东北地区企业利润明显下降。

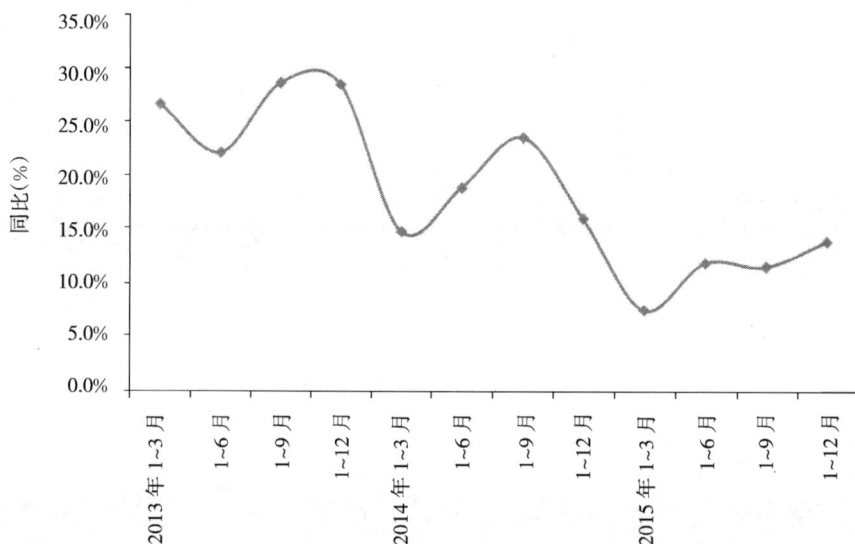

图 7-6　2013—2015 年蛋品加工业利润总额累计同比增长率

（四）主要产品产量

我国仍然以鲜蛋消费为主，85％左右的禽蛋以鲜壳蛋方式流通销售，种鸡蛋约占 10％左右；鸭蛋总量的 10％左右用于鲜销，种鸭蛋约占鸭蛋总量 20％左右；鹌鹑蛋总量的 10％用于鲜销，种鹌鹑蛋约占鹌鹑蛋总产量 10％。因此，我国每年各种带壳鲜蛋的销售额约 2 500 亿元（平均按 1 元/千克计算）。鲜蛋的产品形式有普通壳蛋、清洁蛋和营养强化蛋 3 种。近 3 年来，随着禽蛋消费安全意识的增强，清洁蛋的生产消费在快速增长。

传统蛋制品主要品种有皮蛋、咸蛋、卤蛋、咸蛋黄、糟蛋（酒糟腌制）、醉蛋（酒类腌制）等多种类型。这些传统产品，由于进行了许多技术革新与改进，逐渐采用了现代化的生产方式，生产规模在不断扩大，食用消费在快速增长，同时对其他国家的出口也在增长。

蛋液产品主要是液体蛋和蛋液加工的产品，主要有全蛋液、蛋清液、蛋黄液以及烹调蛋液、功能蛋液等。2008 年奥运会以来，我国液体蛋发展很快，呈爆炸性增长，每年以10%～15%速度增长，甚至超过 20%增长速度。

近年来，由于新技术与市场需求的推动，专用蛋粉发展很快。我国蛋品饮料研究开发的产品很多，但实际工业化生产的品种较少。蛋调味品是近几年来开发生产的产品，主要有蛋黄酱、皮蛋酱、咸蛋酱、调理蛋制品等。蛋黄酱在我国北方加工较多，其他蛋制品也在近年来有了一定的发展。

三、主要产品贸易情况分析

（一）蛋制品出口情况

2015 年，全国规模以上蛋制品出口总额为 7 065.6 万美元，2014 年为 6 935.8 万美元，2013 年为 6 957.9 万美元，出口金额同比增长 1.9%，比上年同期增速上升 2.2 个百分点，出口总额远远超过进口总额。

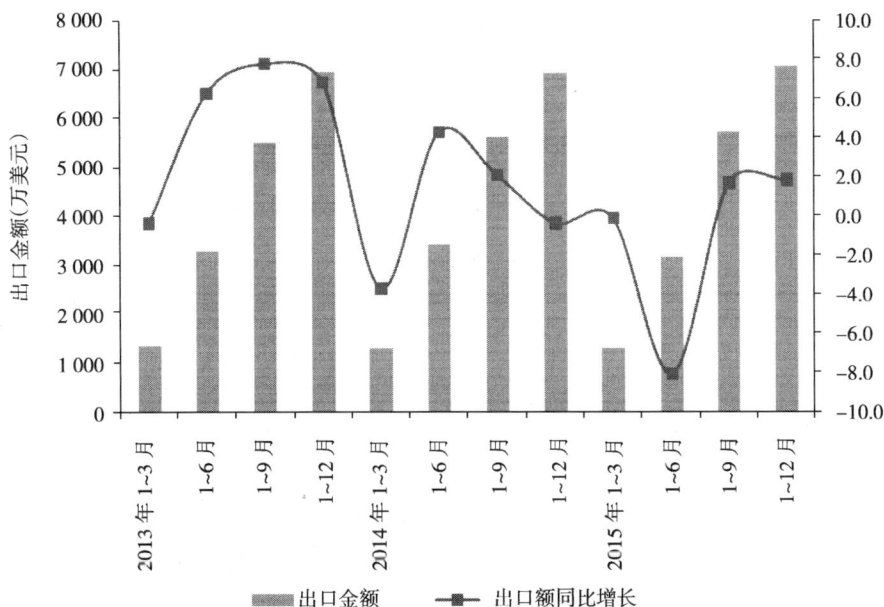

图 7 - 7 2013—2015 年蛋制品出口额及同比增长率

（二）蛋制品进口情况

2015 年，全国规模以上蛋品加工业企业进口总额为 1.2 万美元，比上年同期下降了62.5%，进口额大幅下降。2013 年至 2015 年的 36 个月中，仅有个别月份存在进口情况，2015 年第一季度蛋制品无进口。因此，我国蛋制品基本能够自给自足，并在此基础上大量出口。

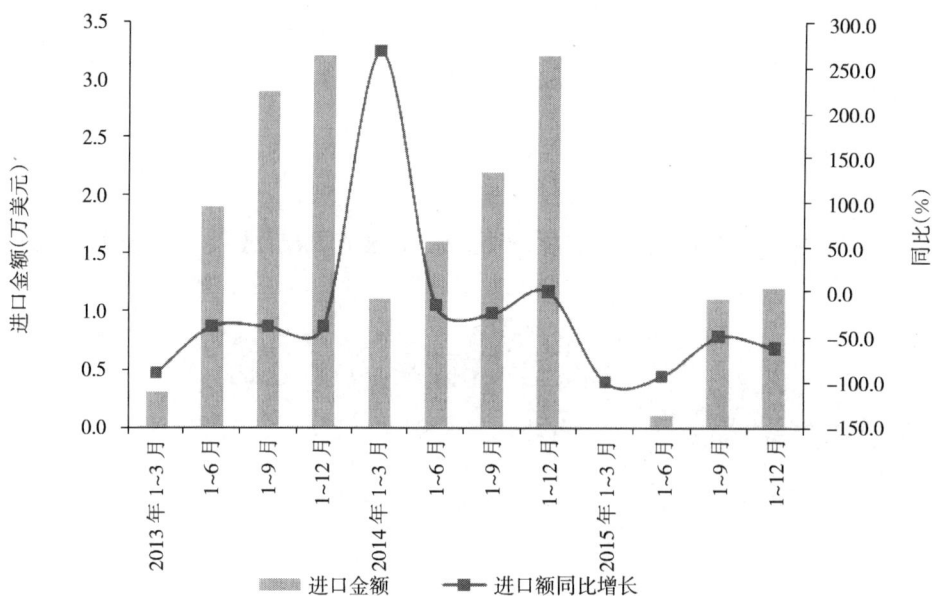

图 7 - 8　2013—2015 年蛋制品进口额及同比增长率

四、主要产品价格趋势分析

2015 年全国鸡蛋平均价格为 9.9 元/千克，河北、辽宁等 10 个主产省份鸡蛋平均价格为 8.19 元/千克。全国鸡蛋价格在年初达到最高，为 11.11 元/千克，随后价格开始下降，在 7 月第 2 周达到最低，为 8.97 元/千克，随后价格上涨至 9 月第 3 周的 10.67 元/千克，

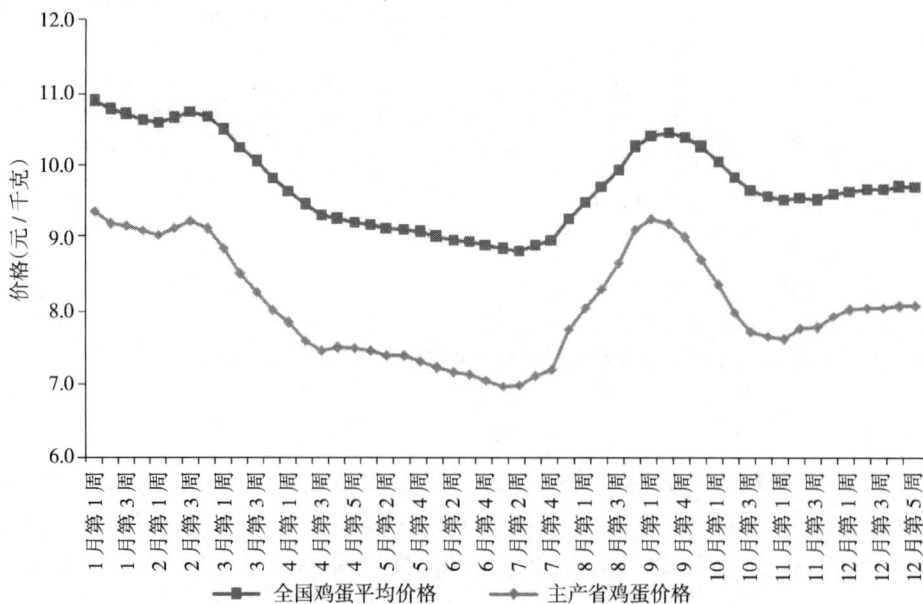

图 7 - 9　2015 年全国和 10 个主要省份鸡蛋平均价格

年末价格降至 9.89 元/千克，比年初下降 11.0%。河北、辽宁等 10 个主产省份鸡蛋的平均价格和全国走势相同，1 月第 1 周达到全年平均价格最高点 9.53 元/千克，最低价格出现在 7 月第 1 周，为 7.02 元/千克，年末比年初降幅达到 14.2%，价格波动高于全国平均水平。

五、行业热点事件

1. 皮蛋新国标 12 月实施，皮蛋含铅量与豆腐鱼肉一样　皮蛋好吃，但其是否含铅却让人心有顾忌，现在再也无需为此担忧了。自 2015 年 12 月起，新皮蛋国家标准正式实施，新国标要求：皮蛋一律采用无铅工艺生产。20 世纪 80 年代初湖北专家发明了无铅皮蛋工艺，经过近 30 年的推广，全国大多数企业已采用这一新工艺。皮蛋新国标考虑顾客安全和行业进步现状，删除了原皮蛋标准中的有铅加工工艺。有铅工艺中皮蛋含铅量为不大于 3 毫克/千克，新国标规定，皮蛋的铅含量与我们日常食用的鱼、肉、豆腐相同，都是不大于 0.5 毫克/千克（鲜蛋本身、水和空气中均含有微量的铅）。"由于有铅工艺皮蛋的铅含量根本不可能达到新的国家标准，新国标宣告了皮蛋有铅工艺的结束，今后皮蛋均需采用无铅工艺生产"，湖北省家禽业协会秘书长李清逸说，"根据新国标生产的皮蛋，更符合现代人健康消费的理念。"

2. 全国首家高端鸡蛋供应商在沪挂牌上市　9 月 29 日，河南格凌生物科技有限公司（以下简称"格凌生物"）成功在上海股权托管交易中心 Q 板挂牌。这是国内首家以"鸡蛋贸易"为主的上市公司，也是河南省临颍县第一家在场外市场挂牌的企业。格凌生物上市当天即引来风投公司达成了 6 000 万元人民币股权的战略协议，这说明在公众眼中，小小的鸡蛋生意已经引发了资本市场的高度关注。

3. 蛋品电商试水，鸿轩农业首推鸡蛋产业　如火如荼的本土生鲜电商正朝着不断细分化和资本化的方向进行演变。7 月 28 日，由鸿轩农业推出的中国首家专注蛋品的互联网平台"小鲜蛋的旅程"正式上线。目前中国鸡蛋行业市场容量超过 3 000 亿元，传统蛋鸡养殖行业也早已对鸡蛋电商销售跃跃欲试。然而，受制于传统销售渠道区域性的壁垒，不少企业都因为销售半径有所局限、先期资金与物流无法跟上而错过了电商的热潮。

第8章 / 果蔬加工

2015 年，全国规模以上果蔬加工企业 5 298 家，比 2014 年增加 241 家；累计完成主营业务收入 9 038.7 亿元，同比增长 6.7%；实现利润总额 694.7 亿元，同比增长 7.5%。我国果蔬加工行业总体保持平稳发展，主营业务收入和利润平稳增长；产品结构不断调整，冷链设施建设水平大幅提升，电子商务持续发力，"一带一路"战略助力行业发展。

一、主要原料及其生产情况

据中国果品流通协会数据，截至 2015 年年末，全国水果（含瓜果）种植总面积 1 536.71 万公顷，较"十二五"期初增加 143.38 万公顷，增长 10.3%，年均增长 1.6%。其中，园林水果种植面积 1 281.67 万公顷，比"十二五"期初增加 127.28 万公顷，增长 11.03%，年均增长 1.62%。在主要大宗果品中，苹果"十二五"期初种植面积 214 万公顷，期末 232.8 万公顷，增长 8.8%；柑橘期初种植面积 221.1 万公顷，期末 251.3 万公顷，增长 13.7%；梨期初种植面积 106.3 万公顷，期末 112.4 万公顷，增长 5.7%；葡萄期初种植面积 55.2 万公顷，期末 79.9 万公顷，增长 44.7%；香蕉期初种植面积 35.7 万公顷，期末 40.9 万公顷，增长 14.6%。从全国园林水果种植面积的地区分布情况看，"十二五"初期面积在 100 万公顷以上的依次为广东、陕西、河北 3 个省，"十二五"末期面积在 100 万公顷以上的依次为陕西、广西、广东、河北 4 省（自治区）。

截至 2015 年年末，全国水果总产量（含瓜果）27 381.8 万吨，比"十二五"期初增加 5 980.4 万吨，增长 27.94%，年均增长 1.95%。其中，园林水果产量 17 479.6 万吨，比"十二五"期初增加 4 614.4 万吨，增长 35.87%，年均增长 2.05%；瓜果产量 9 902.2 万吨，比"十二五"期初增加 1 366.02 万吨，增长 16%，年均增长 1.74%。其中，苹果"十二五"期初产量 3 326.3 万吨，期末 4 261.3 万吨，增长 28.1%；柑橘期初产量 2 645.2 万吨，期末 3 660.1 万吨，增长 38.4%；梨期初产量 1 505.7 万吨，期末 1 869.9 万吨，增长 24.2%；葡萄期初产量 854.9 万吨，期末 1 366.9 万吨，增长 59.9%；香蕉期初产量 956.1 万吨，期末 1 246.6 万吨，增长 30.4%。从各地水果产量分布情况看，"十二五"初期产量千万吨以上的有 7 个省（自治区），依次是山东、河南、河北、陕西、广东、广西、新疆；"十二五"末期，产量过千万吨的依次有山东、河南、河北、陕西、广西、广东、新疆、安徽 8 个省（自治区）。

据国家统计局数据，2015 年全国蔬菜产量 78 526.1 万吨，同比增长 3.3%，增速比 2014 年同期增速回落了 0.1 个百分点，比 2013 年同期增速回落了 0.4 个百分点。

二、行业经济运行情况

（一）行业总体情况

2015 年，全国规模以上果蔬加工企业 5 298 家，占规模以上农产品加工企业数量的 6.8%，比 2014 年增加 241 家，比 2013 年增加 422 家；累计完成主营业务收入 9 038.7 亿元，同比增长 6.7%，比 2014 年同比增速下降 3.6 个百分点，比 2013 年同比增速下降 5.7 个百分点；累计实现利润总额 694.7 亿元，同比增长 7.5%，比 2014 年同比增速下降 1.2 个百分点，比 2013 年同比增速下降 4.1 个百分点；主营业务收入利润率为 7.7%，高于农产品加工业总体水平，达到近三年最高水平。分子行业情况看，主营业务收入利润率最高的为其他酒制造业和葡萄酒制造业，分别达到 13.6% 和 11.1%，此外，果菜汁及果菜汁饮料制造、蜜饯制作的主营业务收入利润率高于果蔬加工业总体水平，分别为 9.5%、7.8%；其余子行业的主营业务收入利润率均低于果蔬加工业总体水平，水果和坚果加工、蔬菜加工、蔬菜水果罐头的主营业务收入利润率分别为 7.1%、7.0% 和 5.6%。

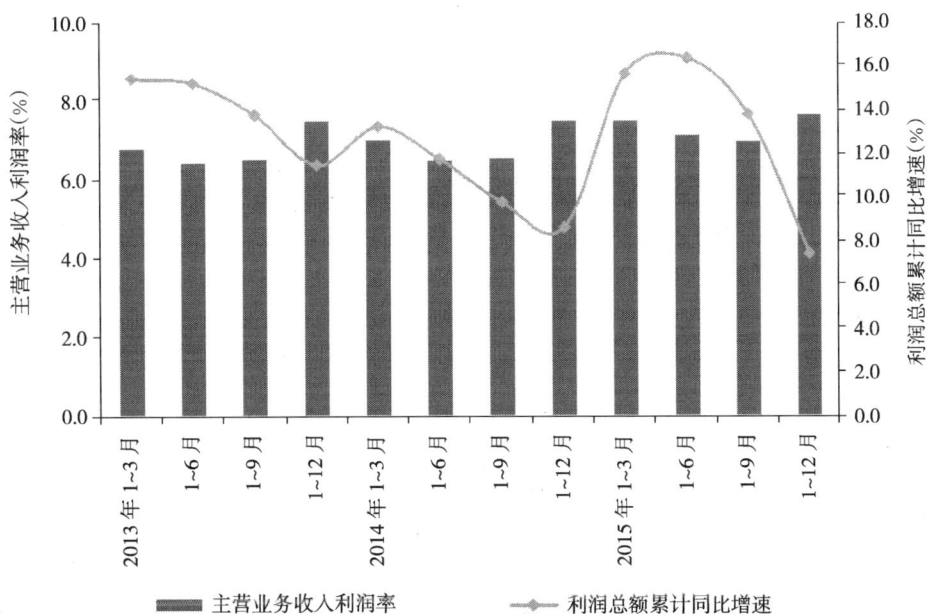

图 8-1　2013—2015 年果蔬加工业利润总额增速与主营业务收入利润率

分规模看，大型企业 56 家，占全部规模以上果蔬加工企业的 1.1%；完成主营业务收入 810.7 亿元，占全部规模以上果蔬加工业主营业务收入的 9.0%，同比增长 4.1%；实现利润总额 86.0 亿元，占果蔬加工业利润总额的 12.4%，同比增长 14.6%。中型企业 579 家，占 10.9%；完成主营业务收入 2 249.7 亿元，占 24.9%，同比增长 1.4%；实现利润总额 180.5 亿元，占 26.0%，与上年持平。小型企业 4 663 家，占 88.0%；完成主营业务收入 5 978.4 亿元，占 66.1%，同比增长 9.3%；实现利润总额 428.1 亿元，占 61.6%，同比增长 9.6%。因此，从企业规模看，果蔬加工企业绝大部分是小型企业，其主营业务收入占比较大，且主营业务收入增速要明显高于大中型企业。

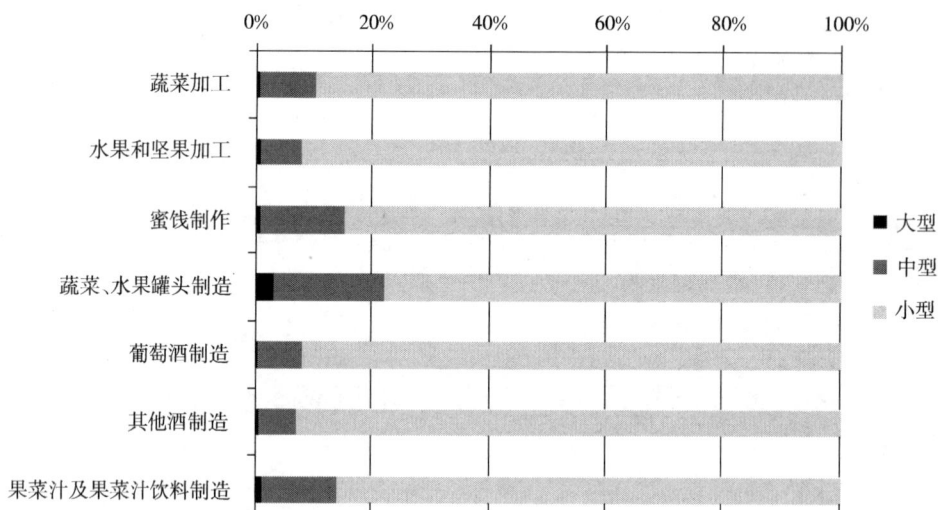

图 8-2　2015 年果蔬加工企业数量规模结构

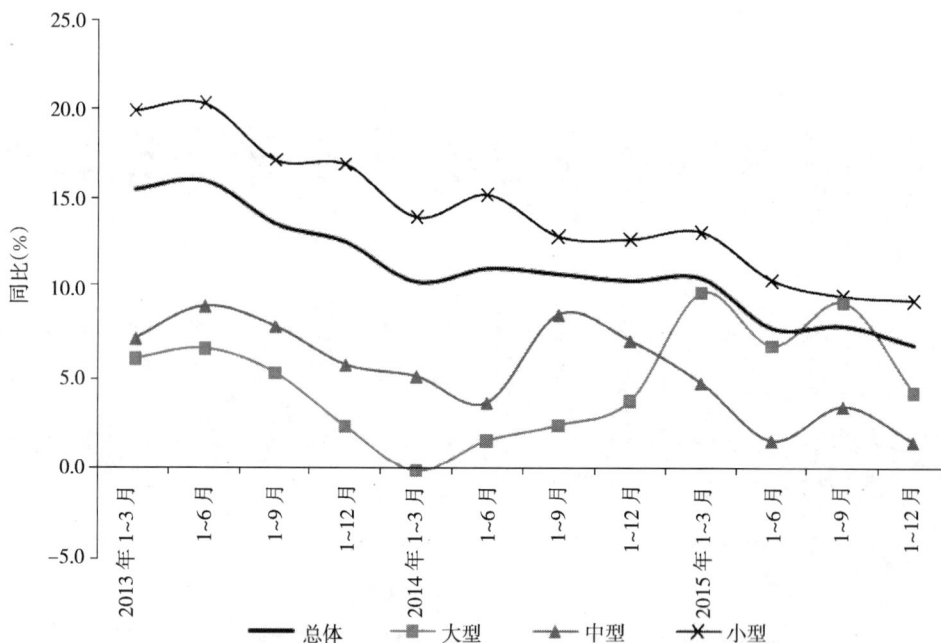

图 8-3　2013—2015 年果蔬加工业分规模主营业务收入累计同比增速

　　分投资类型看，国有控股企业 86 家，占全部规模以上果蔬加工企业的 1.6%；完成主营业务收入 292.0 亿元，占全部规模以上果蔬加工业主营业务收入的 3.2%，同比增长 3.0%；实现利润总额 28.4 亿元，占果蔬加工业利润总额的 4.1%，同比增长 56.9%。集体控股企业 40 家，占 0.8%；完成主营业务收入 140.6 亿元，占 1.6%，同比增长 3.5%；实现利润总额 11.37 亿元，占 1.6%，同比下降 4.8%。私人控股企业 4 458 家，占 84.1%；完成主营业务收入 7 001.5 亿元，占 77.5%，同比增长 7.4%；实现利润总额 52.9 亿元，占 75.0%，同比增长 8.0%。港澳台商控股企业 190 家，占 3.6%；完成主营业务收入

399.5 亿元，占 4.4％，同比增长 2.9％；实现利润总额 30.8 亿元，占 4.4％，同比下降 12.1％。外商控股企业 327 家，占 6.2％；完成主营业务收入 909.9 亿元，占 10.1％，同比增长 4.3％；实现利润总额 80.0 亿元，占 11.5％，同比增长 4.3％。其他控股企业 197 家，占 3.7％；完成主营业务收入 295.2 亿元，占 3.3％，同比增长 8.9％；实现利润总额 23.2 亿元，占 3.3％，同比增长 4.1％。因此，从投资类型看，果蔬加工企业绝大部分是私营企业，其主营业务收入占比较大；其他控股企业、私人控股企业主营业务收入增速要明显高于其他投资类型；集体控股企业、港澳台商控股企业利润总额增速出现负增长，国有控股企业利润总额增速显著。

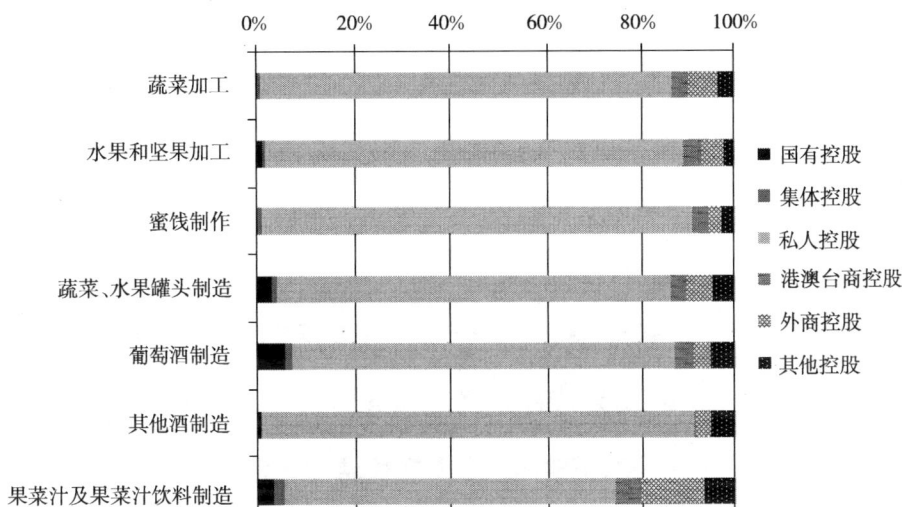

图 8-4　2015 年果蔬加工企业数量投资类型结构

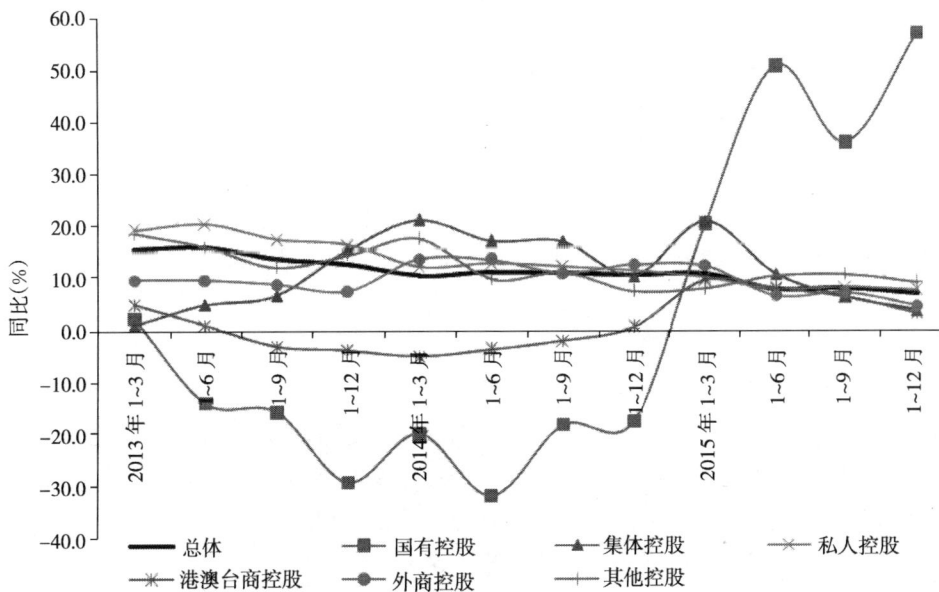

图 8-5　2013—2015 年果蔬加工业分投资类型主营业务收入累计同比增速

分区域看，东部地区拥有企业 2 685 家，占全国规模以上果蔬加工企业的 50.7%；完成主营业务收入 4 956.7 亿元，占全国规模以上果蔬加工业主营业务收入的 54.8%，同比增长 8.7%；实现利润总额 382.4 亿元，占全国规模以上果蔬加工业利润总额的 55.0%，同比增长 9.0%。中部地区拥有企业 1 039 家，占 19.6%；完成主营业务收入 1 766.3 亿元，占全国规模以上果蔬加工业主营业务收入的 19.5%，同比增长 10.0%；实现利润总额 135.9 亿元，占全国规模以上果蔬加工业利润总额的 19.6%，同比增长 4.9%。西部地区拥有企业 1 073 家，占 20.3%；完成主营业务收入 1 520.9 亿元，占全国规模以上果蔬加工业主营业务收入的 16.8%，同比增长 10.8%；实现利润总额 129.7 亿元，占全国规模以上果蔬加工业利润总额的 18.7%，同比增长 20.7%。东北地区拥有企业 501 家，占 9.5%；完成主营业务收入 794.8 亿元，占全国规模以上果蔬加工业主营业务收入的 8.8%，同比下降 14.5%；实现利润总额 58.5 亿元，占全国规模以上果蔬加工业利润总额的 6.7%，同比下降 20.1%。因此，分区域看，东部地区企业数量分布最多，完成主营业务收入占比较大，中西部地区果蔬加工业主营业务收入增速明显，东北地区企业利润总额增长率呈现负增长，其他地区都呈正增长态势。

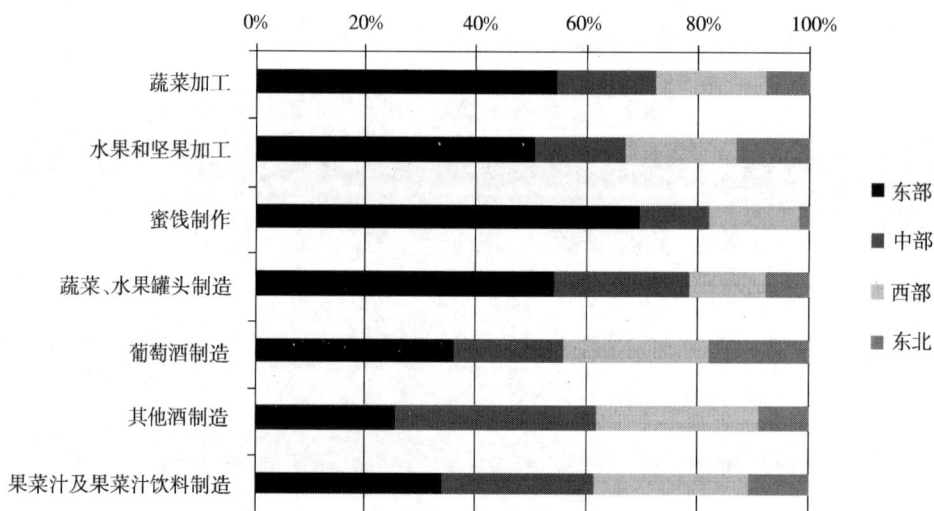

图 8-6　2015 年果蔬加工企业数量区域结构

其中，企业数量排名前五位的省份是山东、福建、河南、辽宁和湖北，规模以上果蔬加工企业数量分别为 1 286 家、419 家、280 家、255 家和 247 家，占全国的比例分别为 24.3%、7.9%、5.3%、4.8% 和 4.7%，排名前五位的省份企业数量加总达到 2 411 家，占全国规模以上果蔬加工企业的 46.9%，约占全国的一半。主营业务收入排名前五位的省份是山东、福建、河南、湖北和江苏，2015 年规模以上果蔬加工业完成主营业务收入分别为 2 634.3 亿元、801.5 亿元、464.3 亿元、442.7 亿元和 415.4 亿元，占全国的比例分别为 29.1%、8.9%、5.1%、4.9% 和 4.6%，同比增速分别为 6.6%、18.6%、9.7%、14.7% 和 14.7%，排名前五位的省份完成主营业务收入 4 621.0 亿元，占全国规模以上果蔬加工业主营业务收入的 51.1%。利润总额排名前五位的省份是山东、福建、河南、湖北和陕西，分别完成利润总额 200.1 亿元、60.1 亿元、44.6 亿元、43.6 亿元和 35.2 亿元，占全国的比例分别为 28.8％、8.7％、6.4％、6.3％ 和 5.1％，同比增速分别为 11.4％、17.0％、5.3％、3.2％ 和 14.3％，排名前五位的省份完成利润总额 383.5 亿元，占全国规模以上果蔬加工业利润总额的 55.2％。

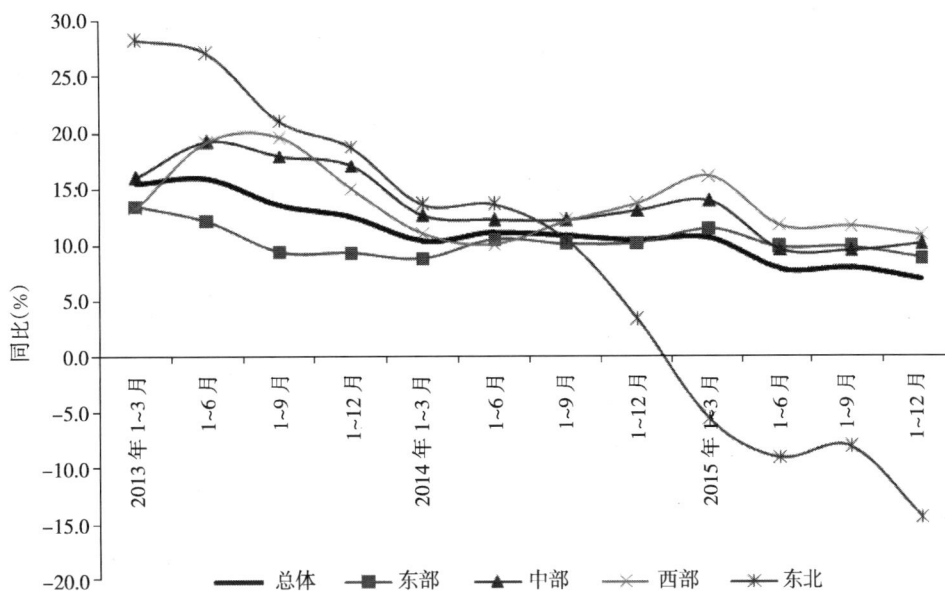

图 8-7　2013—2015 年果蔬加工业分区域主营业务收入累计同比增速

（二）蔬菜加工业利润增速有所上升

2015 年，全国规模以上蔬菜加工企业 2 193 家，占规模以上果蔬加工企业数量的 41.4％，比 2014 年增加 90 家，比 2013 年增加 119 家；累计完成主营业务收入 3 499.2 亿元，占果蔬加工企业累计完成主营业务收入的 38.7％，同比增长 8.4％，比 2014 年同比增速下降 3.4 个百分点，比 2013 年同比增速下降 6.6 个百分点；累计实现利润总额 246.4 亿元，同比增长 7.7％，比 2014 年同比增速上升 2.9 个百分点，比 2013 年同比增速下降 8.2 个百分点；主营业务收入利润率为 7.0％，比果蔬加工业主营业务收入利润率低 0.7 个百分点。

分规模看，大型企业 14 家，占全部规模以上蔬菜加工企业数量的 0.6％；完成主营业务收入 220.9 亿元，占全部规模以上蔬菜加工业主营业务收入的 6.3％，同比增长 6.5％；实现利润总额 16.8 亿元，占全部规模以上蔬菜加工业利润总额的 6.8％，同比增长 28.4％。中型企业 215 家，占 9.8％；完成主营业务收入 775.6 亿元，占 22.2％，同比增长 5.7％；实现利润总额 60.6 亿元，占 24.6％，同比下降 2.2％。小型企业 1 964 家，占 89.6％；完成主营业务收入 2 502.7 亿元，占 71.5％，同比增长 9.4％；实现利润总额 169.1 亿元，占 68.6％，同比增长 10.0％。可以看出，蔬菜加工企业以小型企业为主；小型企业营收增速快于大中型企业，大型企业利润增长较快，中型企业利润略有下降。

分投资类型看，国有控股企业 13 家，占全部规模以上蔬菜加工企业数量的 0.6％；完成主营业务收入 58.9 亿元，占全部规模以上蔬菜加工业主营业务收入的 1.7％，同比增长 5.5％；实现利润总额 4.0 亿元，占全部规模以上蔬菜加工业利润总额的 1.6％，同比增长 109.0％。集体控股企业 10 家，占 0.5％；完成主营业务收入 11.6 亿元，占 0.3％，同比增长 4.9%；实现利润总额 1.5 亿元，占 0.6%，同比增长 5.9%。私人控股企业 1 882 家，占 85.8%；完成主营业务收入 2 921.7 亿元，占 83.5%，同比增长 8.3%；实现利润总额 208.4 亿元，占 84.6%，同比增长 9.3%。港澳台商控股企业 72 家，占 3.3%；完成主营业务收入 100.3 亿元，占 2.9%，同比增长 10.2%；实现利润总额 5.6 亿元，占 2.3%，同比增长 10.0%。外商控股企业 140 家，占 6.4%；完成主营业务收入 317.0 亿元，占 9.1%，同比增长 8.5%；实现利润总额 22.0 亿元，占 8.9%，同比下降 14.6%。其他控股企业 76 家，占 3.5%；完成主营业务收入 89.7 亿元，占 2.6%，同比增长 9.8%；实现利润总额 4.9 亿元，占 2.0%，同比增长 23.1%。可以看出，蔬菜加工企业以私人控股企业为主，港澳台商控股企业营收及利润增速较快，外商控股企业利润有所下降。

分区域看，东部地区拥有企业 1 195 家，占全国规模以上蔬菜加工企业数量的 54.5%；完成主营业务收入 2 091.8 亿元，占全国规模以上蔬菜加工业主营业务收入的 59.8%，同比增长 9.1%；实现利润总额 145.7 亿元，占全国规模以上蔬菜加工业利润总额的 59.1%，同比增长 9.6%。中部地区拥有企业 387 家，占 17.6%；完成主营业务收入 553.6 亿元，占 15.8%，同比增长 15.0%；实现利润总额 35.5 亿元，占 14.4%，同比增长 7.9%；西部地区拥有企业 436 家，占 19.9%；完成主营业务收入 614.0 亿元，占 17.5%，同比增长 13.6%；实现利润总额 46.9 亿元，占 19.0%，同比增长 21.5%；东北地区拥有企业 175 家，占 8.0%；完成主营业务收入 239.8 亿元，占 6.9%，同比下降 17.4%；实现利润总额 18.3 亿元，占 7.4%，同比下降 24.9%。可以看出，蔬菜加工企业主要集中在东部地区；西部地区企业营收及利润增速较快，东北地区企业盈利能力有所下降。

（三）水果和坚果加工业营收和利润增速双下滑

全国有水果和坚果加工企业 1 100 家，占规模以上果蔬加工企业数量的 20.8%，比 2014 年增加 100 家，比 2013 年增加 164 家；累计完成主营业务收入 1 767.5 亿元，占果蔬加工企业累计完成主营业务收入的 19.6%，同比增长 6.7%，比 2014 年同比增速下降 4.5 个百分点，比 2013 年同比增速下降 8.7 个百分点；累计实现利润总额 125.8 亿元，同比增长 2.7%，比 2014 年同比增速下降 5.0 个百分点，比 2013 年同比增速下降 7.7 个百分点；主营业务收入利润率为 7.1%，比果蔬加工业主营业务收入利润率低 0.6 个百分点。

分规模看，大型企业 8 家，占全部规模以上水果和坚果加工企业数量的 0.7%；完成主营业务收入 114.0 亿元，占全部规模以上水果和坚果加工业主营业务收入的 6.5%，同比下降 9.0%；实现利润总额 14.6 亿元，占全部规模以上水果和坚果加工业利润总额的 11.6%，同比下降 27.4%。中型企业 80 家，占 7.3%；完成主营业务收入 342.2 亿元，占 19.4%，同比增长 2.8%；实现利润总额 21.4 亿元，占 17.0%，同比下降 4.2%。小型企业 1 012 家，占 92.0%；完成主营业务收入 1 311.2 亿元，占 74.2%，同比增长 9.5%；实现利润总额 89.8 亿元，占 71.3%，同比增长 12.2%。可以看出，水果和坚果加工企业以小型企业为主，且营收和利润增速均快于大中型企业；大型企业盈利能力有所下降。

分投资类型看，国有控股企业 16 家，占全部规模以上水果和坚果加工企业数量的 1.5%；完成主营业务收入 32.1 亿元，占全部规模以上水果和坚果加工业主营业务收入的 1.8%，同比增长 14.4%；实现利润总额 3.4 亿元，占全部规模以上水果和坚果加工业利润总额的 2.7%，同比增长 5.3%。集体控股企业 4 家，占 0.4%；完成主营业务收入 13.9 亿元，占 0.8%，同比增长 8.8%；实现利润总额 1.5 亿元，占 1.2%，同比增长 4.5%。私人控股企业 960 家，占 87.3%；完成主营业务收入 1 424.6 亿元，占 80.6%，同比增长 7.5%；实现利润总额 98.4 亿元，占 78.2%，同比增长 6.5%。港澳台商控股企业 43 家，占 3.9%；完成主营业务收入 108.6 亿元，占 6.1%，同比下降 4.1%；实现利润总额 13.0 亿元，占 10.3%，同比下降 18.1%。外商控股企业 53 家，占 4.8%；完成主营业务收入 145.7 亿元，占 8.2%，同比下降 1.3%；实现利润总额 7.2 亿元，占 5.7%，同比下降 16.4%。其他控股企业 24 家，占 2.2%；完成主营业务收入 42.6 亿元，占 2.4%，同比增长 45.7%；实现利润总额 2.4 亿元，占 1.9%，同比增长 117.7%。可以看出，水果和坚果加工企业以私人控股企业为主；港澳台商控股、外商控股企业营收和利润有所下降。

分区域看，东部地区拥有企业 556 家，占全部规模以上水果和坚果加工企业数量的 50.5%；完成主营业务收入 929.7 亿元，占全部规模以上水果和坚果加工业主营业务收入的 52.6%，同比增长 8.4%；实现利润总额 65.9 亿元，占全部规模以上水果和坚果加工业利润总额的 52.4%，同比增长 1.1%。中部地区拥有企业 178 家，占 16.2%；完成主营业务收入 274.7 亿元，占 15.5%，同比增长 9.9%；实现利润总额 21.8 亿元，占 17.3%，同比增长 8.8%。西部地区拥有企业 219 家，占 19.9%；完成主营业务收入 289.5 亿元，占 16.4%，同比增长 19.5%；实现利润总额 24.9 亿元，占 19.8%，同比增长 12.9%。东北地区拥有企业 147 家，占 13.4%；完成主营业务收入 273.6 亿元，占 15.5%，同比下降 10.6%；实现利润总额 13.2 亿元，占 10.5%，同比下降 13.2%。可以看出，水果和坚果加工企业主要集中在东部地区，西部地区主营业务收入和利润增速明显快于其他地区，东北地区主营业务收入和利润均有所下降。

（四）蔬菜和水果罐头制造行业经济效益略低

全国有蔬菜和水果罐头制造企业 680 家，占全部规模以上果蔬加工企业数量的 12.8%，比 2014 年增加 20 家，比 2013 年增加 26 家；累计完成主营业务收入 1 185.7 亿元，占全部规模以上果蔬加工业主营业务收入的 13.1%，同比增长 0.2%，比 2014 年同比增速下降 8.1 个百分点，比 2013 年同比增速下降 16.2 个百分点；累计实现利润总额 66.0 亿元，同比增长 7.0%，比 2014 年同比增速下降 0.7 个百分点，比 2013 年同比增速下降 19.9 个百分点；主营业务收入利润率为 5.6%，比果蔬加工业主营业务收入利润率低 2.1 个百分点。

分规模看，大型企业 22 家，占全部规模以上蔬菜和水果罐头制造企业数量的 3.2%；完成主营业务收入 173.0 亿元，占全部规模以上蔬菜和水果罐头制造业主营业务收入的 14.6%，同比增长 3.8%；实现利润总额 9.7 亿元，占全部规模以上蔬菜和水果罐头制造业利润总额的 14.7%。中型企业 130 家，占 19.1%；完成主营业务收入 391.5 亿元，占 33.0%，同比下降 5.4%；实现利润总额 23.8 亿元，占 36.1%，同比下降 4.6%。小型企业 528 家，占 77.6%；完成主营业务收入 621.2 亿元，占 52.4%，同比增长 3.0%；实现利润总额 32.5 亿元，占 49.2%，同比下降 11.5%。可以看出，蔬菜和水果罐头制造业以小型企业为主，且利润下降显著；中型企业主营业务收入和利润均有所下降。

分投资类型看，国有控股企业 22 家，占全部规模以上蔬菜和水果罐头制造业企业数量的 3.2%；完成主营业务收入 36.7 亿元，占全部规模以上蔬菜和水果罐头制造业主营业务收入的 3.1%，同比下降 4.0%；实现利润总额 1.0 亿元，占全部规模以上蔬菜和水果罐头制造业利润总额的 1.5%，同比下降 113.5%。集体控股企业 8 家，占 1.2%；完成主营业务收入 27.9 亿元，占 2.4%，同比下降 3.8%；实现利润总额 1.0 亿元，占 1.5%，同比下降 31.6%。私人控股企业 559 家，占 82.2%；完成主营业务收入 899.5 亿元，占 75.9%，同比下降 0.8%；实现利润总额 51.1 亿元，占 77.4%，同比下降 0.5%。港澳台商控股企业 23 家，占 3.4%；完成主营业务收入 69.3 亿元，占 5.8%，同比增长 4.8%；实现利润总额 4.4 亿元，占 6.6%，同比下降 7.9%。外商控股企业 37 家，占 5.4%；完成主营业务收入 96.1 亿元，占 8.1%，同比增长 13.0%；实现利润总额 5.0 亿元，占 7.6%，同比增长 25.5%。其他控股企业 31 家，占 4.6%；完成主营业务收入 56.2 亿元，占 4.7%，同比下降 2.8%；实现利润总额 3.6 亿元，占 5.5%，同比下降 51.1%。可以看出，蔬菜和水果罐头制造业以私人控股企业为主；国有控股、集体控股企业利润显著下降；外商控股企业营收和利润增速快于其他投资类型企业。

分区域看，东部地区拥有企业 367 家，占全部规模以上蔬菜和水果罐头制造企业数量的 54.0%；完成主营业务收入 692.5 亿元，占全部规模以上蔬菜和水果罐头制造业主营业务收入的 58.4%，同比增长 6.7%；实现利润总额 42.6 亿元，占全部规模以上蔬菜和水果罐头制造业利润总额的 64.6%，同比增长 1.5%。中部地区拥有企业 166 家，占 24.4%；完成主营业务收入 333.4 亿元，占 28.1%，同比增长 2.6%；实现利润总额 15.2 亿元，占 23.0%，同比下降 11.3%。西部地区拥有企业 93 家，占 13.7%；完成主营业务收入 82.7 亿元，占 7.0%，同比下降 7.8%；实现利润总额 5.0 亿元，占 7.5%，同比下降 326.6%；东北地区拥有企业 54 家，占 7.9%；完成主营业务收入 77.0 亿元，占 6.5%，同比下降 35.4%；实现利润总额 3.2 亿元，占 4.9%，同比下降 32.5%。可以看出，蔬菜和水果罐头制造业主要集中在东部地区；中部地区利润有所下降，西部地区利润大幅下降，东北地区企业营收下降明显。

（五）果菜汁及果菜汁饮料制造行业利润增速明显下滑

全国有果菜汁及果菜汁饮料制造企业 547 家，占全部规模以上果蔬加工企业数量的 10.3%，比 2014 年增加 20 家，比 2013 年增加 61 家；累计完成主营业务收入 1 219.1 亿元，占 13.5%，同比增长 1.4%，比 2014 年同比增速下降 4.5 个百分点，比 2013 年同比增速下降 4.3 个百分点；累计实现利润总额 115.8 亿元，同比增长 2.4%，比 2014 年同比增速下降 16.2 个百分点，比 2013 年同比增速下降 9.5 个百分点；主营业务收入利润率为 9.5%，比果蔬加工业主营业务收入利润率高 1.8 个百分点。

分规模看，大型企业 7 家，占全部规模以上果菜汁及果菜汁饮料制造企业数量的 1.3%；完成主营业务收入 83.1 亿元，占全部规模以上果菜汁及果菜汁饮料制造业主营业务收入的 6.8%，同比增长 4.3%；实现利润总额 5.3 亿元，占全部规模以上果菜汁及果菜汁饮料制造业利润总额的 4.6%，同比增长 8.5%。中型企业 71 家，占 13.0%；完成主营业务收入 437.9 亿元，占 35.9%，同比下降 5.8%；实现利润总额 50.3 亿元，占 43.5%，同比下降 1.8%。小型企业 469 家，占 85.7%；完成主营业务收入 698.2 亿元，占 57.3%，同比增长 6.3%；实现利润总额 60.2 亿元，占 52%，同比增长 5.8%。可以看出，果菜汁及果菜汁饮料制造以小型企业为主，中型企业营收和利润有所下降。

分投资类型看，国有控股企业 20 家，占全部规模以上果菜汁及果菜汁饮料制造企业数量的 3.7%；完成主营业务收入 35.6 亿元，占全部规模以上果菜汁及果菜汁饮料制造业主营业务收入的 2.9%，同比下降 15.1%；实现利润总额 0.4 亿元，占全部规模以上果菜汁及果菜汁饮料制造业利润总额的 0.3%，同比下降 72.4%。集体控股企业 11 家，占 2.0%；完成主营业务收入 66.9 亿元，占 5.5%，同比增长 4.9%；实现利润总额 6.2 亿元，占 5.4%，同比下降 4.4%。私人控股企业 378 家，占 69.1%；完成主营业务收入 669.8 亿元，占 54.9%，同比增长 3.3%；实现利润总额 55.7 亿元，占 48.1%，同比下降 1.1%。港澳台商控股企业 30 家，占 5.5%；完成主营业务收入 85.2 亿元，占 7.0%，同比下降 1.0%；实现利润总额 5.7 亿元，占 4.9%，同比下降 31.2%。外商控股企业 73 家，占 13.1%。完成主营业务收入 311 亿元，占 25.5%，同比增长 0.1%；实现利润总额 43.1 亿元，占 37.3%，同比增长 20.3%。其他控股企业 35 家，占 6.4%；完成主营业务收入 50.7 亿元，占 4.2%，同比下降 1.0%；实现利润总额 4.7 亿元，占 4.0%，同比下降 1.9%。可以看出，果菜汁及果菜汁饮料制造以私人控股企业为主，外商控股企业利润增速较快，国有控股企业营收和利润显著下降。

分区域看，东部地区拥有企业 186 家，占全部规模以上果菜汁及果菜汁饮料制造企业数量的 34.0%；完成主营业务收入 495.7 亿元，占全部规模以上果菜汁及果菜汁饮料制造业主营业务收入的 40.7%，同比增长 6.8%；实现利润总额 56.3 亿元，占全部规模以上果菜汁及果菜汁饮料制造业利润总额的 48.6%，同比增长 13.4%。中部地区拥有企业 149 家，占 27.2%；完成主营业务收入 282.5 亿元，占 23.2%，同比增长 1.7%；实现利润总额 23.5 亿元，占 20.3%，与上年持平。西部地区拥有企业 152 家，占 27.8%；完成主营业务收入 336.8 亿元，占 27.6%，同比下降 1.3%；实现利润总额 31.0 亿元，占 26.8%，同比下降 4.7%。东北地区拥有企业 60 家，占 11.0%；完成主营业务收入 104.1 亿元，占 8.5%，同比下降 11.9%；实现利润总额 5.0 亿元，占 4.3%，同比下降 32.4%。可以看出，果菜汁及果菜汁饮料制造业主要集中在东部地区；西部和东北地区企业营收和利润有不同程度下降，东北地区下降更为明显。

（六）蜜饯制作企业应收和利润实现快速增长

全国有蜜饯制作企业 363 家，占全部规模以上果蔬加工企业数量的 6.9%，比 2014 年减少 16 家，比 2013 年增加 1 家；累计完成主营业务收入 575.9 亿元，占 6.4%，同比增长 14.5%，比 2014 年同比增速下降 1.2 个百分点，比 2013 年同比增速下降 2.4 个百分点；累计实现利润总额 44.7 亿元，同比增长 10.0%，比 2014 年同比增速下降 2.8 个百分点，比 2013 年同比增速下降 9.9 个百分点；主营业务收入利润率为 7.8%，比果蔬加工业主营业务收入利润率高 1.0 个百分点。

分规模看，大型企业 3 家，占全部规模以上蜜饯制作企业数量的 0.8%；完成主营业务收入 36.0 亿元，占全部规模以上蜜饯制作业主营业务收入的 6.3%，同比增长 13.5%；实现利润总额 1.8 亿元，占全部规模以上蜜饯制作业利润总额的 3.9%，同比下降 14.7%。中型企业 53 家，占 14.6%；完成主营业务收入 177.3 亿元，占 30.8%，同比增长 10.8%；实现利润总额 14.5 亿元，占 32.5%，同比增长 14.2%。小型企业 307 家，占 84.6%；完成主营业务收入 362.5 亿元，占 63.0%，同比增长 16.6%；实现利润总额 28.4 亿元，占 63.6%，同比增长 9.9%。可以看出，蜜饯制作以小型企业为主，大型企业利润有所下降。

分投资类型看，集体控股企业 4 家，占全部规模以上蜜饯制作企业数量的 1.1%；完成主营业务收入 6.2 亿元，占全部规模以上蜜饯制作业主营业务收入的 1.1%，同比增长 14.4%；实现利润总额 0.3 亿元，占全部规模以上蜜饯制作业利润总额的 0.7%，同比下降 5.4%。私人控股企业 327 家，占 90.1%；完成主营业务收入 491.6 亿元，占 85.4%，同比增长 14.1%；实现利润总额 37.4 亿元，占 83.8%，同比增长 8.8%。港澳台商控股企业 12 家，占 3.3%；完成主营业务收入 27.7 亿元，占 4.8%，同比增长 17.7%；实现利润总额 1.8 亿元，占 4.0%，同比增长 7.2%。外商控股企业 10 家，占 2.8%；完成主营业务收入 16.5 亿元，占 2.9%，同比增长 16.3%；实现利润总额 1.2 亿元，占 2.7%，同比增长 11.9%。其他控股企业 10 家，占 2.8%；完成主营业务收入 33.8 亿元，占 5.9%，同比增长 17.5%；实现利润总额 3.9 亿元，占 8.8%，同比增长 25.0%。可以看出，蜜饯制作以私人控股企业为主，没有国有控股的蜜饯企业。

分区域看，东部地区拥有企业 252 家，占全部规模以上蜜饯制作企业数量的 69.4%；完成主营业务收入 414.9 亿元，占全部规模以上蜜饯制作业主营业务收入的 72.0%，同比增长 13.2%；实现利润总额 30.1 亿元，占全部规模以上蜜饯制作业利润总额的 67.4%，同比增长 10.4%。中部地区拥有企业 45 家，占 12.4%；完成主营业务收入 107.2 亿元，占 18.6%，同比增长 23.4%；实现利润总额 8.9 亿元，占 20.0%，同比增长 17.1%。西部地区拥有企业 59 家，占 16.3%；完成主营业务收入 42.7 亿元，占 7.4%，同比增长 13.2%；实现利润总额 5.1 亿元，占 11.5%，同比增长 1.4%。东北地区拥有企业 7 家，占 1.9%；完成主营业务收入 11.1 亿元，占 1.9%，同比下降 5.2%；实现利润总额 1.5 亿元，占 1.2%，同比下降 22.9%。可以看出，蜜饯制作主要集中在东部地区，中部地区企业营收和利润增速较快，东北地区企业利润下降明显。

（七）葡萄酒制造行业营收及利润增速上升

全国有葡萄酒制造企业 219 家，占全部规模以上果蔬加工企业数量的 4.1%，比 2014 年增加 2 家，比 2013 年增加 1 家；累计完成主营业务收入 462.6 亿元，占 5.1%，同比增长 10.2%，比 2014 年同比增速上升 6.3 个百分点，比 2013 年同比增速上升 18.7 个百分点；累计实现利润总额 51.3 亿元，同比增长 15.9%，比 2014 年同比增速上升 15.8 个百分点，比 2013 年同比增速上升 36.0 个百分点；主营业务收入利润率为 11.1%，比果蔬加工业主营业务收入利润率高 3.4 个百分点。

分规模看，大型企业 1 家，占全部规模以上葡萄酒制造企业数量的 0.5%；完成主营业务收入 111.3 亿元，占全部规模以上葡萄酒制造业主营业务收入的 24.1%，同比增长 8.0%；实现利润总额 18.7 亿元，占全部规模以上葡萄酒制造业利润总额的 36.4%，同比增长 5.5%。中型企业 17 家，占 7.8%；完成主营业务收入 73.7 亿元，占 15.9%，同比增长 4.1%；实现利润总额 5.3 亿元，占 10.3%，同比增长 50.8%。小型企业 201 家，占 91.8%；完成主营业务收入 277.6 亿元，占 60.0%，同比增长 12.8%；实现利润总额 27.4 亿元，占 53.3%，同比增长 18.6%。可以看出，葡萄酒制造企业以小型企业为主，大中型企业利润增速较快。

分投资类型看，国有控股企业 13 家，占全部规模以上葡萄酒制造企业数量的 5.9%；完成主营业务收入 126.6 亿元，占全部规模以上葡萄酒制造业主营业务收入的 27.4%，同比增长 7.5%；实现利润总额 19.6 亿元，占全部规模以上葡萄酒制造业利润总额的 38.3%，同比增长 4.8%。集体控股企业 3 家，占 1.4%；完成主营业务收入 14.2 亿元，占 3.1%，同比增长 2.1%；实现利润总额 0.8 亿元，占 1.5%，同比增长 5.4%。私人控股企业 175 家，占 79.9%；完成主营业务收入 282.4 亿元，占 61%，同比增长 12.9%；实现利润总额 26.7 亿元，占 51.9%，同比增长 14.3%。港澳台商控股企业 9 家，占 4.1%；完成主营业务收入 8.1 亿元，占 1.8%，同比增长 1.1%；实现利润总额 0.4 亿元，占 0.8%，同比下降 168.5%。外商控股企业 8 家，占 3.7%；完成主营业务收入 16.7 亿元，占 3.6%，同比增长 6.5%；实现利润总额 0.7 亿元，占 1.4%，同比增长 11.9%。其他控股企业 11 家，占 5.0%；完成主营业务收入 14.6 亿元，占 3.2%，同比增长 0.5%；实现利润总额 3.2 亿元，占 6.2%，同比增长 121.5%。可以看出，葡萄酒制造企业以私人控股企业为主，港澳台商控股企业利润显著下降。

分区域看，东部地区拥有企业 57 家，占全部规模以上葡萄酒制造企业数量的 26.0%；完成主营业务收入 68.8 亿元，占全部规模以上葡萄酒制造业主营业务收入的 14.9%，同比增长 29.1%；实现利润总额 8.4 亿元，占全部规模以上葡萄酒制造业利润总额的 16.4%，同比增长 70.5%。中部地区拥有企业 43 家，占 19.6%；完成主营业务收入 53.3 亿元，占 11.5%，同比增长 24.0%；实现利润总额 5.7 亿元，占 11.1%，同比增长 57.0%。西部地区拥有企业 57 家，占 26.0%；完成主营业务收入 68.8 亿元，占 14.9%，同比增长 29.1%；实现利润总额 8.4 亿元，占 16.4%，同比增长 70.5%。东北地区拥有企业 40 家，占 18.3%；完成主营业务收入 66.0 亿元，占 14.3%，同比增长 6.5%；实现利润总额 5.1 亿元，占 9.9%，同比增长 7.3%。

三、主要产品贸易情况分析

2015 年，全国蔬菜制品、水果及坚果、果蔬罐头、果蔬汁、葡萄酒等果蔬加工商品累计进出口总额为 124.7 亿美元，同比增长 9.2%，增速较上年同期增加了 8.2 个百分点。其

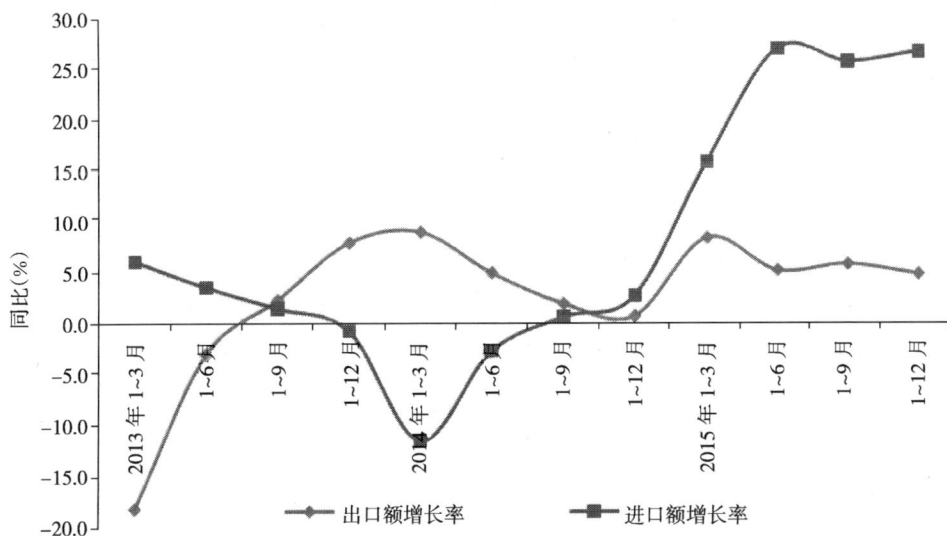

图 8-8　2013—2015 年果蔬加工进出口额累计同比增长率

中，累计出口金额 95.2 亿美元，同比增长 4.8%；累计进口金额 29.5 亿美元，同比增长 26.6%。在果蔬加工业贸易中，果蔬罐头行业的进出口总量和出口量、蔬菜制品的进出口总额和出口额、水果及坚果的进口量、葡萄酒的进口额居首位。

（一）蔬菜加工业进口有所增长

2015 年，全国包括冷冻及暂时保藏的蔬菜、干制蔬菜在内的蔬菜加工业进出口总量为 138.3 万吨，占果蔬加工业主要产品进出口总量的 25.6%，同比增长 0.2%；累计进出口金额 39.8 亿美元，占果蔬加工业主要产品累计进出口总额的 31.9%，同比增长 7.8%。其中，出口数量为 135.6 万吨，同比下降 0.1%，出口金额为 39.4 亿美元，同比增长 7.9%；进口数量为 2.6 万吨，同比增长 21.3%，进口金额为 3 876.9 万美元，同比增长 3.4%。在蔬菜制品进出口中，冷冻及暂时保藏的蔬菜制品进出口数量较多，占蔬菜加工进出口总量的 75.3%；干制蔬菜的进出口额占比较大，占蔬菜加工进出口总额的 70.9%。

按贸易方式看，蔬菜加工业进出口的主要贸易方式是一般贸易。2015 年，采用一般贸易方式出口的产品数量为 134.0 万吨，同比下降 0.1%，占全部出口数量的 98.8%；出口金额 134.1 亿美元，同比增长 8.0%，占全部出口金额的 97.1%。采用一般贸易方式进口的产品数量为 1.6 万吨，同比增长 0.6%，占全部进口数量的 59.5%，进口金额 2 081.0 万美元，同比下降 2.8%，占全部进口金额的 53.7%。

分国别看，蔬菜加工产品前五大出口目的地按出口数量统计为日本、韩国、美国、越南和英国，2015 年分别出口 35.9 万吨、32.7 万吨、17.8 万吨、4.8 万吨和 3.8 万吨，出口数量合计占全部出口数量的 70.0%，比上年增加 2.5 个百分点；前五大出口目的地按出口金额统计为越南、日本、中国香港地区、美国和韩国，出口金额分别为 8.1 亿美元、7.3 亿美元、4.5 亿美元、3.5 亿美元和 3.1 亿美元，出口金额合计占全部出口金额的 41.3%，比上年下降 1.4 个百分点。蔬菜加工产品前五大进口来源地按进口数量统计为美国、新西兰、比利时、朝鲜和西班牙，2015 年进口数量分别为 1.3 万吨、5 993.7 吨、1 223.6 吨、1 022.5 吨和 954.3 吨，进口数量合计占全部进口数量的 85.0%，比上年下降 2.7 个百分点；前五大进口来源地按进口金额统计为美国、新西兰、中国台澎金马关税区、印度和西班牙，进口金额分别为 1 757.0 万美元、698.7 万美元、227.9 万美元、187.3 万美元和 131.6 万美元，进口金额合计占全部进口金额的 77.4%，比上年增加 0.3 个百分点。

分地区看，蔬菜加工产品前五大出口地区按出口数量统计为山东、辽宁、浙江、福建和江苏，2015 年出口数量分别为 70.7 万吨、11.3 万吨、10.1 万吨、7.7 万吨和 6.6 万吨，其中，山东、辽宁同比分别增长 1.3%、0.9%，浙江、福建、江苏同比分别下降 2.6%、17.9%、5.3%，出口数量合计占全国出口量的 78.4%，同比下降 0.9 个百分点；蔬菜加工产品前五大出口地区按出口金额统计为山东、湖北、河南、福建和江苏，出口金额分别为 10.1 亿美元、8.2 亿美元、6.4 亿美元、5.7 亿美元和 2.1 亿美元，除了湖北同比下降 1.7%外，山东、河南、福建和江苏同比分别增长 4.3%、49.1%、11.4%和 18.0%，出口金额合计占全国出口金额的 82.5%，同比增加 2.6 个百分点。蔬菜加工产品前五大进口地区按进口数量统计为浙江、上海、山东、广东和辽宁，2015 年进口数量分别为 8 352.0 吨、5 689.2 吨、4 458.0 吨、2 557.3 吨和 1 681.1 吨，其中，辽宁同比下降 10.6%，浙江、上海、山东、广东同比分别增长 55.1%、0.2%、53.4%、28.2%，进口数量合计占全国进口量的 87.2%，比上年同期增长 4.2 个百分点；蔬菜加工产品前五大进口地区按进口金额统计为浙江、广东、上海、山东和辽宁，进口金额分别为 931.9 万美元、847.6 万美元、808.9 万美元、618.4 万美元和 219.4 万美元，其中，浙江、山东同比分别增长 49.6%、41.3%，广东、上海、辽宁同比下降 16.0%、8.5%、25.3%，进口金额合计占全国进口金额的 88.4%，比上年同期增长 1.8 个百分点。

(二) 水果及坚果加工业进口增长较快

2015 年，全国包括冷冻及暂时保藏的水果和坚果、干果及坚果在内的水果及坚果加工业进出口总量为 99.8 万吨，占果蔬加工业主要产品进出口总量的 18.5%，同比增长 18.2%；累计进出口金额 24.3 亿美元，占果蔬加工业主要产品累计进出口总额的 19.5%，同比增长 12.7%。其中，出口数量为 69.0 万吨，同比增长 9.6%，出口金额为 18.5 亿美元，同比增长 7.5%；进口数量为 30.8 万吨，同比增长 43.3%，进口金额为 5.8 亿美元，同比增长 32.9%。可以看出，水果及坚果加工业的进口数量和金额都较上年有较快增长。在水果及坚果加工业进出口中，以干果及坚果为主，其进出口数量和金额分别占水果及坚果加工业进出口量额的 78.2% 和 82.7%；且进口数量和金额的增长率均高于水果及坚果加工业，分别比上年同期增长 47.9% 和 35.3%。

按贸易方式看，水果及坚果加工业进出口的主要贸易方式是一般贸易。2015 年，采用一般贸易方式出口的产品数量为 63.0 万吨，同比增长 11.5%，占全部出口数量的 91.3%；出口金额 14.7 亿美元，同比增长 4.9%，占全部出口金额的 79.5%。采用一般贸易方式进口的产品数量为 17.9 万吨，同比增长 48.7%，占全部进口数量的 58.3%；进口金额 3.1 万美元，同比增长 63.6%，占全部进口金额的 53.8%。

分国别看，水果及坚果加工产品前五大出口目的地按出口数量统计为伊朗、埃及、日本、德国和荷兰，2015 年分别出口 8.2 万吨、5.7 万吨、5.6 万吨、3.9 万吨和 3.6 万吨，出口数量合计占全部出口数量的 39.2%，比上年同期上升 6.4 个百分点；前五大出口目的地按出口金额统计为美国、德国、日本、伊朗和荷兰，出口金额分别为 2.0 亿美元、2.0 亿美元、1.7 亿美元、1.3 亿美元和 1.2 亿美元，出口金额合计占全部出口金额的 44.8%，比上年同期上升 4.0 个百分点。水果及坚果加工产品前五大进口来源地按进口数量统计为哈萨克斯坦、塞内加尔、印度、美国和乌兹别克斯坦，进口数量分别为 6.8 万吨、5.7 万吨、3.2 万吨、2.8 万吨和 2.3 万吨，进口数量合计占全部进口数量的 67.5%，比上年同期上升 13.0 个百分点；前五大进口来源地按进口金额统计为美国、泰国、塞内加尔、越南和蒙古，进口金额分别为 1.1 亿美元、6 227.6 万美元、4 676.3 万美元、3 852.0 万美元和 3 743.2 万美元，进口金额合计占全部进口金额的 50.6%，比上年同期上升 10.1 个百分点。

分地区看，水果及坚果加工产品前五大出口地区按出口数量统计为山东、内蒙古、天津、黑龙江和辽宁，2015 年出口数量分别为 21.1 万吨、13.1 万吨、8.0 万吨、5.9 万吨和 5.8 万吨，其中，天津和内蒙古同比分别增长 42.6%、69.8%，山东、黑龙江、辽宁同比分别下降 1.0%、21.0%、6.7%，出口数量合计占全国出口量的 78.2%，比上年同期上升 1.4 个百分点；水果及坚果加工产品前五大出口地区按出口金额统计为山东、吉林、黑龙江、内蒙古和辽宁，出口金额分别为 4.6 亿美元、2.7 亿美元、2.4 亿美元、2.0 亿美元和 1.9 亿美元，其中，山东、吉林、内蒙古同比分别增长 2.7%、36.4%、61.7%，黑龙江、辽宁同比分别下降 0.8%、19.3%，出口金额合计占全国出口金额的 73.4%，比上年同期上升 1.2 个百分点。水果及坚果加工产品前五大进口地区按进口数量统计为山东、新疆、天津、广东和上海，进口数量分别为 9.1 万吨、8.6 万吨、3.6 万吨、2.3 万吨和 1.2 万吨，除上海同比下降 7.6% 外，山东、新疆、天津、广东同比分别增长 170.8%、17.0%、313.7%、30.3%，进口数量合计占全国进口量的 80.4%，比上年同期增加 12.4 个百分点；水果及坚果加工产品前五大进口地区按进口金额统计为山东、广东、吉林、浙江和上海，进口金额分别为 1.2 亿美元、8 217.9 万美元、7 187.8 万美元、5 360.7 万美元和 5 016.9 万美元，同比分别增长 62.4%、52.8%、63.0%、44.2% 和 25.3%，进口金额合计占全国进口金额的 65.5%，比上年同期增加 8.2 个百分点。

（三）果蔬罐头行业进口有所下降

2015 年，全国果蔬罐头行业进出口总量为 227.7 万吨，占果蔬加工业主要产品进出口总量的 42.2%，同比增长 4.1%；累计进出口金额 26.7 亿美元，占果蔬加工业主要产品累计进出口总额的 21.5%，同比下降 6.7%。其中，出口数量为 223.2 万吨，同比增长 4.6%，出口金额为 26.2 亿美元，同比下降 6.6%；进口数量为 4.4 万吨，进口金额为 5 930.4 万美元，分别比上年同期下降 16.8% 和 11.0%。在果蔬罐头进出口中，蔬菜罐头的进出口比重较大，其进出口数量和金额分别占果蔬罐头制造业进出口量额的 73.0% 和 74.5%；蔬菜罐头的进口量及进口额大幅下降，同比分别下降 46.9%、49.1%。

按贸易方式看，果蔬罐头行业进出口的主要贸易方式是一般贸易。2015 年，采用一般贸易方式出口的产品数量为 197.8 万吨，同比增长 6.0%，占全部出口数量的 88.6%；出口金额 22.8 亿美元，同比下降 5.3%，占全部出口金额的 87.0%。采用一般贸易方式进口的产品数量为 3.6 万吨，同比增长 13.3%，占全部进口数量的 80.9%；进口金额 4 875.8 万美元，同比增长 15.4%，占全部进口金额的 82.2%。

分国别看，果蔬罐头产品前五大出口目的地按出口数量统计为美国、日本、俄罗斯联邦、加纳和意大利，2015 年分别出口 31.7 万吨、27.2 万吨、15.3 万吨、10.2 万吨和 8.7 万吨，出口数量合计占全部出口数量的 41.7%，比上年同期下降 2.9 个百分点；前五大出口目的地按出口金额统计为日本、美国、俄罗斯联邦、韩国和加纳，出口金额分别为 4.4 亿美元、3.6 亿美元、1.5 亿美元、1.4 亿美元和 9 332.5 万美元，出口金额合计占全部出口金额的 44.6%，比上年同期下降 3.1 个百分点。果蔬罐头产品前五大进口来源地按进口数量统计为南非、意大利、菲律宾、泰国和印度尼西亚，2015 年进口数量分别为 1.6 万吨、6 505.0 吨、5 390.8 吨、4 847.1 吨和 2 788.1 吨，进口数量合计占全部进口数量的 79.9%，比上年同期上升 19.0 个百分点；前五大进口来源地按进口金额统计为南非、菲律宾、泰国、意大利和韩国，进口金额分别为 2 403.3 万美元、634.5 万美元、598.7 万美元、567.0 万美元和 490.1 万美元，进口金额合计占全部进口金额的 79.1%，比上年同期上升 17.9 个百分点。

分地区看，果蔬罐头产品前五大出口地区按出口数量统计为新疆、浙江、福建、天津和山东，2015 年出口数量分别为 44.5 万吨、31.7 万吨、29.5 万吨、29.2 万吨和 17.0 万吨，除福建同比下降 5.3％外，新疆、浙江、天津和山东同比分别增长 15.2％、6.7％、11.2％和 0.2％，出口数量合计占全国出口量的 68.0％，比上年同期上升 1.2 个百分点；产品前五大出口地区按出口金额统计为新疆、福建、浙江、山东和天津，出口金额分别为 4.0 亿美元、3.9 亿美元、3.5 亿美元、2.9 亿美元和 2.8 亿美元，除浙江同比增长 0.3％外，新疆、福建、山东和天津同比分别下降 6.0％、9.3％、9.0％和 5.1％，出口金额合计占全国出口金额的 66.8％，比上年同期上升 0.5 个百分点。果蔬罐头产品前五大进口地区按进口数量统计为广东、上海、江苏、福建和北京，进口数量分别为 1.5 万吨、7 535.7 吨、4 706.3吨、4 192.1 吨和 3 567.2 吨，其中，广东同比下降 3.0％，上海、江苏、福建和北京同比分别增长 32.7％、71.1％、41.4％和 15.0％，进口数量合计占全国进口量的 78.0％，比上年同期上升 22.5 个百分点；前五大进口地区按进口金额统计为广东、上海、江苏、北京和福建，进口金额分别为 2 135.3 万美元、818.7 万美元、621.9 万美元、598.2 万美元和 517.0万美元，除广东同比下降 1.7％外，上海、江苏、北京和福建同比分别增长 9.2％、76.6％、25.7％、63.6％，进口金额合计占全国进口金额的 79.1％，比上年同期上升 18.1 个百分点。

（四）果蔬汁行业进出口额均有所下降

2015 年，全国果蔬汁行业进出口总量为 68.0 万吨，占果蔬加工业主要产品进出口总量的 12.6％，同比增长 2.9％；累计进出口金额 9.3 亿美元，占果蔬加工业主要产品累计进出口总额的 7.4％，同比下降 11.3％。其中，出口数量为 56.2 万吨，同比增长 3.8％，出口金额为 7.0 亿美元，同比下降 10.4％；进口数量为 11.9 万吨，进口金额为 2.3 亿美元，分别比上年同期下降 1.0％和 13.8％。在果蔬汁制造业进出口中，水果汁的进出口比重较大，其进出口数量和金额分别占果蔬汁制造业进出口量额的 96.9％和 96.2％；蔬菜汁的出口额大幅下降，同比下降 79.7％。

按贸易方式看，果蔬汁进出口的主要贸易方式是一般贸易。2015 年，采用一般贸易方式出口的产品数量为 47.7 万吨，同比增长 0.1％，占全部出口数量的 85.0％；出口金额5.8 亿美元，同比下降 13.8％，占全部出口金额的 83.6％。采用一般贸易方式进口的产品数量为 10.5 万吨，同比下降 2.3％，占全部进口数量的 87.9％；进口金额 2.0 万美元，同比下降 18.3％，占全部进口金额的 86.6％。

分国别看，果蔬汁前五大出口目的地按出口数量统计为美国、日本、俄罗斯联邦、澳大利亚和加拿大，2015 年分别出口 27.8 万吨、7.0 万吨、3.8 万吨、3.0 万吨和 2.4 万吨，出口数量合计占全部出口数量的 78.6％，比上年同期上升 1.6 个百分点；前五大出口目的地按出口金额统计为美国、日本、俄罗斯联邦、澳大利亚和加拿大，出口金额分别为 3.3 亿美元、9 748.1 万美元、4 334.4 万美元、3 781.5 万美元和 2 757.9 万美元，出口金额合计占全部出口金额的 76.9％，比上年同期上升 0.7 个百分点。果蔬汁前五大进口来源地按进口数量统计为巴西、以色列、印度尼西亚、塞浦路斯和西班牙，2015 年进口数量分别为 3.3万吨、1.5 万吨、9 619.2 吨、9 441.2 吨和 5 671.6 吨，进口数量合计占全部进口数量的60.5％，比上年同期下降 1.9 个百分点；按进口金额统计为巴西、以色列、印度尼西亚、美国和韩国，进口金额分别为 6 786.7 万美元、3 023.6 万美元、1 879.3 万美元、1 469.1 万美元和 1 402.3 万美元，进口金额合计占全部进口金额的 63.0％，比上年同期上升 0.3 个百分点。

分地区看，果蔬汁前五大出口地区按出口数量统计为山东、陕西、山西、辽宁和河南，2015 年出口数量分别为 19.4 万吨、16.2 万吨、5.1 万吨、3.3 万吨和 2.5 万吨，除陕西同比下降 7.0％外，山东、山西、辽宁和河南同比分别增长 3.9％、73.0％、4.6％和 4.1％，出口数量合计占全国出口量的 83.0％，比上年同期上升 0.4 个百分点；前五大出口地区按出口金额统计为山东、陕西、山西、辽宁和河南，出口金额分别为 2.5 亿美元、1.9 亿美元、5 526.7 万美元、3 645.4 万美元和 2 857.2 万美元，除山西同比增长 41.4％外，山东、陕西、辽宁和河南同比分别下降 7.0％、20.0％、16.3％和 14.5％，出口金额合计占全国出口金额的 81.2％，比上年同期上升 0.3 个百分点。果蔬汁前五大进口地区按进口数量统计为上海、广东、北京、天津和浙江，2015 年进口数量分别为 4.0 万吨、2.7 万吨、1.6 万吨、1.1 万吨和 9 903.8 吨，其中，上海和浙江同比分别增长 3.2％、41.7％，广东、北京、天津同比分别下降 1.1％、22.0％、18.3％，进口数量合计占全国进口量的 87.0％，比上年同期下降 1.7 个百分点；按进口金额统计为上海、广东、北京、浙江和天津，进口金额分别为 8 685.8 万美元、5 152.8 万美元、2 776.2 万美元、1 987.7 万美元和 1607.4 万美元，除浙江同比增长 30.3％外，上海、广东、北京、天津同比分别下降 13.2％、4.3％、41.5％、36.5％，进口金额合计占全国进口金额的 87.4％，比上年同期下降 2.7 个百分点。

（五）葡萄酒行业进出口增长显著

2015 年，全国葡萄酒行业进出口总量为 5.6 亿升，同比增长 45.0％；累计进出口金额 24.6 亿美元，占果蔬加工业主要产品累计进出口总额的 19.7％，同比增长 48.5％。其中，出口数量为 847.5 万升，出口金额为 4.2 亿美元，分别比上年同期增长 113.5％和 212.9％；进口数量为 5.6 亿升，进口金额为 20.4 亿美元。可以看出，葡萄酒行业的出口比重较小，进口比重较大，说明我国葡萄酒行业在国际市场上的竞争力还较弱。

按贸易方式看，葡萄酒行业进出口的主要贸易方式是一般贸易。2015 年，采用一般贸易方式出口的葡萄酒数量为 738.5 万升，同比增长 152.7％，占全部出口数量的 87.1％；出口金额 4.1 亿美元，同比增长 221.4％，占全部出口金额的 99.1％。采用一般贸易方式进口的葡萄酒数量为 3.4 亿升，同比增长 44.7％，占全部进口数量的 62.0％；进口金额 8.3 亿美元，同比增长 14.0％，占全部进口金额的 40.7％。

分国别看，葡萄酒行业前五大出口目的地按出口数量统计为中国香港地区、法国、缅甸、比利时和日本，2015 年分别出口 722.9 万升、33.5 万升、12.0 万升、10.6 万升和 8.2 万升，出口数量合计占全部出口数量的 92.9％，比上年同期上升 6.5 个百分点；按出口金额统计为中国香港地区、法国、中国澳门地区、比利时和美国，出口金额分别为 4.1 亿美元、362.1 万美元、45.0 万美元、35.1 万美元和 32.7 万美元，出口金额合计占全部出口金额的 99.3％，比上年同期上升 4.5 个百分点。葡萄酒行业前五大进口来源地按进口数量统计为法国、智利、西班牙、澳大利亚和意大利，2015 年进口数量分别为 1.7 亿升、1.5 亿升、7 773.2 万升、6 861.3 万升和 2 921.8 万升，进口数量合计占全部进口数量的 90.2％，比上年同期上升 2.7 个百分点；按进口金额统计为法国、智利、西班牙、澳大利亚和意大利，进口金额分别为 9.0 亿美元、4.5 亿美元、2.3 亿美元、1.3 亿美元和 1.0 亿美元，进口金额合计占全部进口金额的 83.7％，比上年同期上升 3.8 个百分点。

　　分地区看，葡萄酒行业前五大出口地区按出口数量统计为广东、上海、北京、山东和河北，2015 年出口数量分别为 6 523.7 万升、902.4 万升、405.6 万升、166.1 万升和 141.4 万升，除北京同比下降 14.8％外，广东、上海、山东和河北同比分别增长 166.1％、61.4％、1.7％和 21.1％，出口数量合计占全国出口量的 96.0％，比上年同期下降 3.6 个百分点；按出口金额统计为广东、上海、天津、北京和福建，出口金额分别为 4.0 亿美元、950.9 万美元、136.4 万美元、114.2 万美元和 82.7 万美元，广东、天津和福建同比分别增长 252.0％、663.2％、143.9％，上海、北京同比分别下降 23.0％、32.4％，出口金额合计占全国出口金额的 94.9％，比上年同期上升 1.7 个百分点。葡萄酒行业前五大进口地区按进口数量统计为上海、山东、广东、福建和浙江，2015 年进口数量分别为 1.3 亿升、1.1 亿升、1.1 亿升、3 976.1 万升和 3 100.5 万升，同比分别增长 28.2％、94.9％、42.8％、29.4％、42.7％，进口数量合计占全国进口量的 76.3％，比上年同期上升 1.0 个百分点；按进口金额统计为广东、上海、山东、北京和浙江，进口金额分别为 8.2 亿美元、5.3 亿美元、1.3 亿美元、1.2 亿美元和 9 493.7 万美元，同比分别增长 100.9％、4.5％、33.7％、6.0％、11.5％，进口金额合计占全国进口金额的 83.6％，比上年同期上升 3.5 个百分点。

四、主要产品价格趋势分析

　　2015 年，我国鲜菜类居民消费价格指数为 107.4，比上年同期上升 8.8 个百分点；鲜果类居民消费价格指数为 96.2，比上年同期下降 21.7 个百分点。其中，鲜菜类农村居民消费

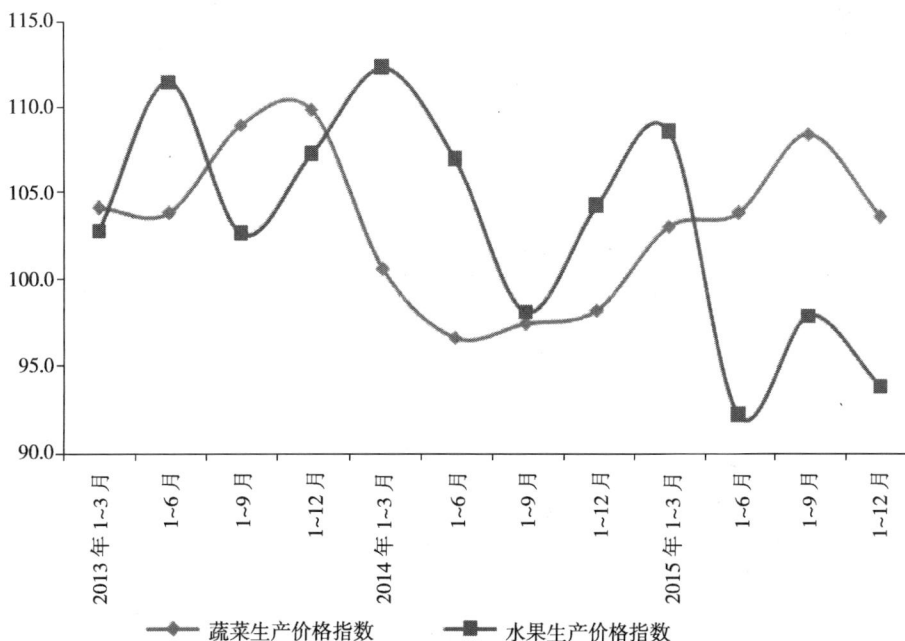

图 8-9　2013—2015 年季度蔬菜和水果生产价格指数

价格指数为 107.1，比上年同期上升 8.4 个百分点；鲜果类农村居民消费价格指数为 96.9，比上年同期下降 20.2 个百分点。鲜菜类城市居民消费价格指数为 107.5，比上年同期上升 9.0 个百分点；鲜果类城市居民消费价格指数为 96.0，比上年同期下降 22.2 个百分点。从农产品生产价格指数看，蔬菜生产价格指数为 103.6，比上年同期上升 5.4 个百分点；水果生产价格指数为 93.8，比上年同期下降 10.4 个百分点。

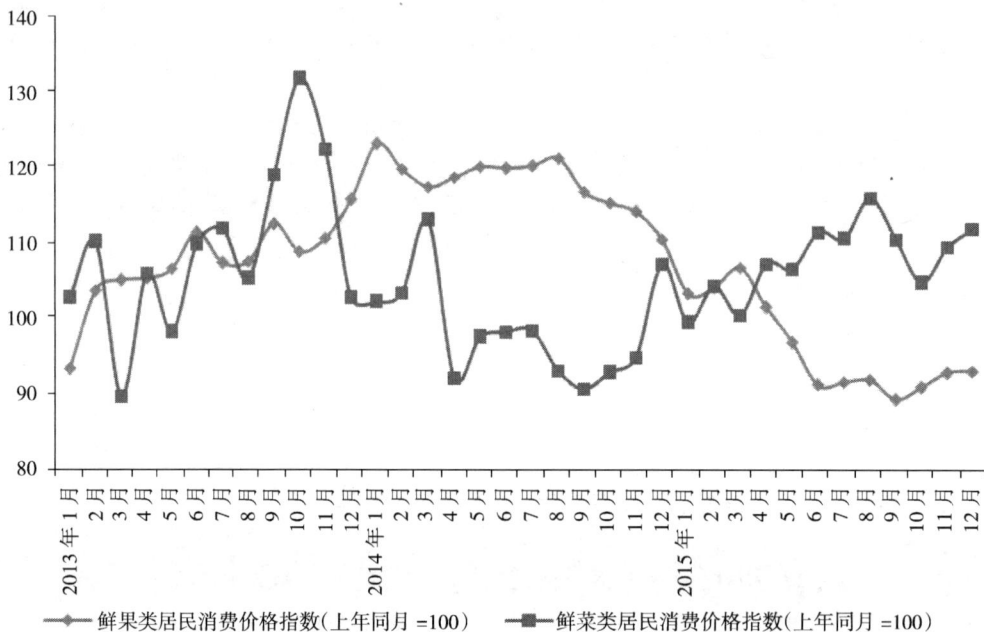

图 8-10　2013—2015 年鲜菜和鲜果月度同比居民消费价格指数

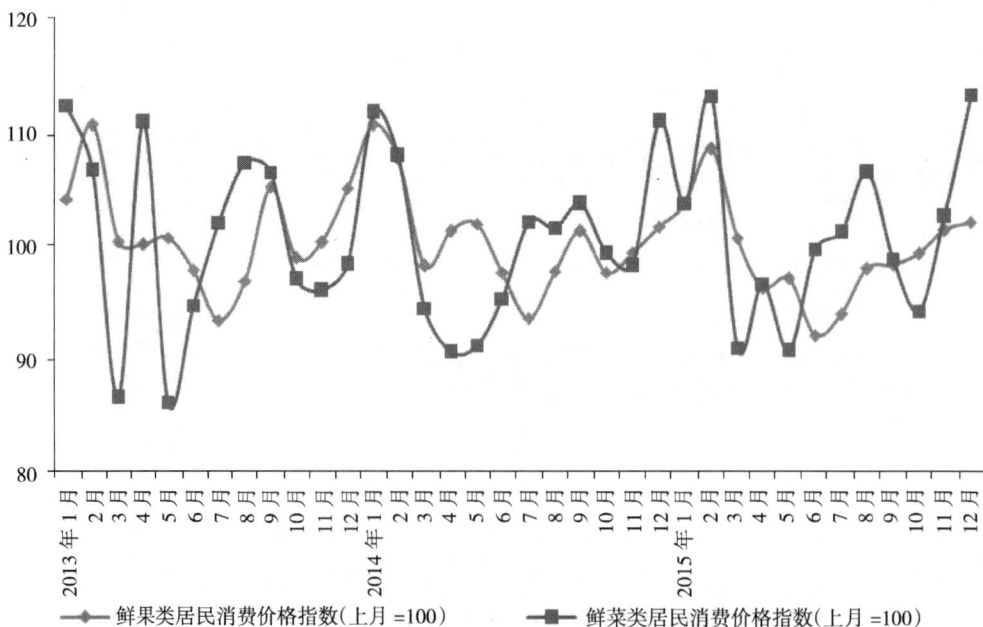

图 8-11　2013—2015 年鲜菜和鲜果月度环比居民消费价格指数

根据农业部每月发布的农产品供需形势分析月报，2015 年农业部重点监测的大宗水果平均批发价格为 5.7 元/千克，同比下降 10.3%；重点监测的 28 种蔬菜平均批发价格为 3.7 元/千克，同比增长 2.2%。2012—2015 年各月重点监测的大宗水果平均批发价格一直在 4.7～7.5 元/千克之间波动，重点监测的蔬菜平均批发价格一直在 3.1～4.5 元/千克之间波动。

根据国家统计局 50 个城市主要食品平均价格变动情况显示，2015 年大白菜价格总体维持在 2.3～3.6 元/千克之间，年度平均价格为 3.0 元/千克，月度价格呈现先上涨后下降的趋势，4 月价格最高，达到 3.6 元/千克；土豆价格总体维持在 3.7～4.4 元/千克之间，年度平均价格为 4.1 元/千克，上半年价格稍高于下半年价格，总体呈现下降趋势，价格波动不显著；黄瓜和豆角的波动趋势相似，价格均在 2 月大幅下降，3～8 月大幅上涨，6～8 月下降，8 月价格最低，而后价格又呈现上涨态势。但豆角的价格波动较大，价格维持在 7.2～13.5 元/千克之间，年度平均价格为 9.8 元/千克；黄瓜的价格总体维持在 4.3～8.5 元/千克，年度平均价格为 6.0 元/千克；西红柿价格总体维持在 5.0～7.0 元/千克，年度平均价格为 6.4 元/千克，1～2 月价格上涨，2～7 月下降，而后价格又呈现上涨态势。水果价格方面，苹果（富士苹果）价格总体维持在 12.0～14.5 元/千克之间，年度平均价格为 13.5 元/千克，1～3 月价格缓慢下降，4～6 月价格缓慢上涨，从 12.70 元/千克涨至 14.62 元/千克，涨幅达 15.1%，6 月后价格开始回落；香蕉（国产）价格总体维持在 5.2～7.8 元/千克之间，年度平均价格为 6.4 元/千克，12 月价格最低，5 月份价格最高。

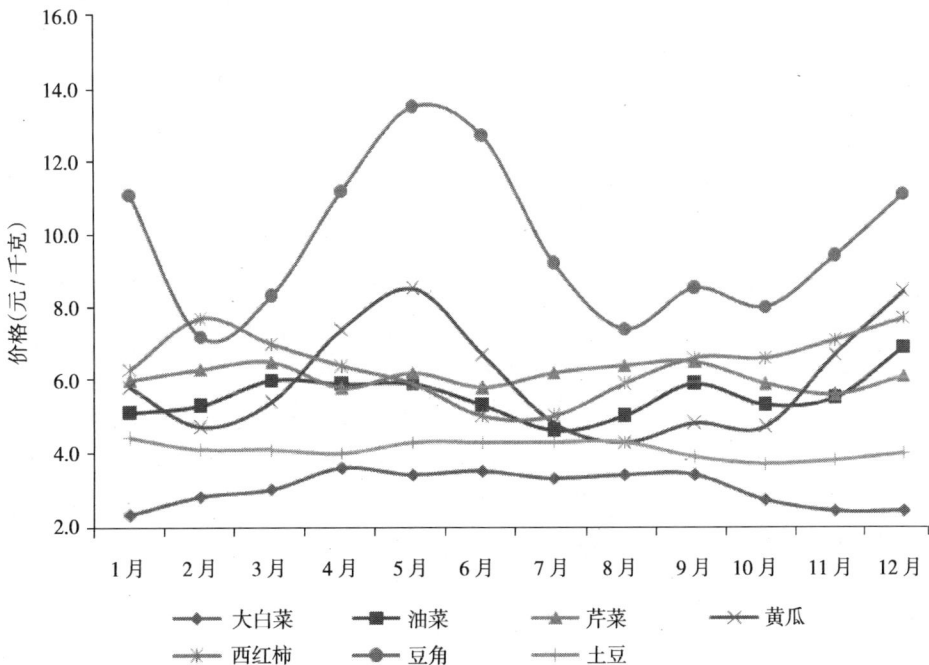

图 8-12　2015 年 1～12 月主要蔬菜价格波动情况

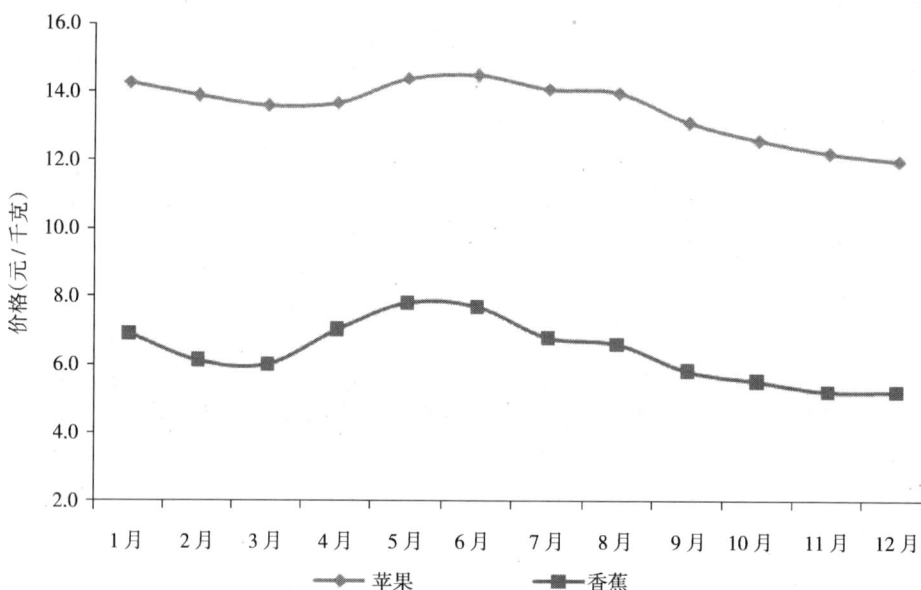

图 8-13　2015 年 1～12 月主要水果价格波动情况

五、上市企业情况

沪深两市共有果蔬加工与制造业上市企业 9 家，其中从事蔬菜加工的企业 3 家，分别为上海雪榕生物科技股份有限公司，重庆市涪陵榨菜集团股份有限公司和天水众兴菌业科技股份有限公司。从主营业务构成来看，雪榕生物的产品中，鲜食用菌产品如金针菇、真姬菇等占 94.74％；涪陵榨菜的产品中榨菜占 93.48％、其他佐餐开味菜（含海带丝和萝卜）占 3.87％、泡菜占 2.27％；众兴菌业的产品全部为金针菇。以水果和坚果加工为主的企业 3 家，为好想你枣业股份有限公司、朗源股份有限公司和洽洽食品股份有限公司，从主营业务构成来看，好想你的产品中原枣类占 61.33％、休闲类枣产品占 28.44％，其他产品还包括木本粮类、休闲饮品等；朗源股份的产品中蔬菜、坚果、果仁及其他占 67.32％、果干占 16.85％，还包括鲜果销售占 15.83％；恰恰食品的产品中葵花子占 75.06％、薯片占 6.19％，其他占 18.75％。从事果菜汁及果菜汁饮料制造的企业 1 家，为国投中鲁果汁股份有限公司，主要产品为果汁、香料及果糖。此外还有 2 家企业主营业务涉及多个行业，分别为新疆冠农果茸集团股份有限公司主要从事蔬菜、水果罐头制造和制糖业，从主营业务构成来看，该公司产品中番茄产品（番茄酱、罐头、番茄汁等）占 57.71％，糖产品占 12.91％，其他产品还包括皮棉占 23.05％；中基健康产业股份有限公司主要从事蔬菜加工和蔬菜、水果罐头制造，从主营业务构成来看，该公司产品中大桶原料酱占 66.1％、小包装番茄制品（番茄酱、罐头、番茄汁等）占 23.78％。

2015 年，沪深两市果蔬加工业上市企业实现营业总收入 110.11 亿元，同比增长 15.73％，9 家企业收入均实现增长，中基健康产业股份有限公司总营收增长最快，同比增长 63.85％，重庆市涪陵榨菜集团股份有限公司总营收增长稍慢，同比增长 2.67％。洽洽食品股份有限公司、新疆冠农果茸集团股份有限公司和好想你枣业股份有限公司总营收位居行业前三位，分别实现营业总收入 33.1 亿元、15.3 亿元和 11.1 亿元，同比分别增长 6.36％、32.77％和 14.4％。

表 8-1　2015 年沪深两市果蔬加工上市企业营业总收入及同比增速

企业名称	营业总收入 （亿元）	同比增长 （％）
好想你枣业股份有限公司	11.10	14.40
朗源股份有限公司	8.47	4.62
上海雪榕生物科技股份有限公司	10.20	14.70
新疆冠农果茸集团股份有限公司	15.30	32.77
中基健康产业股份有限公司	6.83	63.85
重庆市涪陵榨菜集团股份有限公司	9.31	2.67
洽洽食品股份有限公司	33.10	6.36
天水众兴菌业科技股份有限公司	4.80	25.04
国投中鲁果汁股份有限公司	11.00	25.10

　　2015 年，沪深两市果蔬加工上市企业归属母公司股东净利润合计 9.05 亿元，同比增长 11.04％，7 家企业实现盈利，好想你枣业股份有限公司和中基健康产业股份有限公司出现亏损；4 家企业净利润增长分别为上海雪榕生物科技股份有限公司、重庆市涪陵榨菜集团股份有限公司、洽洽食品股份有限公司和天水众兴菌业科技股份有限公司，其中雪榕生物净利润同比增长最快为 29.23％。

　　1. 偿债能力分析　2015 年，沪深两市 9 家果蔬加工上市企业中，3 家企业流动比率低于 1，较 2014 年减少 1 家；4 家企业流动比率在 1～2 之间，2 家企业高于 2。其中，好想你枣业股份有限公司和重庆市涪陵榨菜集团股份有限公司流动比率较高，分别为 2.3 和 3.72。上海雪榕生物科技股份有限公司、新疆冠农果茸集团股份有限公司和中基健康产业股份有限公司流动比率低于 1，短期偿债风险较大。对应的速动比率，各上市企业中 4 家在 1 以上，其余 5 家低于 1。综合以上两个指标来看，好想你枣业股份有限公司和重庆市涪陵榨菜集团股份有限公司的资金流动性稍好于其他企业。2015 年，沪深两市果蔬加工上市企业资产负债率为 39.74％，较上年下降 3.3 个百分点。近两年来，各上市企业资产负债率基本在 40％~60％之间，其中上海雪榕生物科技股份有限公司和中基健康产业股份有限公司资产负债率连续两年较高，2015 年资产负债率分别为 63.77％和 60.82％。好想你枣业股份有限公司、朗源股份有限公司、重庆市涪陵榨菜集团股份有限公司和洽洽食品股份有限公司的资产负债率较上年有所上升，其余 5 家企业资产负债率均较上年降低，天水众兴菌业科技股份有限公司、国投中鲁果汁股份有限公司降幅最大，分别为 14.74％和 10.57％。

表 8-2　2014、2015 年沪深两市果蔬加工上市企业资产负债率

企业名称	资产负债率（％）	
	2014	2015
好想你枣业股份有限公司	37.52	41.87
朗源股份有限公司	39.23	39.67

（续）

企业名称	资产负债率（%）	
	2014	2015
上海雪榕生物科技股份有限公司	65.84	63.77
新疆冠农果茸集团股份有限公司	44.10	43.27
中基健康产业股份有限公司	61.06	60.82
重庆市涪陵榨菜集团股份有限公司	16.94	17.17
洽洽食品股份有限公司	34.13	36.01
天水众兴菌业科技股份有限公司	53.06	38.32
国投中鲁果汁股份有限公司	58.31	47.74

2. 资产运营能力分析　2015 年，沪深两市果蔬加工上市企业好想你、朗源股份、雪榕生物、冠农股份、中基健康、涪陵榨菜、洽洽食品、众兴菌业、国投中鲁的总资产周转率分别为 0.48 次、0.55 次、0.61 次、0.41 次、0.3 次、0.61 次、0.75 次、0.35 次、0.53 次，其中雪榕生物、冠农股份、中基健康和国投中鲁的总资产周转率比上年提高，其他 5 家企业均有所下降。果蔬加工上市企业的总资产周转率都在 1 次以下，处于较低水平；各上市企业的应收账款周转率差异加大，分别为 6.45、4.99、49.11、5.74、5.21、297.52、30.15、98.09、5.86，除朗源股份外，其他上市企业应收账款周转率连续两年在 5 以上，涪陵榨菜和众兴菌业的应收账款周转率较高；各上市企业的存货周转率分别为 1.42、1.18、5.36、2.23、1.23、3.29、2.09、6.22、1.09，其中好想你、冠农股份、中基健康和国投中鲁的存货周转率有所上升，雪榕生物和众兴菌业的存货周转率最高。从以上指标综合情况来看，雪榕生物、涪陵榨菜和众兴菌业的各项指标居行业前列，资产运营能力较好。

表 8-3　2015 年沪深两市果蔬加工上市企业资产运营能力指标

企业名称	总资产周转率（次）	应收账款周转率	存货周转率
好想你枣业股份有限公司	0.48	6.45	1.42
朗源股份有限公司	0.55	4.99	1.18
上海雪榕生物科技股份有限公司	0.61	49.11	5.36
新疆冠农果茸集团股份有限公司	0.41	5.74	2.23
中基健康产业股份有限公司	0.30	5.21	1.23
重庆市涪陵榨菜集团股份有限公司	0.61	297.52	3.29
洽洽食品股份有限公司	0.75	30.15	2.09
天水众兴菌业科技股份有限公司	0.35	98.09	6.22
国投中鲁果汁股份有限公司	0.53	5.86	1.09

3. 盈利能力指标　2015 年，沪深两市果蔬加工上市企业营业利润率为 7.5%，较上年上升 1.2 个百分点，其中众兴菌业、涪陵榨菜和洽洽食品营业利润率在行业中较高，分别为 21.7%、18.8% 和 13.3%；上市企业中除中基健康外，其他企业销售毛利率在 10% 以上，其中好想你和涪陵榨菜销售毛利率连续两年在 40% 以上，居全行业前列。2015 年，果蔬加

工上市企业每股收益较上年上升的仅有雪榕生物和众兴菌业，每股收益较上年分别上升0.25 元/股、0.07 元/股。

表 8-4　2015 年沪深两市果蔬加工上市企业每股收益排名

企业名称	股票名称	代码	每股收益（元/股）
上海雪榕生物科技股份有限公司	雪榕生物	300511	1.10
天水众兴菌业科技股份有限公司	众兴菌业	002772	0.88
洽洽食品股份有限公司	洽洽食品	002557	0.72
重庆市涪陵榨菜集团股份有限公司	涪陵榨菜	002507	0.49
新疆冠农果茸集团股份有限公司	冠农股份	600251	0.167 1
国投中鲁果汁股份有限公司	国投中鲁	600962	0.121 9
朗源股份有限公司	朗源股份	300175	0.076
好想你枣业股份有限公司	好想你	002582	−0.02
中基健康产业股份有限公司	中基健康	000972	−0.062 6

六、行业热点事件

1. 中国最大柑橘综合深加工项目正式在宜都落地　2015 年 11 月 23 日，由天人果汁集团投资的宜都市 37 万吨柑橘交易市场及深加工项目正式开工建设，项目总投资 3.8 亿元，预计 2017 年建成投产。该项目集成应用国际上先进的水果加工技术，对湖北宜都地区柑橘进行全产业链精深加工，可以大大提升柑橘水果的附加值，完善宜都市及其周边地区作为长江流域优势柑橘产业带的特色农产品产业布局，从鲜果销售到 NFC 鲜榨果汁、柑橘浓缩汁、柑橘果糖、柑橘囊胞、柑橘精油、皮渣蛋白饲料等方面，将宜都市柑橘产业向纵深发展，提升到国际先进水平，这也是宜都市委、市政府与企业携手，做大做强柑橘产业，促使宜都市绿色农产品从初级销售到精深加工纵深迈进的重大举措。项目的落成促进行业规模化发展，带动地方经济增长，提升特色产品加工水平，做大做强柑橘产业。

2. 进口水果逆势增长，国产水果形势严峻　据中国出入境检验检疫协会数据，2015 年 1~8 月中国水果的进口量高达 350 余万吨，超过 2014 年全年数量。美国农业部的一份报告也指出，2015 年中国国产水果（苹果、梨、葡萄）普遍增产，价格出现下滑。并且，国产水果出口市场昔日风光不再，小农化经济难与果蔬出口强国抗衡。不过，中国人均水果日消费量为 198 克，远低于美国的 303 克和意大利的 406 克，发展前景依然巨大。因此，拉动内需或许是解决国产水果销售的方法之一，但不能从根源上解决问题。农业需要长远规划和细细耕耘，国产水果品质与品牌的提升势在必行。

3. 生鲜电商硝烟四起，跨境电商受追捧　生鲜电商似乎从来不缺资本捧场，2015 年 5 月，亚马逊中国宣布正式上线生鲜电商平台"生鲜馆"，吸引美味七七、都乐等入驻。此前一天，天天果园宣布完成由京东"领投"的 7 000 万美元的融资。2015 年 8 月 8 日，京东又斥资 43 亿元战略结盟永辉超市。阿里巴巴集团旗下天猫自成立"喵鲜生"和战略投资易果生鲜之后，2015 年"双 11"全球狂欢节启动仪式当晚，更与全球五大洲 25 个国家、近百家生鲜协会和政府机构的代表签署了战略合作协议，大打国际牌。

尽管 99％的生鲜电商都在亏损，资本市场依然火热，一批新电商趁机崭露头角。不过，生鲜电商纵有几家欢乐也有几家愁，并不是所有的电商都是前途一片大好。如上海本地的生鲜电商——鲜果买在成立不到 2 年的时间就"繁华落幕"。与此同时，跨境电商新政策又给生鲜电商带来了利好。6 月 17 日，上海洋山自贸区进境水果指定口岸放行了首批进境水果，标志着进口水果消费步入"海淘"时代。早在 2015 年 2 月，天天果园就和跨境通合作，完成了自贸区首个进口水果订单的试运营。

4. 果蔬脆片加工市场前景看好　经过近 20 年的发展，果蔬脆片在罐头、果蔬汁等传统果蔬加工产品中一枝独秀。与苹果汁等大宗果蔬出口产品一样，果蔬脆片也经历了由出口鼎盛到市场回落的变化。尽管如此，国内果蔬脆片加工业一直保持平稳增长，到 2013 年达到高峰。目前，包括恒润、大顺在内，国内果蔬脆片行业第一军团企业不超过 10 家。截至2015 年，国内果蔬脆片市场容量超过 20 亿元。

休闲化生活方式促进了休闲食品的快速增长，果蔬脆片蕴藏巨大潜力。与粮食、油料、畜禽等行业一样，果蔬加工对于农业产业化的带动作用不容小觑。但与上述行业不同，国内果蔬加工尤其是果蔬脆片行业缺少具有强力带动作用的品牌企业。业内人士分析，若有强力品牌的带动，未来 5 年行业将有较大提升空间。

5. 进口水果准入增加全球采购进入多元化时代　2015 年，更多的国外水果和蔬菜获准进入中国市场。吉尔吉斯斯坦、朝鲜、斯里兰卡、韩国等 4 个国家首次进入榜单，进口水果输出国家和地区从 35 个上升至 39 个。新增加准入的水果有中国台湾地区葡萄、韩国葡萄、吉尔吉斯斯坦樱桃、朝鲜蓝靛果和越橘、斯里兰卡香蕉、秘鲁牛油果、哥斯达黎加菠萝、阿根廷梨、南非苹果和加拿大蓝莓。此外，美国苹果取消产区和品种的限制，泰国莲雾重新开放，以色列柑橘水果恢复试进口。值得一提的是，中国苹果在经历了 17 年谈判之后，首次出口美国。

随着进口水果准入国家的增加，全球采购进入多元化时代。以鲜橙为例，就有美国、西班牙、南非、埃及和澳大利亚等国允许向中国出口，其中南非、埃及和澳大利亚等"新贵"出口国对中国的出口呈现高速增长。并且随着南非苹果的准入和美国苹果的全面开放，将有更多国家不同品种的苹果进入中国市场，丰富消费者的选择。

第9章 / 精制茶加工

2015 年，全国规模以上精制茶加工企业数量为 1 687 家，比 2014 年增加 201 家；累计完成主营业务收入 1 906.0 亿元，同比增长 12.5％；累计实现利润总额 156.4 亿元，同比增长 5.9％。根据中国茶叶流通协会发布的《2015 年中国茶叶产销形势分析报告》，2015 年全国茶叶生产保持稳定发展，茶园面积增幅下降，产量继续增加，产品结构调整，产值较快增长，提质增效明显。

一、主要原料及其生产情况

1. 茶园面积低幅扩大 2015 年，全国 18 个产茶省茶园面积共计 4 316 万亩，比上年增加 175 万亩，同比增长 4.2％；采摘面积 3 387 万亩，比上年增加 228 万亩，同比增长 7.2％。茶园面积与采摘面积均较上年增长速度放慢。部分省份如湖北、贵州、陕西、四川茶园面积增加明显，分别达到 466 万亩、689 万亩、216 万亩、482 万亩。

2. 茶叶产量小幅增加 全国干毛茶产量 227.8 万吨，比上年增加 18.6 万吨，增幅达 8.9％。其中，名优 99.3 万吨，增加 9.1 万吨，同比增长 10.1％；大宗茶 128.5 万吨，增加 9.5 万吨，同比增长 8.0％。六大茶类全面增产，其中，白茶增产 50.0％以上，红茶、黑茶和黄茶也各增产 10.0％以上。以贵州省为代表的主产茶省份继续增产增收，贵州增产 4.0 万吨，福建、四川、云南各增产 2.0 万吨以上。

3. 茶叶产值中幅增加 全国干毛茶产值 1 519.2 亿元，比上年增加 170.1 亿元，同比增长 12.6％，比上年回落 6.5 个百分点。贵州、四川、浙江和陕西干毛茶产值分别增加 49.8 亿元、27.0 亿元、18.6 亿元和 16.5 亿元。

4. 茶叶生产实现结构调整优化，提质增效 结构调整优化体现在两个方面。第一，茶园结构优化，无性系良种茶园面积比例同比提高 1.2 个百分点，达 56.5％；有机茶园面积比例提高 0.3 个百分点，达 6.2％。第二，茶类结构优化，在干毛茶产量中绿茶、乌龙茶所占比例下降，红茶、黑茶、白茶、黄茶比例上升，六大茶类比例更加均衡。

茶叶提质增效继续取得良好成效，主要体现在茶叶质量安全保持稳定，名优茶比重提高，亩产量和亩产值提高。全国名优茶产量、产值占茶叶总产量、总产值的比重分别提高 0.5 和 2.2 个百分点，分别达到 43.6％和 68.3％。采摘茶园平均亩产量达 67.2 千克，比上年提高 1.0 千克；平均亩产值为 4 485 元，比上年增加 215 元，增长 5.0％。

二、行业经济运行情况

2015 年，全国规模以上精制茶加工企业数量为 1 687 家，占规模以上农产品加工业企业数量的 2.2％，比 2014 年增加 201 家，比 2013 年增加 379 家；累计完成主营业务收入 1 906.0 亿元，同比增长 12.5％，比 2014 年同比增速增加了 1.0 个百分点，比 2013 年同比增速下降 10.6 个百分点；累计实现利润总额 156.4 亿元，同比增长 5.9％，比 2014 年同比增速下降 0.2 个百分点，比 2013 年同比增速下降 23.5 个百分点；主营业务收入利润率为 8.2％，比农产品加工业主营业务收入利润率高 1.5 个百分点。近三年来，精制茶加工业的主营业务收入利润率基本保持在 8.2％～9.1％的范围内。

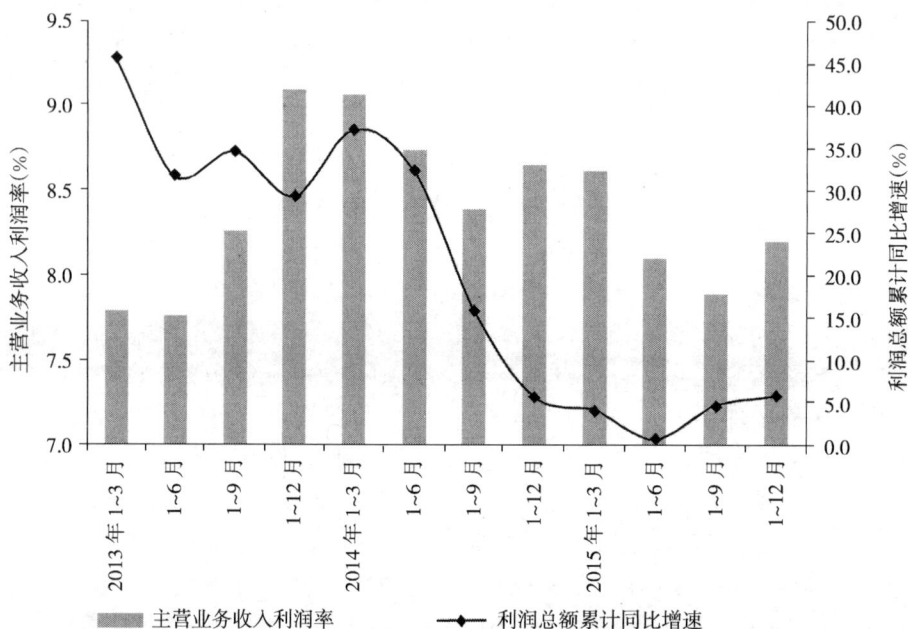

图 9-1　2013—2015 年精制茶加工业利润总额增速与主营业务收入利润率

（一）分规模情况

大型精制茶加工企业 9 家，占全部规模以上精制茶加工企业的 0.5％；完成主营业务收入 116.7 亿元，占全部规模以上精制茶加工业主营业务收入的 6.1％，同比增长 7.1％；实现利润总额 13.3 亿元，占全国规模以上精制茶加工业利润总额的 8.5％，同比下降 27.1％。中型企业 137 家，占 8.1％；完成主营业务收入 430.0 亿元，占全部规模以上精制茶加工业主营业务收入的 22.6％，同比增长 7.3％；实现利

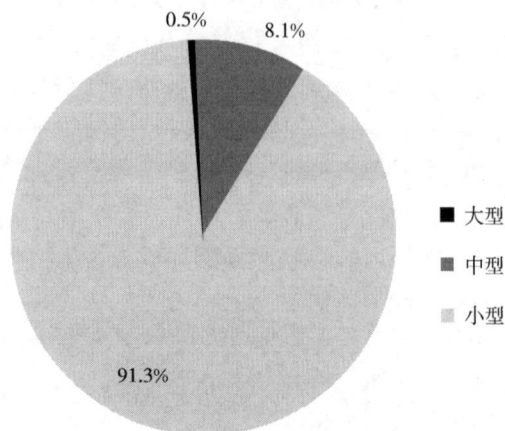

图 9-2　2015 年精制茶加工企业数量规模结构

润总额 39.6 亿元，占全国规模以上精制茶加工业利润总额的 25.3％，同比下降 0.3％。小型企业 1 541 家，占 91.3％；完成主营业务收入 1 359.2 亿元，占全部规模以上精制茶加工业主营业务收入的 71.3％，同比增长 14.8％；实现利润总额 103.5 亿元，占全国规模以上精制茶加工业利润总额的 66.2％，同比增长 15.3％。因此，从企业规模看，精制茶加工企业九成以上是小微企业。小型企业的主营业务收入占比较大，且增速明显高于大中型企业，利润总额增长速度也较快。

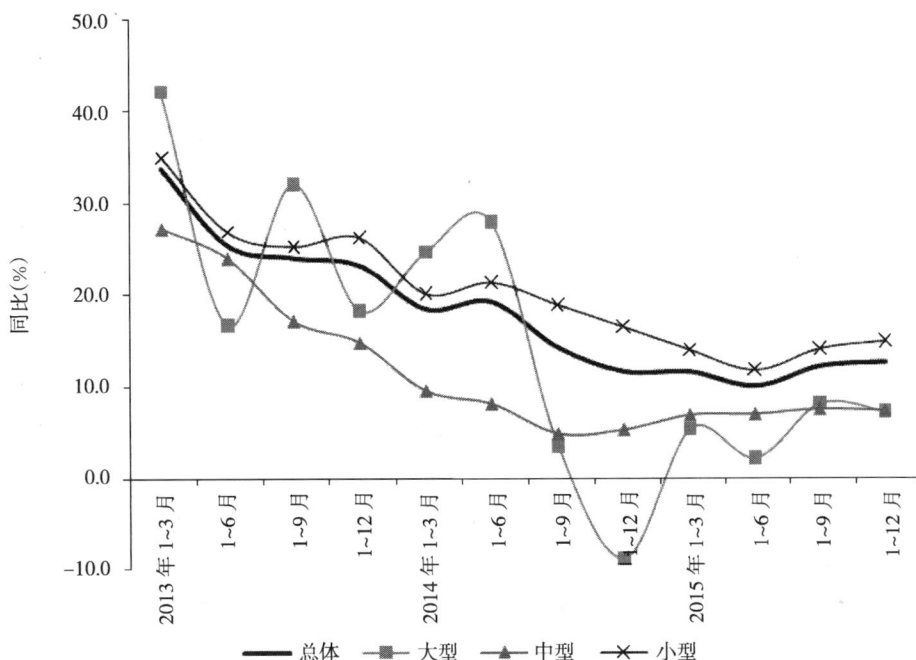

图 9-3　2013—2015 年精制茶加工业分规模主营业务收入累计同比增速

（二）分投资类型情况

国有控股企业 34 家，占全部规模以上精制茶加工企业的 2.0％；完成主营业务收入 35.1 亿元，占全部规模以上精制茶加工业主营业务收入的 1.8％，同比下降 0.1％；实现利润总额 1.9 亿元，占全国规模以上精制茶加工业利润总额的 1.2％，同比下降 1.7％。集体控股企业 24 家，占 1.4％；完成主营业务收入 59.3 亿元，占全部规模以上精制茶加工业主营业务收入的 3.1％，同比增长 10.0％；实现利润总额 4.8 亿元，占全国规模以上精制茶加工业利润总额的 3.1％，同比增长 8.1％。私人控股企业 1 552 家，占 92.0％；完成主营业务收入 1 712.3 亿元，占全部规模以上精制茶加工业主营业务收入的 89.2％，同比增长 5.0％；实现利润总额 139.5 亿元，占全国规模以上精制茶加工业利润总额的 89.2％，同比增长 5.0％。港澳台商控股企业 29 家，占 1.7％；完成主营业务收入 63.0 亿元，占全部规模以上精制茶加工业主营业务收入的 3.3％，同比增长 12.1％；实现利润总额 7.5 亿元，占全国规模以上精制茶加工业利润总额的 4.8％，同比增长 14.3％。外商控股企业 11 家，占 0.7％；完成主营业务收入 13.1 亿元，占全部规模以上精制茶加工业主营业务收入的 0.7％，同比增长 28.9％；实现利润总额 1.4 亿元，占全国规模以上精制茶加工业利润总额的 0.9%，同比增长 42.5%。其他控股企业 37 家，占 2.2%；完成主营业务收入 23.1 亿元，占全部规模以上精制茶加工业主营业务收入的 1.2%，同比增长 10.5%；实现利润总额 1.2 亿元，占全国规模以上精制茶加工业利润总额的 0.8%，同比下降 32.7%。从投资类型可以看出，精制茶加工企业绝大部分是私人控股企业，其完成的主营业务收入占比接近九成，外商控股企业、港澳台商控股企业、其他控股企业和集体控股企业的主营业务收入增速要明显高于私人控股企业和国有控股企业。

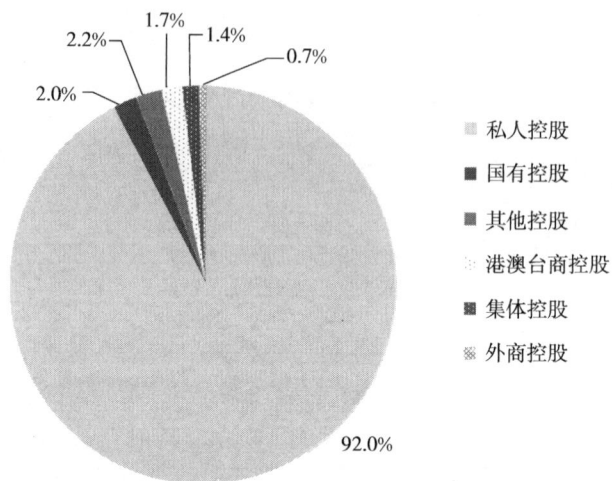

图 9-4　2015 年精制茶加工企业数量投资类型结构

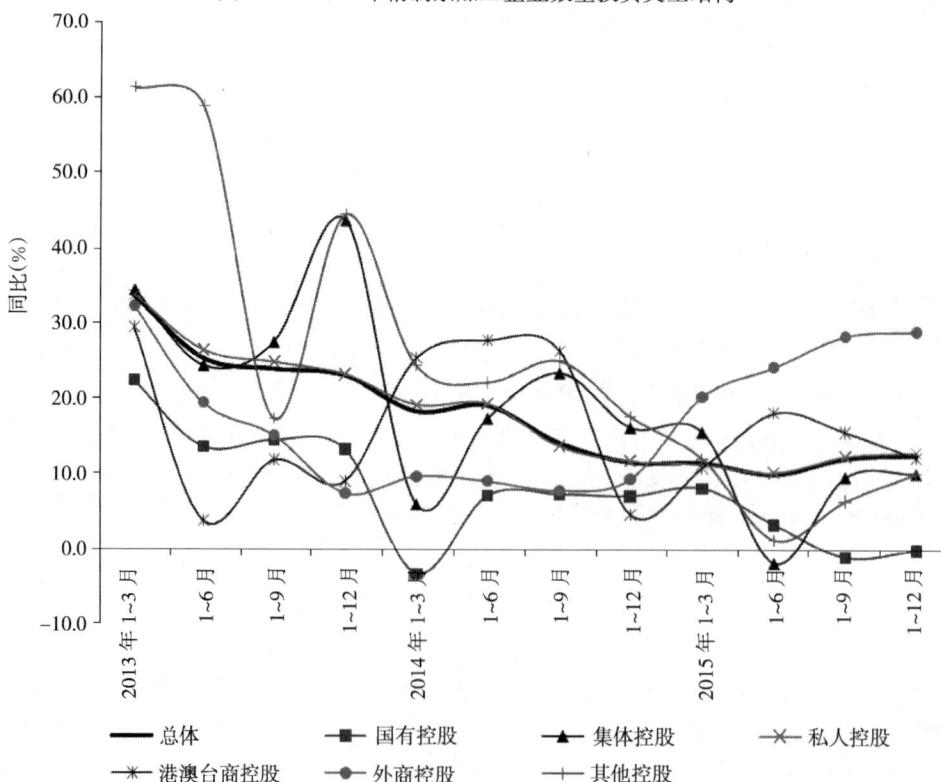

图 9-5　2013—2015 年精制茶加工业分投资类型主营业务收入累计同比增速

（三）分区域情况

东部地区拥有精制茶加工企业 593 家，占全国规模以上精制茶加工企业的 35.2%；完成主营业务收入 639.4 亿元，占全国规模以上精制茶加工业主营业务收入的 33.5%，同比增长 9.3%；实现利润总额 55.8 亿元，占全国规模以上精制茶加工业利润总额的 35.7%，同比增长 8.9%。中部地区拥有精制茶加工企业 574 家，占 34.0%；完成主营业务收入 738.9 亿元，占全国规模以上精制茶加工业主营业务收入的 38.8%，同比增长 13.7%；实现利润总额 48.6 亿元，占全国规模以上精制茶加工业利润总额的 31.1%，同比增长 9.6%。西部地区拥有企业 516 家，占 30.6%；完成主营业务收入 522.7 亿元，占全国规模以上精制茶加工业主营业务收入的 27.4%，同比增长 15.6%；实现利润总额 51.9 亿元，占全国规模以上精制茶加工业利润总额的 33.2%，同比增长 0.3%。东北地区拥有企业 4 家，占 0.2%；完成主营业务收入 5.0 亿元，占全国规模以上精制茶加工业主营业务收入的 0.3%，同比下降 26.2%；实现利润总额 888.4 万元，占全国规模以上精制茶加工业利润总额的 0.1%，同比下降 75.4%。除东北地区精制茶加工业主营业务收入增速以及西部地区企业实现利润总额的增长率呈现负增长，其他地区都呈现正增长态势。

其中，企业数量排名前五位的省份是海南、江西、广西、湖北和浙江，规模以上精制茶加工企业数量分别为 421 家、206 家、157 家、153 家和 130 家，占全国的比例分别为 25.0%、12.2%、9.3%、9.1% 和 7.7%，排名前五位的省份企业数量合计占比达到 63.2%，约占全国的六成。主营业务收入排名前五位的省份是海南、江西、广西、浙江和江苏，2015 年规模以上精制茶加工业完成主营业务收入分别为 482.6 亿元、282.3 亿元、247.4 亿元、176.6 亿元和 107.1 亿元，分别占全国精制茶加工主营业务收入的 25.3%、14.8%、13.0%、9.3% 和 5.6%，同比增速分别为 12.3%、11.3%、22.7%、11.8% 和 29.5%。利润总额排名前五位的省份是海南、江西、江苏、广西和浙江，2015 年规模以上精制茶加工业实现利润总额分别为 46.0 亿元、18.6 亿元、16.5 亿元、15.2 亿元和 11.8 亿元，分别占全国精制茶加工利润总额的 29.4%、11.9%、10.6%、9.7% 和 7.5%，同比增速分别为 14.0%、−3.4%、42.4%、32% 和 5.8%。

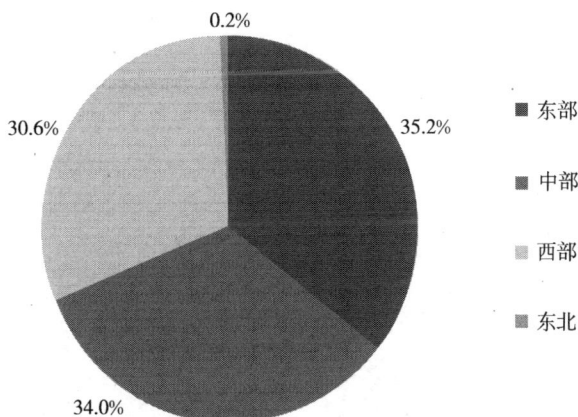

图 9-6　2015 年精制茶加工企业数量区域结构

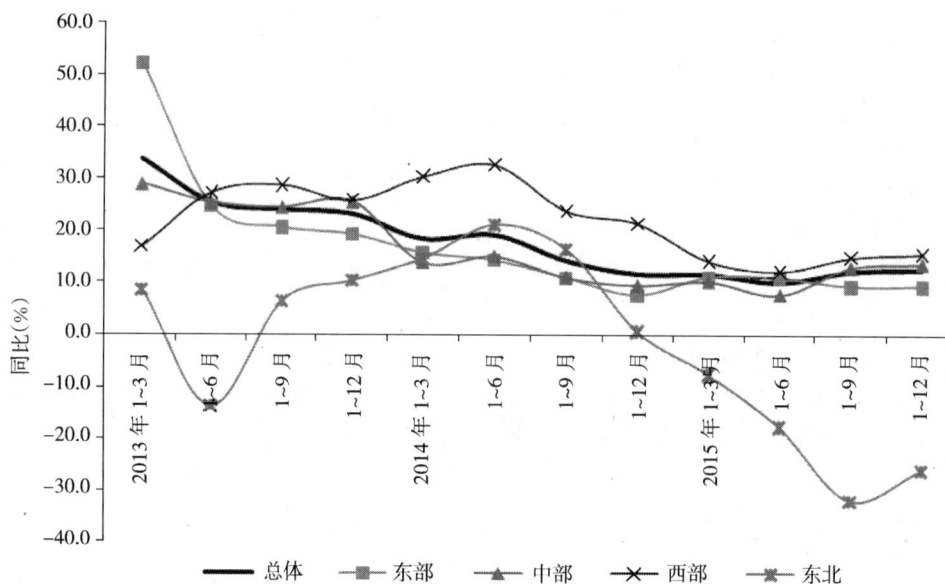

图 9-7 2013—2015 年精制茶加工业分区域主营业务收入累计同比增速

三、主要产品贸易情况分析

（一）茶叶加工进出口有所增长

2015 年，全国茶叶加工商品累计进出口量 34.8 万吨，同比增长 7.4%。其中，累计出

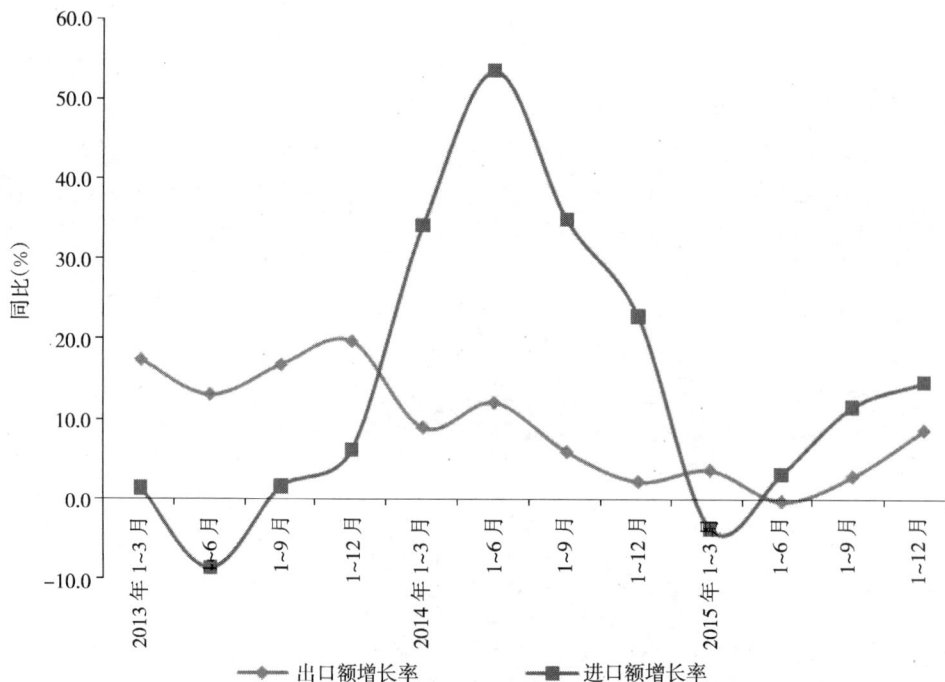

图 9-8 2013—2015 年茶叶加工进出口额同比增长率

口量 32.5 万吨，同比增长 7.8%；累计进口量 2.3 万吨，同比增长 1.7%。全国茶叶加工商品累计进出口总额 14.9 亿美元，同比增长 9.0%，增速较上年同期上升 5.7 个百分点。其中，累计出口金额 13.8 亿美元，同比增长 8.6%；累计进口金额 1.1 亿美元，同比增长 14.6%。

按贸易方式看，茶叶进出口主要的贸易方式是一般贸易。2015 年，采用一般贸易方式出口的茶叶数量为 31.6 万吨，同比增长 7.8%，占全部出口数量的 97.3%；出口金额 12.8 亿美元，同比增长 8.0%，占全部出口金额的 93.0%。采用一般贸易方式进口的茶叶数量为 1.8 万吨，同比下降 1.6%，占全部进口数量的 79.3%；进口金额 7 246.1 万美元，同比增长 15.2%，占全部进口金额的 68.1%。

分国别看，茶叶产品前五大出口目的地按出口数量统计为摩洛哥、乌兹别克斯坦、塞内加尔、美国和阿尔及利亚，2015 年分别出口 6.4 万吨、2.7 万吨、1.7 万吨、1.6 万吨和 1.4 万吨，出口数量合计占全部出口数量的 42.8%，同比增加 3.3 个百分点；前五大出口目的地按出口金额统计为摩洛哥、中国香港地区、美国、塞内加尔和越南，2015 年出口金额分别为 2.3 亿美元、1.2 亿美元、9 132.0 万美元、7 538.3 万美元和 6 033.9 万美元，出口金额合计占全部出口金额的 41.3%，同比增加 2.3 个百分点。茶叶产品前五大进口来源地按进口数量统计为斯里兰卡、印度、印度尼西亚、中国台澎金马关税区和越南，2015 年进口数量分别为 7 800.7 吨、4 785.6 吨、3 295.8 吨、2 138.7 吨和 1 105.8 吨，进口数量合计占全部进口数量的 83.0%，同比下降 5.6 个百分点；前五大进口来源地按进口金额统计为斯里兰卡、中国台澎金马关税区、印度、印度尼西亚和肯尼亚，2015 年进口金额分别为 3 897.9 万美元、2 550.0 万美元、1 797.3 万美元、574.7 万美元和 236.3 万美元，进口金额合计占全部进口金额的 85.1%，同比增加 7.4 个百分点。

分地区看，茶叶产品前五大出口地区按出口数量统计为浙江、安徽、湖南、福建和湖北，2015 年出口数量分别为 17.1 万吨、6.1 万吨、2.8 万吨、1.7 万吨和 1.2 万吨，同比分别增长 7.1%、17.7%、5.5%、4.9%、40.2%，出口数量合计占全国出口量的 88.7%，比上年同期增加 1.7 个百分点；茶叶产品前五大出口地区按出口金额统计为浙江、安徽、福建、湖北和湖南，出口金额分别为 5.4 亿美元、2.4 亿美元、1.6 亿美元、0.9 亿美元和 0.8 亿美元，同比分别增长 3.8%、13.1%、21.1%、4.6%、-0.5%，出口金额合计占全国出口金额的 80.0%，比上年同期下降 0.6 个百分点。茶叶产品前五大进口地区按进口数量统计为福建、广东、上海、江苏和浙江，2015 年进口数量分别为 5 244.0 吨、4 067.3 吨、3 801.3 吨、2 399.7 吨和 1 860.1 吨，同比分别增长 -25.7%、3.9%、-6.4%、48.8%、133.9%，进口数量合计占全国进口量的 75.4%，比上年同期下降 1.6 个百分点；茶叶产品前五大进口地区按进口金额统计为上海、广东、福建、江西和江苏，进口金额分别为 2 504.3 万美元、2 258.5 万美元、1 963.1 万美元、894.7 万美元和 712.1 万美元，同比分别增长 8.5%、-10.2%、29.3%、141.2%、101.6%，进口金额合计占全国进口金额的 78.3%，比上年同期增加 2.2 个百分点。

（二）绿茶出口保持稳定，进口出现下降

2015 年，全国绿茶进出口总量达到 27.5 万吨，占茶叶产品进出口总量的 78.9%，同比增长 8.2％；累计进出口总额为 10.1 亿美元，占茶叶产品进出口总额的 68.1％，同比增长 5.5％，增速较上年同期水平增长了 3.6 个百分点。其中，绿茶累计出口量 27.2 万吨，同比增长 9.2％，累计出口金额 10.1 亿美元，同比增长 5.5％；累计进口量 2 444.6 吨，同比下降 46.0％，累计进口金额 842.6 万美元，同比下降 2.6％。

按贸易方式看，绿茶进出口主要的贸易方式是一般贸易。2015 年，采用一般贸易方式出口的绿茶数量为 27.1 万吨，同比增长 9.2％，占全部出口数量的 99.5％，出口金额 9.8 亿美元，同比增长 4.9％，占全部出口金额的 97.8％。采用一般贸易方式进口的绿茶数量为 2 034.6 吨，同比下降 52.0％，占全部进口数量的 83.2％；进口金额 567.2 万美元，同比下降 13.8％，占全部进口金额的 67.3％。

分国别看，绿茶产品前五大出口目的地按出口数量统计为摩洛哥、乌兹别克斯坦、塞内加尔、阿尔及利亚和多哥，2015 年分别出口 6.4 万吨、2.7 万吨、1.7 万吨、1.4 万吨和 1.3 万吨，出口数量合计占全部出口数量的 49.7％，同比增长 1.5 个百分点；前五大出口目的地按出口金额统计为摩洛哥、塞内加尔、多哥、毛里塔尼亚和阿尔及利亚，2015 年出口金额分别为 2.2 亿美元、7 453.6 万美元、6 000.8 万美元、5 566.2 万美元和 5 221.4 万美元，出口金额合计占全部出口金额的 46.4％，同比下降 2.1 个百分点。绿茶产品前五大进口来源地按进口数量统计为印度尼西亚、越南、中国台澎金马关税区、中国和印度，2015 年进口数量分别为 928.2 吨、878.0 吨、347.0 吨、69.4 吨和 57.0 吨；前五大进口来源地按进口金额统计为中国台澎金马关税区、印度尼西亚、越南、斯里兰卡和中国，2015 年进口金额分别为 328.4 万美元、125.8 万美元、88.2 万美元、62.8 万美元和 39.7 万美元，进口金额合计占全部进口金额的 76.5％，同比下降 3.0 个百分点。

分地区看，绿茶产品前五大出口地区按出口数量统计为浙江、安徽、湖南、江西和福建，2015 年出口数量分别为 16.2 万吨、5.9 万吨、2.2 万吨、0.9 万吨和 0.8 万吨，出口数量合计占全国出口量的 95.6％，比上年同期下降 0.4 个百分点；绿茶产品前五大出口地区按出口金额统计为浙江、安徽、湖南、福建和湖北，出口金额分别为 5.1 亿美元、2.3 亿美元、6 545.7 万美元、5 772.2 万美元和 5 244.5 万美元，出口金额合计占全国出口金额的 91.3％，比上年同期下降 0.1 个百分点。绿茶产品前五大进口地区按进口数量统计为福建、浙江、上海、云南和广东，2015 年进口数量分别为 1 326.1 吨、638.6 吨、282.3 吨、78.9 吨和 61.0 吨，进口数量合计占全国进口量的 97.6％，比上年同期增长 10.5 个百分点；绿茶产品前五大进口地区按进口金额统计为上海、福建、浙江、广东和云南，进口金额分别为 308.0 万美元、217.8 万美元、96.2 万美元、73.0 万美元和 60.6 万美元，进口金额合计占全国进口金额的 89.6％，比上年同期增加 1.8 个百分点。

（三）红茶进口及出口均有增加

2015 年，全国红茶进出口总量达到 4.7 万吨，占茶叶产品进出口总量的 13.5％，同比增长 4.6％；累计进出口总额为 2.8 亿美元，占茶叶产品进出口总额的 19.0％，同比增长 32.5％。其中，红茶累计出口量 2.8 万吨，同比增长 1.3％；累计出口金额 2.1 亿美元，同比增长 42.5％。红茶累计进口量 1.9 万吨，同比增长 9.9％；累计进口金额 7 705.8 万美元，同比增长 11.7％。

按贸易方式看，红茶进出口主要的贸易方式是一般贸易。2015 年，采用一般贸易方式出口的红茶数量为 2.1 万吨，同比下降 0.7%，占全部出口数量的 73.9%；出口金额 1.4 亿美元，同比增长 59.7%，占全部出口金额的 65.8%。采用一般贸易方式进口的红茶数量为 1.5 万吨，同比增长 9.7%，占全部进口数量的 80.9%；进口金额 5 451.1 万美元，同比增长 11.6%，占全部进口金额的 70.7%。

分国别看，红茶产品前五大出口目的地按出口数量统计为美国、中国香港地区、德国、缅甸和澳大利亚，2015 年分别出口 8 340.7 吨、3 955.8 吨、2 490.7 吨、2 487.7 吨和 1 683.1 吨，出口数量合计占全部出口数量的 67.4%，同比增加 3.8 个百分点；前五大出口目的地按出口金额统计为澳大利亚、缅甸、越南、美国和中国香港地区，出口金额分别为 5 179.6 万美元、3 611.4 万美元、1 994.2 万美元、1 964.1 万美元和 1 914.3 万美元，出口金额合计占全部出口金额的 71.1%，同比增加 7.4 个百分点。红茶产品前五大进口来源地按进口数量统计为斯里兰卡、印度、印度尼西亚、肯尼亚和中国台澎金马关税区，进口数量分别为 7 738.0 吨、4 720.2 吨、2 367.6 吨、847.6 吨和 724.7 吨，进口数量合计占全部进口数量的 87.1%，同比下降 2.8 个百分点；前五大进口来源地按进口金额统计为斯里兰卡、印度、中国台澎金马关税区、印度尼西亚和肯尼亚，进口金额分别为 3 786.9 万美元、1 777.1 万美元、578.9 万美元、448.6 万美元和 234.6 万美元，进口金额合计占全部进口金额的 88.6%，同比增加 0.6 个百分点。

分地区看，红茶产品前五大出口地区按出口数量统计为浙江、云南、湖南、上海和湖北，出口数量分别为 5 413.6 吨、4 005.3 吨、3 755.8 吨、3 707.7 吨和 2 011.5 吨，出口数量合计占全国出口量的 67.2%，比上年同期增加 5.4 个百分点；红茶产品前五大出口地区按出口金额统计为上海、福建、江西、云南和湖北，出口金额分别为 5 242.0 万美元、3 016.6 万美元、1 804.0 万美元、1 764.2 万美元和 1 725.8 万美元，出口金额合计占全国出口金额的 65.7%，比上年同期下降 5.8 个百分点。红茶产品前五大进口地区按进口数量统计为广东、上海、福建、江苏和江西，进口数量分别为 3 844.9 吨、3 196.0 吨、2 826.6 吨、2 391.4 吨和 1 780.9 吨，进口数量合计占全国进口量的 74.6%，比上年同期增长 1.4 个百分点；红茶产品前五大进口地区按进口金额统计为广东、上海、江西、福建和江苏，进口金额分别为 1 981.0 万美元、1 641.1 万美元、882.4 万美元、779.9 万美元和 685.9 万美元，进口金额合计占全国进口金额的 77.5%，比上年同期增加 4.4 个百分点。

（四）乌龙茶出口略有下降，进口明显增加

2015 年，全国乌龙茶进出口总量达到 1.7 万吨，占茶叶产品进出口总量的 4.8%，同比增长 3.8%；累计进出口总额 1.0 亿美元，占茶叶产品进出口总额的 6.8%，同比增长 3.6%。其中，乌龙茶累计出口量 1.5 万吨，同比下降 0.1%；累计出口金额 8 448.0 万美元，同比下降 5.2%。乌龙茶累计进口量 1 367.8 吨，同比增长 85.2%；累计进口金额 1 617.8 万美元，同比增长 99.4%。

按贸易方式看，乌龙茶进出口主要的贸易方式是一般贸易。2015 年，采用一般贸易方式出口的乌龙茶数量为 1.5 万吨，同比下降 0.4%，占全部出口数量的 99.5%；出口金额 8 298.7 万美元，同比下降 6.2%，占全部出口金额的 98.2%。采用一般贸易方式进口的乌龙茶数量 661.1 吨，同比增长 203.6%，占全部进口数量的 48.3%；进口金额 892.7 万美

元，同比增长 67.2%，占全部进口金额的 55.2%。

分国别看，乌龙茶产品前五大出口目的地按出口数量统计为日本、中国香港地区、泰国、越南和俄罗斯联邦，2015 年分别出口 9 014 吨、1 985 吨、1 370 吨、599 吨和 576 吨，出口数量合计占全部出口数量的 88.1%，与上年基本持平；前五大出口目的地按出口金额统计为日本、中国香港地区、越南、美国和泰国，出口金额分别为 3 487.0 万美元、1 287.6 万美元、909.4 万美元、797.4 万美元和 502.8 万美元，出口金额合计占全部出口金额的 82.7%，同比增加 6.0 个百分点。乌龙茶产品前五大进口来源地按进口数量统计为中国台澎金马关税区、泰国、缅甸、日本和越南，进口数量分别为 937.8 吨、364.0 吨、26 吨、11.6 吨和 10.0 吨；前五大进口来源地按进口金额统计为中国台澎金马关税区、泰国、缅甸、日本和斯里兰卡，进口金额分别为 1 424.0 万美元、62.4 万美元、54.0 万美元、27.7 万美元和 19.4 万美元，进口金额合计占全部进口金额的 98.1%，同比增加 0.8 个百分点。

分地区看，乌龙茶产品前五大出口地区按出口数量统计为福建、广东、浙江、湖南和湖北，2015 年出口数量分别为 1.1 万吨、1 738.9 吨、1 331.4 吨、390.0 吨和 200.3 吨，出口数量合计占全国出口量的 96.9%，比上年同期下降 0.4 个百分点；乌龙茶产品前五大出口地区按出口金额统计为福建、广东、浙江、贵州和江西，出口金额分别为 5 565.5 万美元、718.6 万美元、543.4 万美元、534.8 万美元和 410.6 万美元，出口金额合计占全国出口金额的 92.0%，比上年同期下降 1.3 个百分点。乌龙茶产品前五大进口地区按进口数量统计为福建、上海、广东、云南和江西，进口数量分别为 1 076.6 吨、130.8 吨、93.2 吨、26.0 吨和 7.0 吨，进口数量合计占全国进口量的 97.5%，比上年同期增长 1.2 个百分点；乌龙茶产品前五大进口地区按进口金额统计为福建、上海、广东、云南和北京，进口金额分别为 947.8 万美元、191.0 万美元、140.1 万美元、54.0 万美元和 53.1 万美元，进口金额合计占全国进口金额的 91.8%，比上年同期增加 5.6 个百分点。

（五）花茶进口额增长显著

2015 年，全国花茶进出口总量达到 6 241.0 吨，占茶叶产品进出口总量的 1.8%，同比增长 5.3%；累计进出口总额 5 496.0 万美元，同比增长 11.5%，占茶叶产品进出口总额的 3.7%。其中，花茶累计出口量 6 045.1 吨，同比增长 4.6%；累计出口金额 5 118.0 万美元，同比增长 8.6%。花茶累计进口量 195.9 吨，同比增长 34.4%；累计进口金额 378.0 万美元，同比增长 77.8%。

按贸易方式看，花茶进出口主要的贸易方式是一般贸易。2015 年，采用一般贸易方式出口的花茶数量为 2 900.9 吨，同比增长 5.0%，占全部出口数量的 97.6%；出口金额 4 878.9 万美元，同比增长 9.6%，占全部出口金额的 95.3%。采用一般贸易方式进口的花茶数量为 152.7 吨，同比增长 29.8%，占全部进口数量的 77.9%；进口金额 251.2 万美元，同比增长 68.2%，占全部进口金额的 66.4%。

分国别看，花茶产品前五大出口目的地按出口数量统计为日本、美国、摩洛哥、俄罗斯联邦和中国香港地区，2015 年分别出口 1 394.7 吨、73.0 吨、64.2 吨、55.7 吨和 53.6 吨，出口数量合计占全部出口数量的 63.8%，同比下降 1.5 个百分点；前五大出口目的地按出口金额统计为美国、日本、中国香港地区、德国和马来西亚，出口金额分别为 1 284.2 万美元、1 012.0万美元、553.7万美元、290.7万美元和289.1万美元，出口金额合计占全部出口金额的67.0%，同比增加1.0个百分点。花茶产品前五大进口来源地按进口数量统计为中国台澎金马关税区、德国、波兰、斯里兰卡和中国，进口数量分别为126.0吨、27.2吨、13.0吨、10.7吨和6.0吨，进口数量合计占全部进口数量的93.4%，同比增加3.0个百分点；前五大进口来源地按进口金额统计为中国台澎金马关税区、德国、斯里兰卡、中国和波兰，进口金额分别为214.7万美元、53.8万美元、28.7万美元、19.1万美元和19.0万美元，进口金额合计占全部进口金额的88.7%，同比增加4.6个百分点。

分地区看，花茶产品前五大出口地区按出口数量统计为浙江、福建、湖南、广东和江西，出口数量分别为185.6吨、169.6吨、88.9吨、47.8吨和40.2吨，出口数量合计占全国出口量的88.0%，比上年同期增加个1.0百分点；花茶产品前五大出口地区按出口金额统计为福建、浙江、湖南、广东和江西，出口金额分别为2 076.1万美元、1 067.6万美元、406.1万美元、333.5万美元和320.0万美元，出口金额合计占全国出口金额的82.1%，比上年同期增加0.7个百分点。花茶产品前五大进口地区按进口数量统计为上海、广东、天津、福建和浙江，进口数量分别为162.7吨、13.5吨、5.6吨、4.4吨和4.0吨，进口数量合计占全国进口量的97.0%，比上年同期下降7.3个百分点；花茶产品前五大进口地区按进口金额统计为上海、天津、广东、北京和福建，进口金额分别为253.2万美元、41.0万美元、39.2万美元、19.1万美元和12.0万美元，进口金额合计占全国进口金额的96.4%，比上年同期增加0.4个百分点。

四、主要产品价格趋势分析

根据茶叶流通协会数据显示，茶叶生产价格开始下滑，各茶类市场售价涨落不一。2015年第2、3、4季度茶叶生产价格指数分别为99.4、98.3和95.9，跌破100；示范县调研数

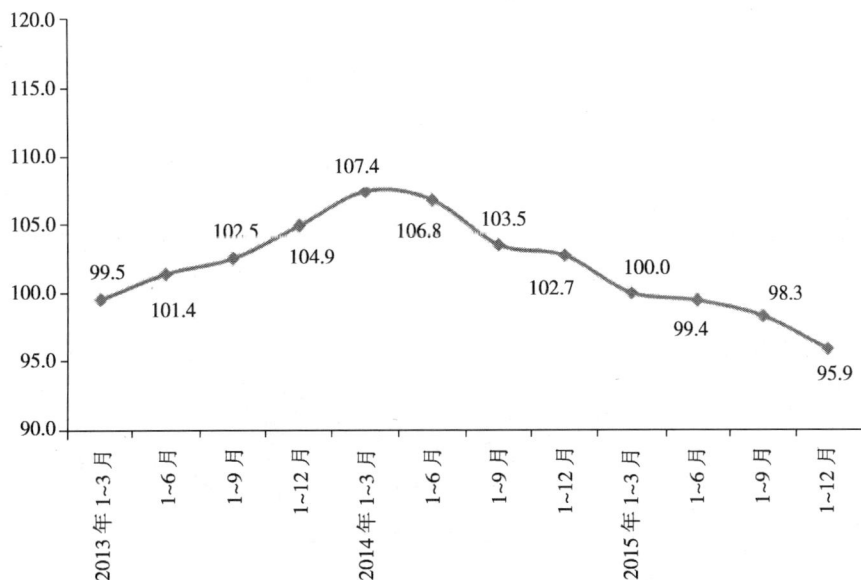

图9-9　2013—2015年季度茶叶生产价格指数

据显示，春茶价格三年来连续下降；茶叶价格总体平平，毛茶均价为 60.0 元/千克。受市场整体环境影响，茶青价格在春茶期间开始出现被挤压情况，江西、湖南、重庆等 67.0% 的产区春茶早期茶青价格下降 8.0% ～10.0%，56.0% 产区春茶中后期茶青价格下降 6.0%。

销售均价略有回调。名优茶均价约为 172.9 元/千克，大宗茶均价约为 55.9 元/千克，大宗茶均价回调约占 5.0%，均价降幅略高于名优茶。按茶类对比，红茶平均价格回调约 7.0%，乌龙茶均价回调近 10.0%，春茶均价回调约 3.0%，黑茶均价上涨 10.0% ～15.0%，白茶、黄茶基本保持不变。

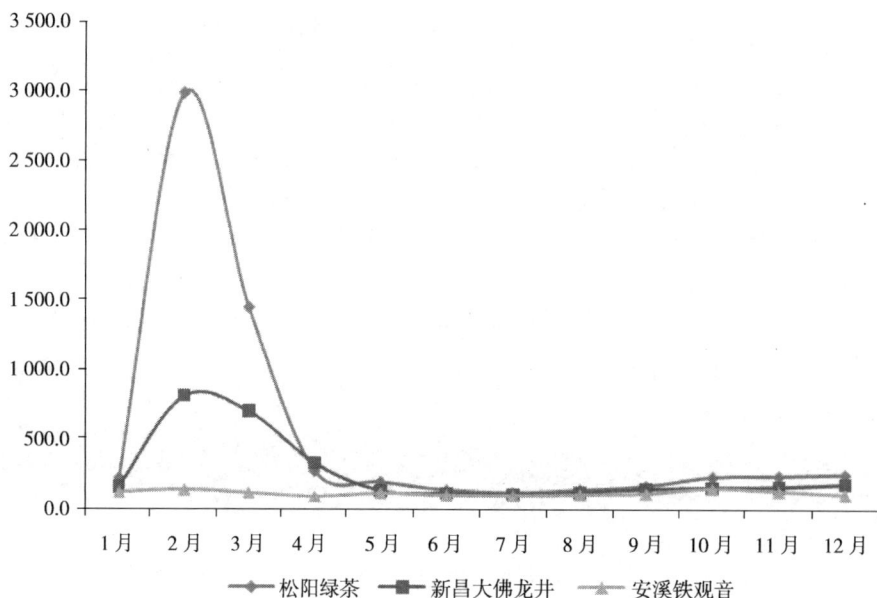

图 9-10　2015 年 1～12 月中国茶叶指数之地方名茶指数

五、上市企业情况

2015 年，沪深两市茶叶加工上市企业仅有深圳市深宝实业股份有限公司一家。深圳市深宝实业股份有限公司成立于 1975 年，前身为宝安县罐头厂。公司于 1991 年 12 月改制为股份有限公司，并于 1992 年 10 月在深圳证券交易所主板上市（股票简称：深深宝 A，股票代码：000019），是中国茶行业首家上市公司。该公司拥有多家全资、控股、参股企业。目前，公司旗下有"深宝""三井""金雕""聚芳永""兴圹"等五大品牌，并拥有茶叶及天然植物原料、名优茶、软包装饮品、调味品等 4 个产品系列的专业化运营。近年来，该公司集中经营业务实现了从茶园开发种植、茶叶粗精深加工，到茶饮料产品、终端茶叶产品销售的全产业链覆盖。从主营业务构成看，该公司产品中茶制品占主营业务收入的 75.51%、软饮料占 6.48%，其他还包括调味品产品等。2015 年，深圳市深宝实业股份有限公司完成营业总收入 3.38 亿元，同比下降 8.12%；实现归属净利润－0.35 亿元，同比下降－364.61%。

表 9 - 1 2007—2015 年深深宝 A 营业总收入及归属净利润

年份	营业总收入		归属净利润	
	累计（亿元）	同比增长（％）	累计（亿元）	同比增长（％）
2015	3.38	−8.12	−0.352 6	−364.61
2014	3.68	−16.02	0.133 2	−69.48
2013	4.38	41.03	0.436 6	−41.42
2012	3.11	−2.34	0.745 3	967.72
2011	3.18	38.48	0.069 8	22.73
2010	2.3	24.79	0.056 9	—
2009	1.84	21.85	−0.129 1	−202.18
2008	1.51	−21.39	0.126 3	−71.09
2007	1.92	84.81	0.436 9	28.22

表 9 - 2 2007—2015 年深深宝 A 部分偿债能力指标

年份	资产负债率（％）	流动比率	速动比率
2015	9.74	5.03	3.04
2014	13.94	3.71	2.81
2013	24.31	2.32	1.33
2012	17.73	3.53	2.55
2011	16.2	3.74	3.4
2010	43.36	0.92	0.72
2009	41.39	1.01	0.8
2008	27.98	1.11	0.75
2007	21.57	1.58	1.18

表 9 - 3 2007—2015 年深深宝 A 部分运营能力指标

年份	总资产周转率（次）	应收账款周转率	存货周转率
2015	0.31	3.78	1.62
2014	0.3	3.51	1.05
2013	0.34	4.13	1.44
2012	0.27	3.51	1.98
2011	0.37	4.80	4.67
2010	0.36	4.89	3.67
2009	0.32	5.29	2.96
2008	0.3	3.52	2.75
2007	0.41	5.63	3.77

表 9 - 4　2008—2015 年深深宝 A 部分盈利能力指标

年份	营业利润率（%）	毛利率（%）	基本每股收益（元）
2015	−14.3	26.84	−0.117 1
2014	3.1	37.78	0.044 3
2013	9.6	16.14	0.174
2012	23.8	17.16	0.297
2011	−1.6	19.1	0.032 3
2010	−0.4	22.77	0.031
2009	−5.5	25.8	−0.07
2008	8.2	21.94	0.07

六、行业热点事件

1. 互联网时代的茶产业发展引发关注　"互联网＋"战略把互联网和包括传统行业在内的各行各业结合起来，在新的领域创造一种新的生态。茶叶作为一个年产值已超千亿的产业，很多业内人士希望借"互联网＋"的东风给茶产业带来新的发展方向及更丰厚的利润。对此，业界产生不同观点。

持积极观点的人认为："互联网＋"可在生产、流通、品牌等方面发挥作用，通过构建农业物联网、云服务、大数据分析来实现生产全程可追溯；通过电商、微商、众筹等扩大流通范围；通过互联网新媒体及粉丝圈子进行品牌塑造与传播。

持消极观点的人认为：互联网因其扩散速度快，且监督体系不健全，很容易"一颗老鼠屎坏了一锅粥"，一旦某个单品被检测出了农残超标，整个产业都会受到牵连，而后续的影响很难消除。互联网时代企业可以选择建立自媒体、借力公众大号、圈子植入等方式进行低成本高效的品牌传播，然而，这些账号运营中并未获得足够多的粉丝关注，始终达不到理想的效果。

2. 中国茶文化周亮相 2015 米兰世博会　意大利时间 2015 年 8 月 3 日，全球瞩目的2015 米兰世博会中国茶文化周，在中国国家馆隆重开幕。在 7 天的时间里，中国茶文化周活动分别以中国乌龙茶、红茶、白茶、黄茶、黑茶、绿茶为主题，向世界人民宣传推广中国六大茶类。作为国家"一带一路"发展战略的重要载体之一，此次米兰世博会中国茶文化周，是茶行业践行这一战略的一次极好机遇。借世博契机，中国茶行业品牌企业还将联合设立茶叶欧洲公仓，通过搭建跨境电商平台，以"互联网＋茶"的方式改变茶叶低价出口现状，提升中国茶叶国际形象，推进中国茶文化影响世界茶消费。中国茶行业的新时代，将就此开启。

3. 中国茶的品牌化之路陷入困境　我国茶业长期备受"有品类无品牌"的困扰，地区公共品牌人人皆知，但是具体茶企、茶叶品牌却没人知晓。就像大红袍、武夷岩茶，几乎全国皆知，但要说大红袍、武夷岩茶的知名品牌，消费者们却不能叫出个一二来。即使在立顿深陷"农药门"事件后，业界仍有"七万茶企卖不过立顿一家"的说法，其实质是无品牌之伤。2014 年以来，不少茶企逐渐意识到"无品牌无以立市"，开始了品牌化进程。2015 年，茶叶市场持续调整，市场将朝着健康稳定的方向发展，茶叶走品牌化、以品牌强茶是我国茶叶行业今后发展的主要趋势。2015 年 7 月，湖南宜章用品种品质品牌做大做强茶产业，利用宜章茶叶协会这个平台，统一宜章的莽山红茶、绿茶品牌，助推宜章茶产业发展得更优、更强、更大，目前已取得初步成效。

4. 药企成进军茶业的新力量　大型现代化民营制药企业修正药业集团于 2015 年正式宣布进军茶品领域，同仁堂首款互联网订制的养生茶于 3 月 20 日在京东商城开始众筹预售。这标志着"茶叶的健康价值和广泛认知是大健康产业中不可或缺的一部分"这一理念正逐步被社会大众所认可。但也有一部分业内人士不看好，中国的茶叶市场虽然很大，但是市场乱象丛生，品牌化之路才刚刚起步。目前数得上的优秀茶叶品牌少之又少，全国性的大品牌茶品更是零星几个，只有好的产品才能有好的口碑，才能被消费者接受，品牌化将会是中国茶品市场最正规也是最正确的走向。

第10章 / 水产品加工

2015 年，我国水产品加工业运行平稳，主营业务收入增速有所下降，利润增速有所增加。其中全国规模以上水产品加工业企业 2 170 家，比 2014 年增加 43 家；完成主营业务收入 5 296.5 亿元，同比增长 1.8%，增速有所放缓；实现利润总额 293.1 亿元，同比增长 2.5%，比 2014 年同比增速上升 2.2 个百分点。2015 年全国水产品总量为 6 690 万吨，水产品的人均占有量为 48.7 千克，为城乡居民提供了 1/3 的优质蛋白。目前水产品市场供给充足，四大家鱼等传统水产品供给过剩，渔业进入了卖鱼难的新常态，面临产品结构优化、消费水平升级的新问题。

一、行业经济运行情况

（一）行业总体情况

2015 年，全国规模以上水产品加工业企业数量为 2 170 家，占规模以上农产品加工企业数量的 2.8%，比 2014 年增加 43 家，比 2013 年增加 71 家。累计完成主营业务收入 5 296.5 亿元，占规模以上农产品加工企业主营业务收入的 2.7%，同比增长 1.8%，比 2014 年同期增速下降 3.5 个百分点，比 2013 年同比增速下降 14.3 个百分点。累计实现利润总额 293.1 亿元，占规模以上农产品加工业企业利润总额的 2.3%，同比增长 2.5%，比 2014 年同比增速上升 2.2 个百分点，比 2013 年同比增速下降 2.2 个百分点。水产品加工业主营业务收入利润率为 5.5%，低于农产品加工业总体水平 6.7%，水产品加工业主营业务收入利润率近三年来基本保持在 5%～6% 的范围内。

1. 企业数量增加，私营企业为主　分规模看，大型企业 68 家，占全部规模以上水产品加工企业的 3.1%；中型企业 399 家，占 18.4%；小型企业 1 703 家，占 78.5%。因此，从企业规模看，水产品加工企业绝大部分是小微企业，其中水产品冷冻加工子行业的企业数量在大中小型水产品加工业企业中占比较均衡，分别占 79.4%、78.7% 和 61.5%。

分投资类型看，国有控股企业 22 家，占全部规模以上水产品加工企业的 1.0%；集体控股企业 55 家，占 2.5%；私人控股企业 1 698 家，占 78.2%；港澳台商控股企业 114 家，占 5.3%；外商控股企业 173 家，占 8.0%；其他控股企业 108 家，占 5.0%。因此，从投资类型看，水产品加工企业绝大部分是私营企业。

分区域看，水产品加工企业集中在东部沿海地区。东部地区拥有企业 1 615 家，占全国规模以上水产品加工企业的 74.4%；中部地区拥有企业 204 家，占 9.4%；西部地区拥有企业 64 家，占 2.9%；东北地区拥有企业 287 家，占 13.2%。其中企业数量排名前五位的省

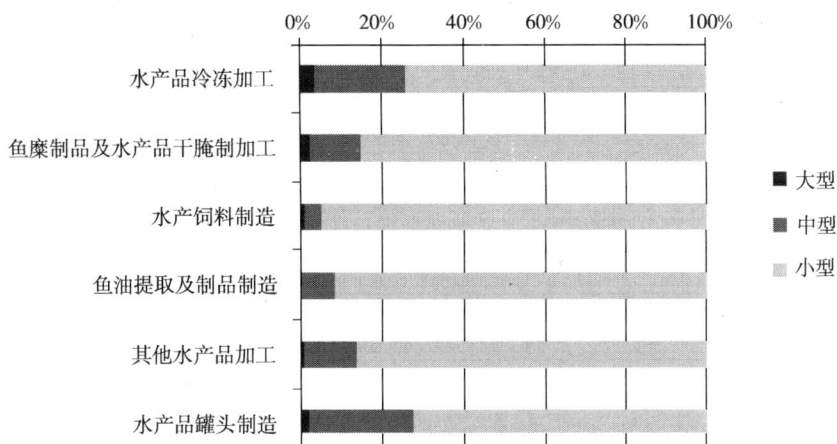

图 10-1　2015 年水产品加工企业数量规模结构

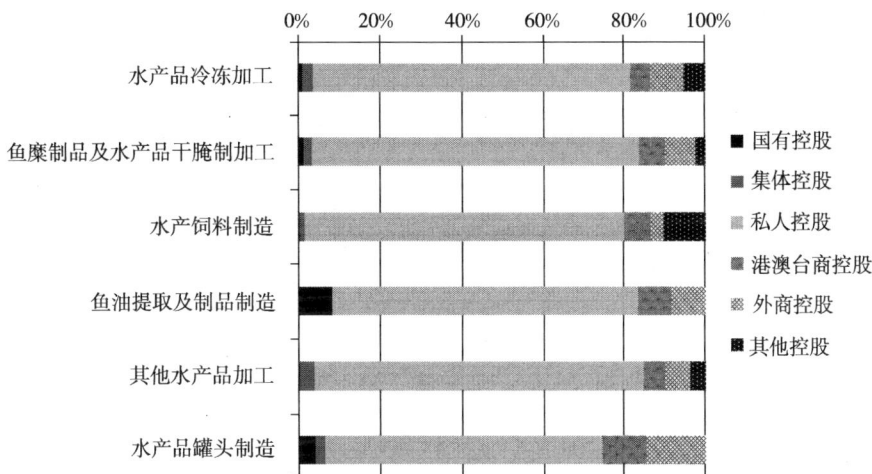

图 10-2　2015 年水产品加工企业数量投资类型结构

份是山东、福建、浙江、辽宁和广东，规模以上水产品加工企业数量分别为 494 家、377 家、280 家、263 家和 233 家，占水产品加工企业的比例分别为 22.8%、17.4%、12.9%、12.1%、10.7%。排名前五位的省份企业数量加总达到 75.9%，超过全国水产品加工企业的 3/4。

2. 主营业务收入增速放缓　分规模看，大型企业完成主营业务收入 1 020.7 亿元，占全部规模以上水产品加工业主营业务收入的 19.3%，同比增长 5.9%，增速比上年同期增长 3.8 个百分点；中型企业完成主营业务收入 1 523.2 亿元，占 28.8%，同比下降 7.9%，增速比上年同期下降 10.4 个百分点；小型企业完成主营业务收入 2 752.6 亿元，占 52.0%，同比增长 6.5%，增速比上年同期下降 2.0 个百分点。中小型企业主营业务收入增速有所下降。

分投资类型看，国有控股企业完成主营业务收入 103.6 亿元，占全部规模以上水产品加工业主营业务收入的 2.0%，同比增长 7.0%，增速比上年同期下降 1.2 个百分点；集体控股企业完成主营业务收入 323.4 亿元，占 6.1%，同比下降 12.6%，增速比上年同期下降

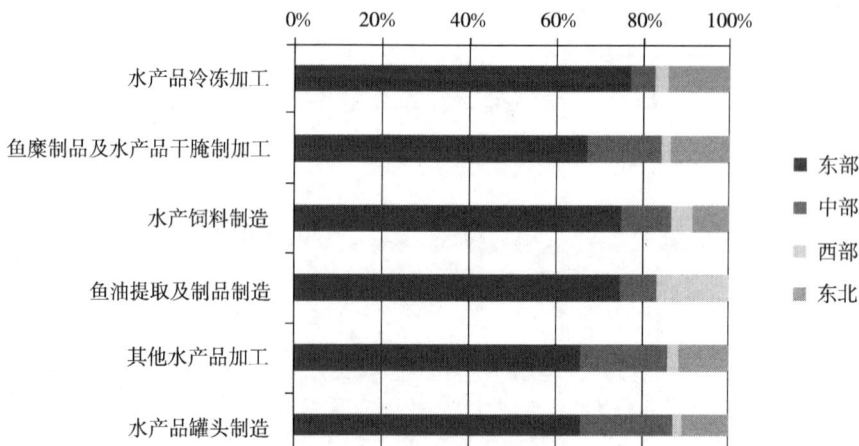

图 10-3　2015 年水产品加工企业数量区域结构

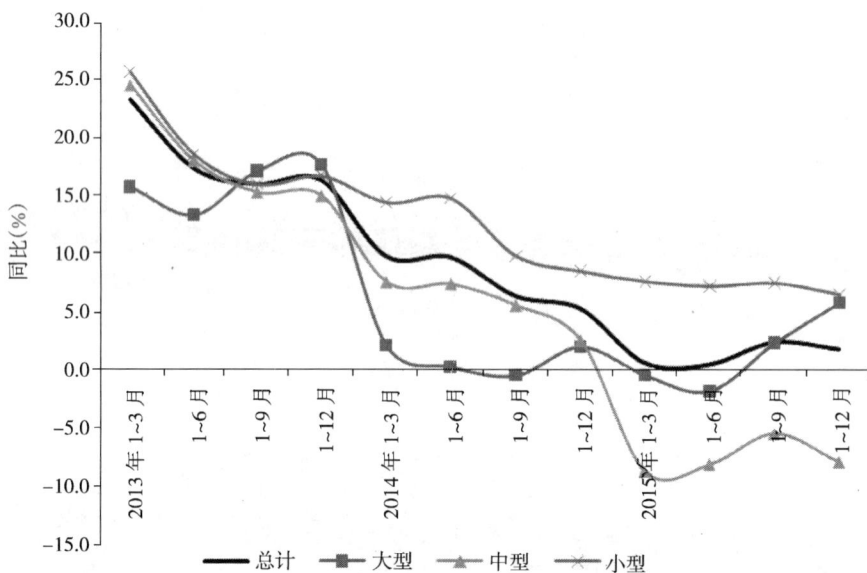

图 10-4　2013—2015 年水产品加工业分规模主营业务收入累计同比增速

0.9 个百分点；私人控股企业完成主营业务收入 3772.6 亿元，占 71.2%，同比增长 2.2%，增速比上年同期下降 3.5 个百分点；港澳台商控股企业完成主营业务收入 331.6 亿元，占 6.3%，同比增长 6.8%，增速与上年持平；外商控股企业完成主营业务收入 444.0 亿元，占 8.4%，同比增长 0.3%，增速比上年同期下降 7.9 个百分点；其他控股企业完成主营业务收入 321.2 亿元，占 6.1%，同比增长 10.5%，增速比上年同期下降 7.7 个百分点。可以看出，各控股类型企业主营业务收入增速均有下降，集体控股企业主营业务收入增速继续呈下降趋势。

分区域看，东部地区企业完成主营业务收入 4 115.2 亿元，占全国规模以上水产品加工业主营业务收入的 77.7%，同比增长 9.7%；中部地区企业完成主营业务收入 598.6 亿元，占 11.3%，同比增长 17.8%；西部地区企业完成主营业务收入 110.0 亿元，占 2.1%，同比下降 6.7%；东北地区企业完成主营业务收入 454.7 亿元，占 8.6%，同比下降 43.6%。

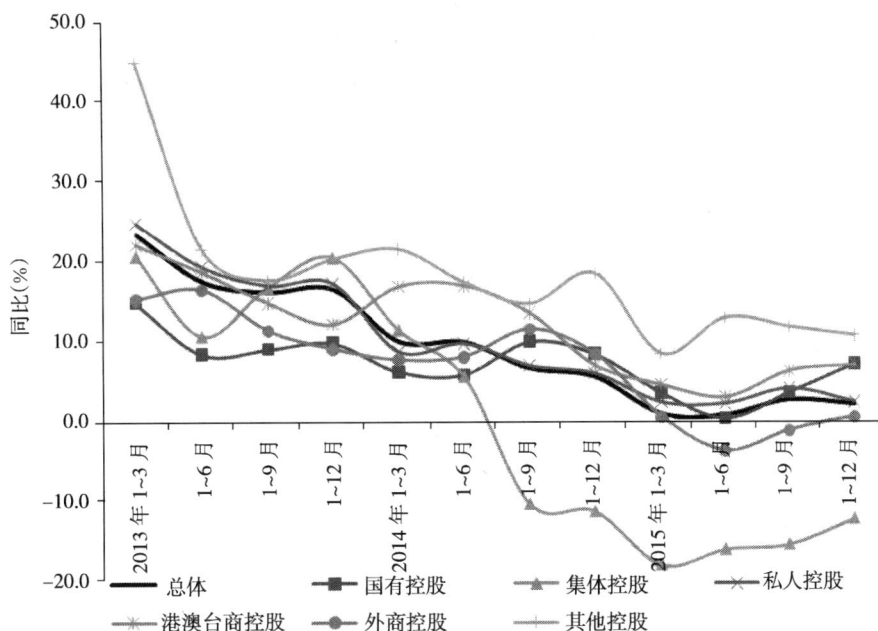

图 10-5　2013—2015 年水产品加工业分投资类型主营业务收入累计同比增速

中部地区水产品加工业主营业务收入增速更快，东北地区主营业务收入下降幅度明显。其中，主营业务收入排名前五位的省份是山东、福建、广东、辽宁和湖北，2015 年规模以上水产品加工业完成主营业务收入分别为 1 941.3 亿元、980.9 亿元、548.4 亿元、401.6 亿元和 326.0 亿元，同比增速分别是 8.0%、13.1%、12.1%、−45.0%、11.2%，辽宁省主营业务收入下降明显。

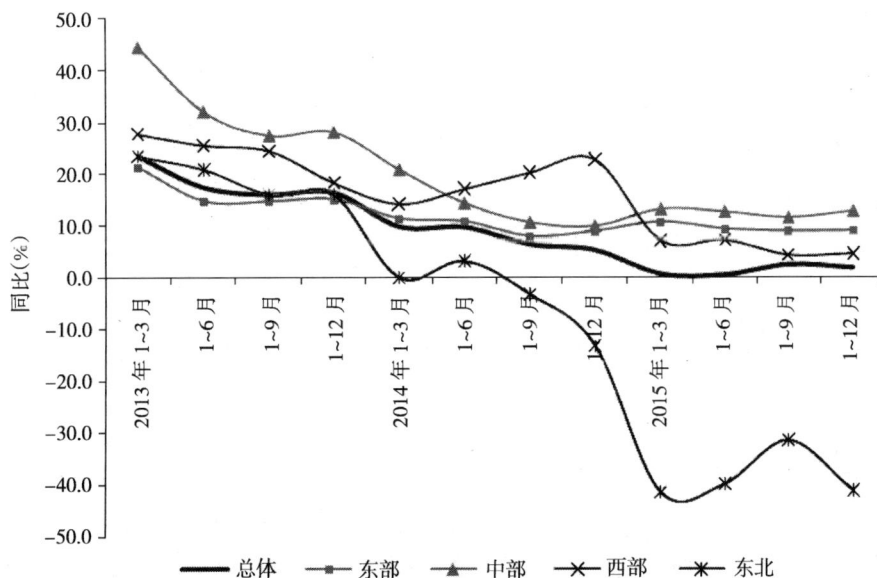

图 10-6　2013—2015 年水产品加工业分区域主营业务收入累计同比增速

3. 企业利润总额增速加快。

分规模看，除小型企业利润有所增加，大中型企业利润均同比下降。其中，大型企业实现利润总额 53.4 亿元，占规模以上水产品加工业利润总额的 18.2%，同比下降 4.9%；中型企业实现利润总额 90.4 亿元，占 30.8%，同比下降 3.0%；小型企业实现利润总额 149.3 亿元，占 50.9%，同比增长 9.2%。

分投资类型看，国有控股企业利润增长较快，集体控股企业利润稍有下降。其中，国有控股企业实现利润总额 4.9 亿元，占规模以上水产品加工业利润总额的 1.7%，同比增长 11.7%；集体控股企业实现利润总额 17.7 亿元，占 6.0%，同比下降 0.6%；私人控股企业实现利润总额 211.6 亿元，占 72.2%，同比增长 1.3%；港澳台商控股企业实现利润总额 23.0 亿元，占 7.8%，同比增长 2.4%；外商控股企业实现利润总额 20.5 亿元，占 7.0%，同比增长 4.4%；其他控股企业实现利润总额 15.5 亿元，占 5.3%，同比增长 19.1%。

分区域看，西部地区企业利润增长较快，东北地区企业利润大幅下降。其中，东部地区企业实现利润总额 228.6 亿元，占规模以上水产品加工业利润总额的 78.0%，同比增长 9.8%；中部地区企业实现利润总额 32.5 亿元，占 11.1%，同比下降 2.6%；西部地区企业实现利润总额 9.3 亿元，占 3.2%，同比增长 35.5%；东北地区企业实现利润总额 22.7 亿元，占 7.8%，同比下降 39.6%，下降幅度明显。

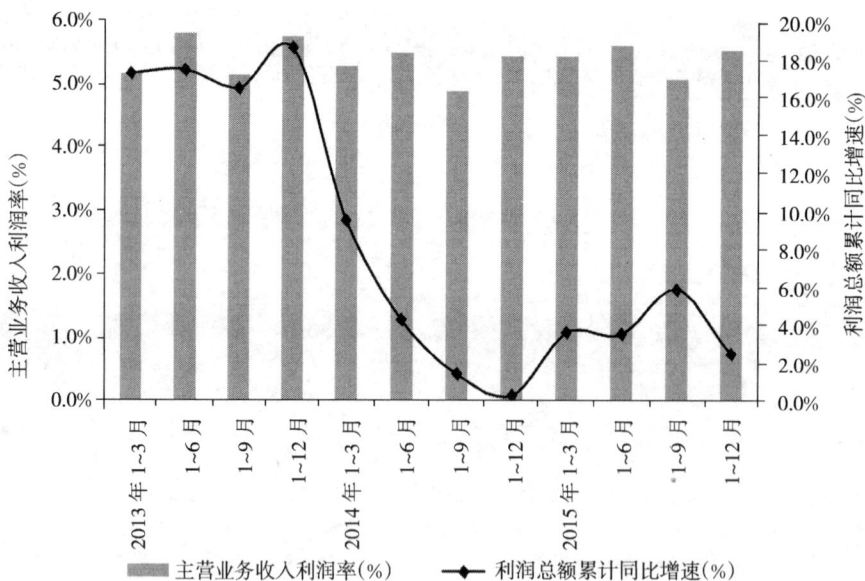

图 10-7　2013—2015 年水产品加工业利润总额增速与主营业务收入利润率

（二）水产品冷冻加工业

2015 年，全国规模以上水产品冷冻加工企业 1 416 家，占规模以上水产品加工企业数量的 65.3%，比 2014 年增加 8 家，比 2013 年减少 12 家。完成主营业务收入 3 723.2 亿元，占规模以上水产品加工业主营业务收入的 70.3%，同比下降 1.4%，比 2014 年同期增速下降 4.5 个百分点。累计实现利润总额 197.4 亿元，占规模以上水产品加工业利润总额的

67.3%，同比增长 0.5%，比 2014 年同比增速增长 4.1 个百分点，比 2013 年同比增速下降 4.1 个百分点。水产品冷冻加工业主营业务收入利润率为 5.3%，比水产品加工业主营业务收入利润率低 0.2 个百分点。

1. 企业数量增加，小型企业为主　分规模看，大型企业 54 家，占全部规模以上水产品冷冻加工企业的 3.8%，比 2014 年减少 3 家；中型企业 314 家，占 22.2%，比 2014 年减少 12 家；小型企业 1 048 家，占 74.0%，比 2014 年增加 23 家。因此，从企业规模看，水产品冷冻加工业企业绝大部分是小微企业，大中型企业数量有所减少。

分投资类型看，国有控股企业 14 家，占全部规模以上水产品冷冻加工业企业的 1.0%；集体控股企业 38 家，占 2.7%；私人控股企业 1 103 家，占 77.9%；港澳台商控股企业 66 家，占 4.7%；外商控股企业 121 家，占 8.5%；其他控股企业 74 家，占 5.2%。因此，从投资类型看，水产品冷冻加工业企业绝大部分是私营企业。

分区域看，东部地区拥有企业 1 094 家，占全国规模以上水产品冷冻加工业企业的 77.3%；中部地区拥有企业 81 家，占 5.7%；西部地区拥有企业 41 家，占 2.9%；东北地区拥有企业 200 家，占 14.1%。因此，从区域看，水产品冷冻加工企业主要分布在东部地区。

2. 主营业务收入增速放缓，大型企业营收增速加快　分规模看，大型企业完成主营业务收入 833.2 亿元，占全部规模以上水产品冷冻加工业主营业务收入的 22.4%，同比增长 4.1%，增速比上年同期增长 4.5 个百分点；中型企业完成主营业务收入 1 142.8 亿元，占 30.7%，同比下降 10.2%，增速比上年同期下降 11.0 个百分点；小型企业完成主营业务收入 1 747.2 亿元，占 46.9%，同比增长 2.6%，增速比上年同期下降 4.2 个百分点。从规模看，水产品冷冻企业主营业务收入主力为中小型企业，完成了水产品冷冻加工业主营业务收入的 77.6%，其中，中型企业主营业务收入增速下降明显。

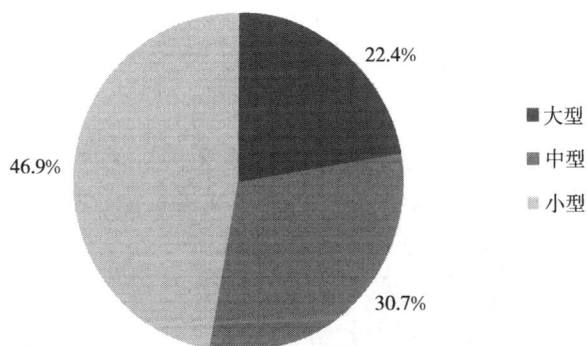

图 10-8　2015 年水产品冷冻加工企业主营业务收入规模结构

分投资类型看，国有控股企业完成主营业务收入 88.8 亿元，占全部规模以上水产品冷冻加工业主营业务收入的 2.4%，同比增长 8.3%，增速比上年同期上升 1.7 个百分点；集体控股企业完成主营业务收入 273.1 亿元，占 7.3%，同比下降 15.1%，增速比上年同期下降 2.1 个百分点；私人控股企业完成主营业务收入 2 661.0 亿元，占 71.5%，同比下降 0.9%，增速比上年同期下降 4.7 个百分点；港澳台商控股企业完成主营业务收入 173.5 亿元，占 4.7%，同比增长 3.1%，增速与上年基本持平；外商控股企业完成主营业务收入 326.3 亿元，占 8.8%，同比增长 0.2%，增速比上年同期下降 8.1 个百分点；其他控股企业完成主营业务收入 200.6 亿元，占 5.4%，同比增长 4.5%，增速比上年同期下降 11.8 个百分点。从投资类型看，私人控股企业主营业务收入占比最高，国有控股企业主营业务收入增速最快。

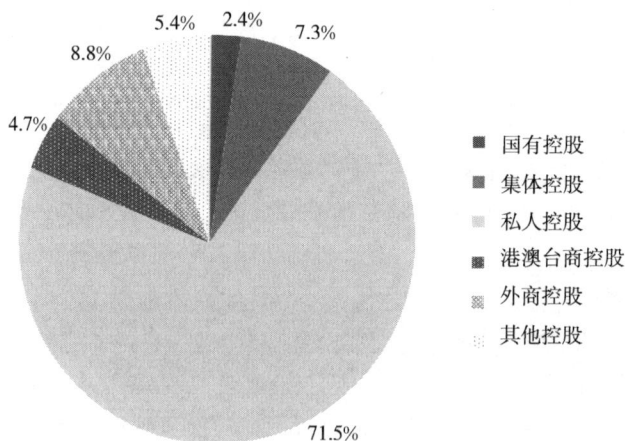

图 10-9　2015 年水产品冷冻加工企业主营业务收入投资类型结构

分区域看，东部地区企业完成主营业务收入 2 971.9 亿元，占全国规模以上水产品冷冻加工业主营业务收入的 79.8%，同比增长 8.1%；中部地区企业完成主营业务收入 300.4 亿元，占 8.1%，同比增长 10.3%；西部地区企业完成主营业务收入 105.4 亿元，占 2.8%，同比增长 6.1%；东北地区企业完成主营业务收入 345.6 亿元，占 9.3%，同比下降 46.8%。因此，东部地区水产品冷冻加工业主营业务收入占比最高，中部地区增速更快，东北地区主营业务收入下降幅度明显。

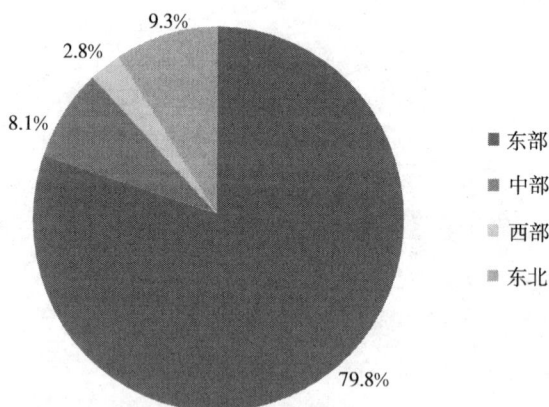

图 10-10　2015 年水产品冷冻加工企业主营业务收入区域结构

3. 利润总额增速放缓，东部地区继续领跑　分规模看，小型企业利润占比较大，中型企业利润有所下降。其中，大型企业实现利润总额 41.2 亿元，占全国规模以上水产品冷冻加工业利润总额的 20.9%，同比增长 1.0%；中型企业实现利润总额 64.1 亿元，占 32.5%，同比下降 5.8%；小型企业实现利润总额 92.0 亿元，占 46.6%，同比增长 5.1%。

分投资类型看，国有控股企业利润增速较快，私人控股企业利润占比较大。其中，国有控股企业实现利润总额 4.7 亿元，占全国规模以上水产品冷冻加工业利润总额的 2.4%，同比增长 15.0%；集体控股企业实现利润总额 13.1 亿元，占 6.7%，同比下降 3.4%；私人控股企业实现利润总额 146.7 亿元，占 74.3%，同比下降 0.6%；港澳台商控股企业实现利润总额 11.5 亿元，占 5.8%，同比增长 4.7%；外商控股企业实现利润总额 13.1 亿元，占 6.6%，同比增长 0.6%；其他控股企业实现利润总额 8.2 亿元，占 4.2%，同比增长 13.9%。

分区域看，西部地区企业利润增长较快，东北地区企业利润显著下降。其中，东部地区企业实现利润总额 156.8 亿元，占全国规模以上水产品冷冻加工业利润总额的 79.5%，同比增长 10.1%；中部地区企业实现利润总额 14.6 亿元，占 7.4%，同比下降 0.4%；西部地区企业实现利润总额 7.2 亿元，占 3.7%，同比增长 29.1%；东北地区企业实现利润总额 18.7 亿元，占 9.5%，同比下降 44.5%，下降幅度明显。

（三）鱼糜制品及水产品干腌制加工业

2015 年，全国规模以上鱼糜制品及水产品干腌制加工企业 377 家，占规模以上水产品加工企业数量的 17.4%，比 2014 年增加 17 家，比 2013 年增加 29 家。完成主营业务收入 705.4 亿元，占规模以上水产品加工企业主营业务收入的 13.3%，同比增长 1.9%，比 2014 年同比增速上升 1.9 个百分点。累计实现利润总额 43.2 亿元，同比增长 8.9%，比 2014 年同期增长 7.8 个百分点，比 2013 年同期增长 8.2 个百分点。主营业务收入利润率为 6.1%，比水产品加工业主营业务收入利润率高 0.6 个百分点。

1. 企业数量增加，小型企业为主　分规模看，大型企业 10 家，占全部规模以上鱼糜制品及水产品干腌制加工企业的 2.7%，比 2014 年减少 2 家；中型企业 47 家，占 12.5%，比 2014 年增加 2 家；小型企业 320 家，占 84.9%，比 2014 年增加 17 家。因此，从企业规模看，鱼糜制品及水产品干腌制加工企业以小型企业为主。分投资类型看，国有控股企业 5 家，占 1.3%；集体控股企业 8 家，占 2.1%；私人控股企业 302 家，占 80.1%；港澳台商控股企业 23 家，占 6.1%；外商控股企业 30 家，占 8.0%；其他控股企业 9 家，占 2.4%。因此，从投资类型看，鱼糜制品及水产品干腌制加工企业绝大部分是私营企业。分区域看，东部地区拥有企业 254 家，占全国规模以上鱼糜制品及水产品干腌制加工企业的 67.4%；中部地区拥有企业 64 家，占 17.0%；西部地区拥有企业 8 家，占 2.1%；东北地区拥有企业 51 家，占 13.5%。因此，从区域看，鱼糜制品及水产品干腌制加工企业主要分布在东部地区。

2. 主营业务收入增速加快　分规模看，大型企业完成主营业务收入 109.5 亿元，占全部规模以上鱼糜制品及水产品干腌制加工业主营业务收入的 15.5%，同比增长 11.6%，增速比上年同期增长 9.3 个百分点；中型企业完成主营业务收入 206.3 亿元，占 29.2%，同比下降 4.7%，增速比上年同期下降 7.5 个百分点；小型企业完成主营业务收入 389.6 亿元，占 55.2%，同比增长 15.4%，增速比上年同期增长 6.1 个百分点。从规模看，鱼糜制品及水产品干腌制加工企业主营业务收入主力为中小型企业，完成了鱼糜制品及水产品干腌制加工业主营业务收入的 84.5%，其中，中型企业主营业务收入有所减少；大型和小型企业主营业务收入增速有所提高。

分投资类型看，国有控股企业完成主营业务收入 2.8 亿元，占全部规模以上鱼糜制品及水产品干腌制加工业主营业务收入的 0.4%，同比增长 15.2%，增速比上年同期上升 15.9 个百分点；集体控股企业完成主营业务收入 30.1 亿元，占 4.3%，同比增长 5.4%，增速比上年同期上升 9.4 个百分点；私人控股企业完成主营业务收入 516.2 亿元，占 73.2%，同比增长 9.9%，增速比上年同期上升 3.1 个百分点；港澳台商控股企业完成主营业务收入

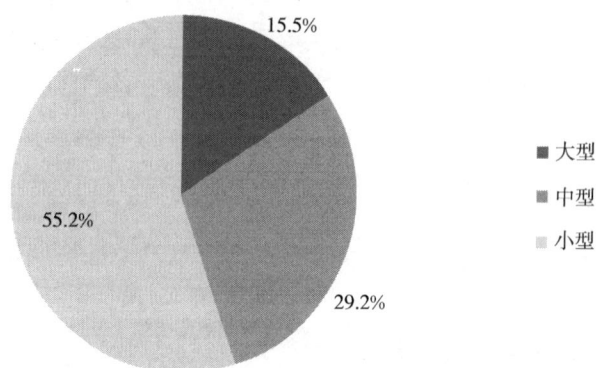

图 10-11 2015 年鱼糜制品及水产品干腌制加工企业主营业务收入规模结构

70.1 亿元，占 9.9%，同比增长 13.4%，增速比上年同期上升 6.8 个百分点；外商控股企业完成主营业务收入 61.4 亿元，占 8.7%，同比下降 6.5%，增速比上年同期下降 14.7 个百分点；其他控股企业完成主营业务收入 24.7 亿元，占 3.5%，同比增长 3.2%，增速比上年同期上升 1.9 个百分点。从投资类型看，私人控股企业主营业务收入占比最高，国有控股、集体控股企业主营业务收入增速由负转正；外商控股企业主营业务收入增速呈现负增长。

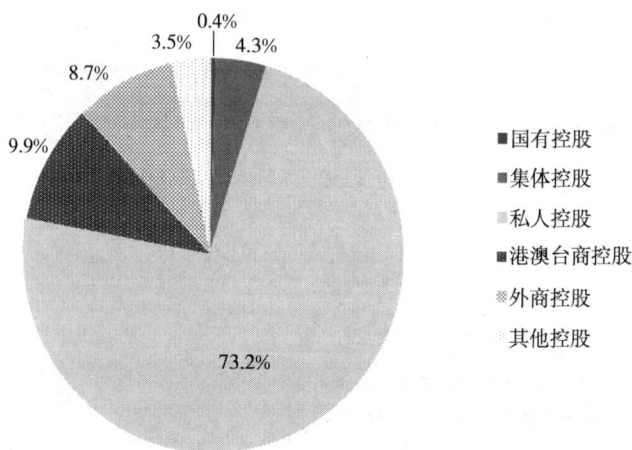

图 10-12 2015 年鱼糜制品及水产品干腌制加工企业主营业务收入投资类型结构

分区域看，东部地区企业完成主营业务收入 509.7 亿元，占全国规模以上鱼糜制品及水产品干腌制加工业主营业务收入的 72.3%，同比增长 7.4%；中部地区企业完成主营业务收入 127.6 亿元，占 18.1%，同比增长 16.6%；西部地区企业完成主营业务收入 9.4 亿元，占 1.3%，同比增长 16.1%；东北地区企业完成主营业务收入 58.6 亿元，占 8.3%，同比下降 2.8%。因此，东部地区鱼糜制品及水产品干腌制加工业主营业务收入占比最高，中部地区增速更快，东北地区主营业务收入下降。

3. 国有企业利润总额增速成倍增长 分规模看，大型企业实现利润总额 7.5 亿元，占全国规模以上鱼糜制品及水产品干腌制加工业利润总额的 17.4%，同比下降 3.1%；中型企业实现利润总额 15.0 亿元，占 34.7%，同比下降 0.4%；小型企业实现利润总额 20.7 亿元，占 47.9%，同比增长 22.8%，小型企业利润增幅较大。分投资类型看，国有控股企业

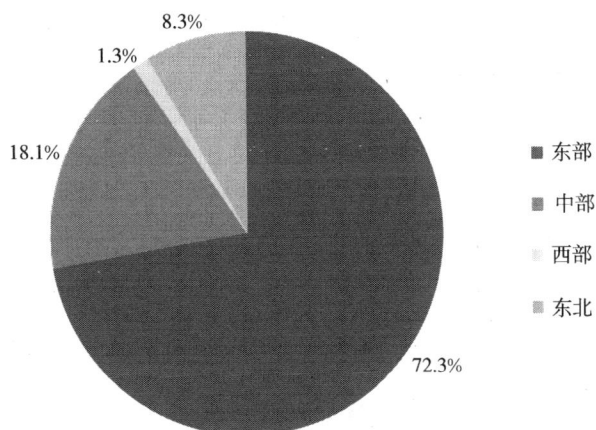

图 10-13　2015 年鱼糜制品及水产品干腌制加工企业主营业务收入区域结构

实现利润总额 0.1 亿元，占全国规模以上鱼糜制品及水产品干腌制加工业利润总额的 0.3%，同比增长 416.1%；集体控股企业实现利润总额 3.0 亿元，占 6.9%，同比增长 14.4%；私人控股企业实现利润总额 29.6 亿元，占 68.4%，同比增长 12.2%；港澳台商控股企业实现利润总额 6.5 亿元，占 15.1%，同比增长 3.0%；外商控股企业实现利润总额 3.7 亿元，占 8.5%，同比增长 0.4%；其他控股企业实现利润总额 0.3 亿元，占 0.8%，同比下降 51.6%。可以看出，国有企业利润占比较少，但比上年增长了 4 倍。分区域看，东部地区企业实现利润总额 34.0 亿元，占全国规模以上鱼糜制品及水产品干腌制加工业利润总额的 78.6%，同比增长 11.9%；中部地区企业实现利润总额 6.0 亿元，占 13.9%，同比下降 13.1%；西部地区企业实现利润总额 1.0 亿元，占 2.3%，同比增长 201.6%；东北地区企业实现利润总额 2.2 亿元，占 5.2%，同比增长 7.9%。西部地区利润快速增长，中部地区利润有所下降。

（四）水产饲料制造业

2015 年，全国规模以上水产饲料制造企业 189 家，占规模以上水产品加工企业数量的 8.7%，比 2014 年增加 9 家，比 2013 年增加 32 家。完成主营业务收入 485.5 亿元，占规模以上水产品加工企业主营业务收入的 9.2%，同比增长 15.4%，比 2014 年同期下降 5.5 个百分点。累计实现利润总额 28.3 亿元，同比增长 2.2%，比 2014 年同期下降 22.5 个百分点，比 2013 年同期下降 9.8 个百分点。主营业务收入利润率为 5.8%，比水产品加工业主营业务收入利润率高 0.3 个百分点。

1. 企业数量增加，小型企业为主　分规模看，大型企业 2 家，占全部规模以上水产饲料制造企业的 1.1%，比 2014 年增加 1 家；中型企业 8 家，占 4.2%，比 2014 年减少 3 家；小型企业 179 家，占 94.7%，比 2014 年增加 11 家。因此，从企业规模看，水产饲料制造企业以小型企业为主，中型企业数量有所减少。分投资类型看，集体控股企业 3 家，占 1.6%；私人控股企业 148 家，占 78.3%；港澳台商控股企业 12 家，占 6.3%；外商控股企业 6 家，占 3.2%；其他控股企业 20 家，占 10.6%。因此，从投资类型看，水产饲料制造企业绝大部分是私营企业，国有控股企业尚未进入水产饲料制造领域。分区域看，东部地区拥有企业 142 家，占全国规模以上水产饲料制造企业的 75.1%；中部地区拥有企业 22 家，占 11.6%；西部地区拥有企业 9 家，占 4.8%；东北地区拥有企业 16 家，占 8.5%。因此，从区域看，水产饲料制造企业同样主要分布在东部地区。

2. 主营业务收入增速下降　分规模看，大型企业完成主营业务收入 59.6 亿元，占全部规模以上水产饲料制造业主营业务收入的 12.3%，同比增长 22.7%，增速比上年同期下降 69.4 个百分点；中型企业完成主营业务收入 40.4 亿元，占 8.3%，同比下降 0.1%，增速比上年同期下降 23.6 个百分点；小型企业完成主营业务收入 385.4 亿元，占 79.4%，同比增长 16.3%，增速比上年同期增长 1.9 个百分点。从规模看，水产饲料制造企业主营业务收入主力为小型企业，大中型企业主营业务收入增速显著下降。

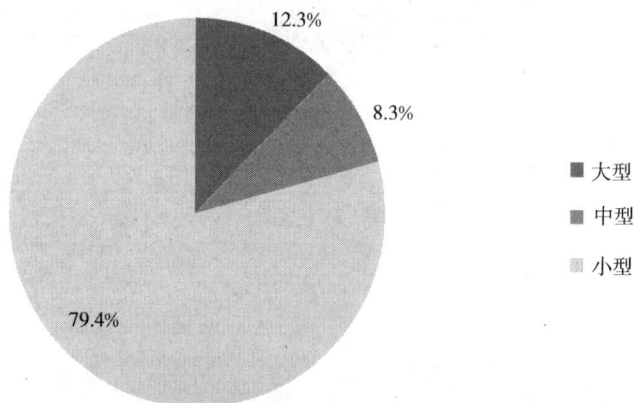

图 10 - 14　2015 年水产饲料制造企业主营业务收入规模结构

分投资类型看，集体控股企业完成主营业务收入 9.7 亿元，占全部规模以上水产饲料制造业主营业务收入的 2.0%，同比增长 21.8%，增速比上年同期上升 4.3 个百分点；私人控股企业完成主营业务收入 337.0 亿元，占 69.4%，同比增长 14.0%，增速比上年同期下降 8.7 个百分点；港澳台商控股企业完成主营业务收入 41.9 亿元，占 8.6%，同比增长 6.5%，增速比上年同期下降 5.2 个百分点；外商控股企业完成主营业务收入 19.5 亿元，占 4.0%，同比增长 14.3%，增速比上年同期上升 1.3 个百分点；其他控股企业完成主营业务

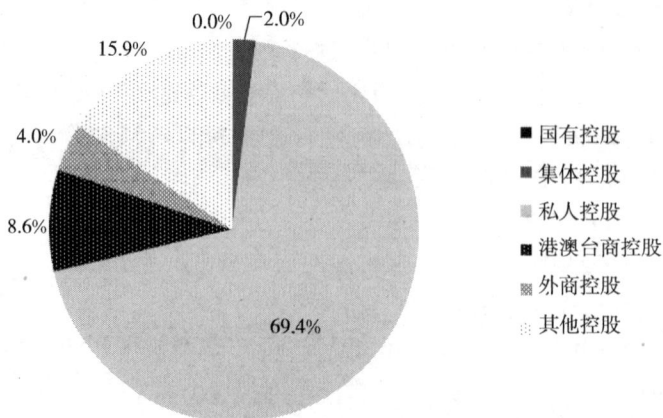

图 10 - 15　2015 年水产饲料制造企业主营业务收入投资类型结构

收入 77.4 亿元，占 15.9％，同比增长 27.6％，增速比上年同期上升 5.9 个百分点。从投资类型看，私人控股企业主营业务收入占比最高，但增速放缓。

分区域看，东部地区企业完成主营业务收入 403.9 亿元，占全国规模以上水产饲料制造业主营业务收入的 83.2％，同比增长 15.2％；中部地区企业完成主营业务收入 45.9 亿元，占 9.5％，同比增长 6.4％；西部地区企业完成主营业务收入 9.7 亿元，占 2.0％，同比增长 22.2％；东北地区企业完成主营业务收入 25.9 亿元，占 5.3％，同比增长 38.4％。因此，东部地区水产饲料制造业主营业务收入占比最高，西部和东北地区营收增速较快。

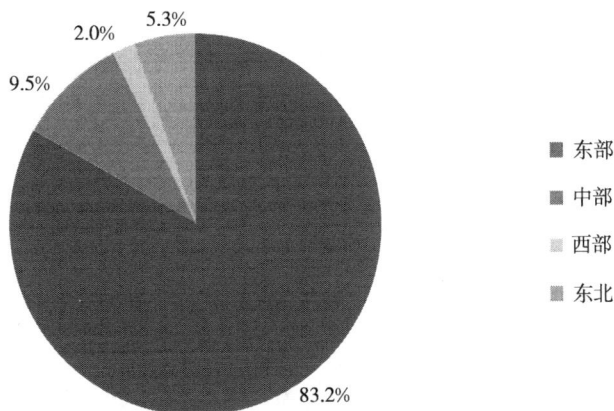

图 10 - 16　2015 年水产饲料制造企业主营业务收入区域结构

3. 利润总额增加，东北地区企业利润快速增长　分规模看，大型企业实现利润总额 3.0 亿元，占全国规模以上水产饲料制造业利润总额的 10.8％，同比下降 47.5％；中型企业实现利润总额 3.0 亿元，占 10.5％，同比增长 14.1％；小型企业实现利润总额 22.3 亿元，占 78.8％，同比增长 15.5％。可以看出，大型企业利润明显下降。分投资类型看，集体控股企业实现利润总额 0.7 亿元，占全国规模以上水产饲料制造业利润总额的 2.5％，同比下降 14.8％；私人控股企业实现利润总额 19.2 亿元，占 68.0％，同比下降 3.4％；港澳台商控股企业实现利润总额 1.3 亿元，占 4.5％，同比下降 11.9％；外商控股企业实现利润总额 1.5 亿元，占 5.5％，同比增长 0.9％；其他控股企业实现利润总额 5.5 亿元，占 19.6％，同比增长 38.9％。可以看出，仅其他控股企业的利润有明显上升。分区域看，东部地区企业实现利润总额 23.3 亿元，占全国规模以上水产饲料制造业利润总额的 82.4％，同比增长 4.7％；中部地区企业实现利润总额 3.4 亿元，占 12.1％，同比下降 17.4％；西部地区企业实现利润总额 0.7 亿元，占 2.4％，同比增长 14.0％；东北地区企业实现利润总额 0.9 亿元，占 3.1％，同比增长 29.2％。可以看出，中部地区利润总额有所下降，东北地区利润增幅较大。

二、主要产品贸易情况分析

2015 年，全国水产品加工商品累计进出口总额为 166.9 亿美元，同比下降 6.4％，增速较上年同期下降 17.3 个百分点；累计进出口总量 516.1 万吨，同比下降 6.5％，增速较上年同期下降 10.4 个百分点。其中，累计出口金额 119.2 亿美元，同比下降 6.0％；累计出口量 262.9 万吨，同比下降 5.1％。累计进口金额 47.6 亿美元，同比下降 7.3％；累计进口量 253.2 万吨，同比下降 7.8%。在水产品加工贸易中，冷冻加工水产品行业的进出口总额和进出口总量居首位。

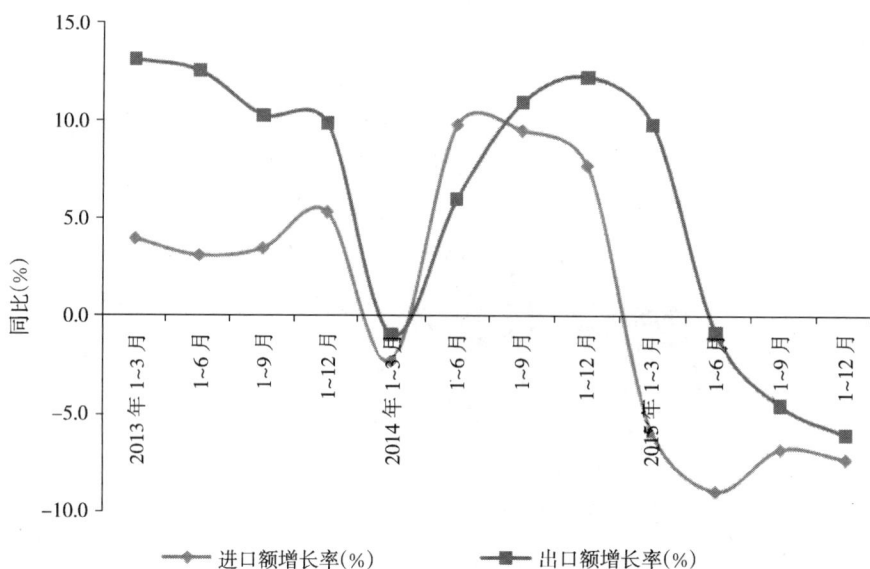

图 10-17　2013—2015 年水产品加工进出口额累计同比增长率

（一）冷冻加工水产品进出口有所下降

2015 年，全国冷冻加工水产品累计进出口总量 413.4 万吨，占水产品加工业进出口总量的 80.1%，同比下降 8.0%；累计进出口金额 123.0 亿美元，占水产品加工业进出口金额的 73.7%，同比下降 8.3%。其中，冷冻加工水产品累计出口量 207.6 万吨，同比下降 7.3%，出口金额 82.4 亿美元，同比下降 8.9%；累计进口量 205.8 万吨，同比下降 8.6%，进口金额 40.6 亿美元，同比下降 7.1%。

按贸易方式看，冷冻加工水产品出口的主要贸易方式是一般贸易方式。采用一般贸易方式出口 119.4 万吨，同比下降 7.9%，占全部冷冻加工水产品出口数量的 57.6%；采用一般贸易方式出口金额 48.0 亿美元，同比下降 11.6%，占全部冷冻加工水产品出口金额的 58.3%。冷冻加工水产品进口的主要贸易方式是进料加工贸易，采用进料加工贸易方式进口的数量为 69.1 万吨，同比下降 31.1%，占全部冷冻加工水产品进口数量的 33.6%，采用进料加工贸易方式进口金额 13.2 亿美元，同比下降 33.1%，占全部冷冻加工水产品进口金额的 32.6%。

分国别看，冷冻加工水产品前五大出口目的地按出口数量统计为美国、日本、韩国、德国和菲律宾，2015 年分别出口 28.7 万吨、23.3 万吨、21.5 万吨、12.9 万吨和 11.0 万吨，合计占全部冷冻加工水产品出口数量的 46.9%，占比与上年基本持平；前五大出口目的地按出口金额统计为美国、日本、韩国、中国香港地区和德国，2015 年出口金额分别为 13.6 亿美元、12.5 亿美元、5.9 亿美元、5.8 亿美元和 4.68 亿美元，合计占全部冷冻加工水产品出口金额的 51.3%，同比上升 1.0 个百分点。冷冻加工水产品前五大进口来源地按进口数量统计为俄罗斯联邦、美国、挪威、中国台澎金马关税区和加拿大，2015 年分别进口了 81.3 万吨、39.1 万吨、15.3 万吨、7.8 万吨和 7.6 万吨，合计占全部冷冻加工水产品进口数量的 73.4%，同比上升 2.6 个百分点；前五大进口来源地按进口金额统计为俄罗斯联邦、美国、挪威、加拿大和厄瓜多尔，2015 年进口金额分别为 11.2 亿美元、8.0 亿美元、3.1 亿美元、2.9 亿美元和 1.9 亿美元，合计占全部冷冻加工水产品进口金额的 66.8%，同比下降 0.2 个百分点。

分地区看，冷冻加工水产品前五大出口地区为山东、福建、辽宁、浙江和广东，2015 年出口数量分别为 62.6 万吨、42.5 万吨、42.2 万吨、21.1 万吨和 16.1 万吨，除广东同比增长 3.8% 外，其他四省同比分别下降 10.6%、3.2%、8.3% 和 6.6%，出口数量合计占全部冷冻加工水产品出口数量的 88.9%，与上年同期基本持平；出口金额分别为 24.4 亿美元、18.2 亿美元、13.9 亿美元、8.1 亿美元和 8.1 亿美元，同比分别下降 5.6%、11.5%、4.4%、4.4% 和 12.5%，出口金额合计占全部冷冻加工水产品出口金额的 88.2%，比上年同期下降 1.2 个百分点。冷冻加工水产品前五大进口地区为山东、辽宁、福建、浙江和广东，2015 年进口数量分别为 95.0 万吨、75.9 万吨、8.3 万吨、8.0 万吨和 5.9 万吨，除浙江同比增长 12.0% 外，其他四省同比分别下降 10.6%、7.4%、18.7% 和 1.1%，进口数量合计占全部冷冻加工水产品进口数量的 93.8%，与上年同期基本持平；进口金额分别为 19.2 亿美元、12.1 亿美元、1.3 亿美元、1.5 亿美元和 1.9 亿美元，除山东、辽宁同比分别下降 11.1% 和 9.0% 外，其他三省同比分别增长 1.9%、11.9% 和 51.8%，进口金额合计占全部冷冻加工水产品进口金额的 89.0%，与上年同期基本持平。

（二）干熏腌渍水产品出口有所下降

2015 年，全国干熏腌渍水产品累计进出口总量为 24.5 万吨，占水产品加工业进出口总量的 4.8%，与上年同期基本持平；累计进出口金额 7.4 亿美元，占水产品加工业进出口金额的 4.4%，同比下降 9.9%。其中，干熏腌渍水产品累计出口量 10.5 万吨，同比下降 2.5%，出口金额 6.0 亿美元，同比下降 5.2%；累计进口量 14.1 万吨，同比增长 2.0%，进口金额 1.4 亿美元，同比下降 25.4%。

按贸易方式看，干熏腌渍水产品出口的主要贸易方式是进料加工贸易。采用进料加工贸易方式出口的干熏腌渍水产品数量为 4.7 万吨，同比下降 4.4%，占全部干熏腌渍水产品出口数量的 44.5%，出口金额为 2.6 亿美元，同比下降 2.4%，占全部干熏腌渍水产品出口金额的 43.0%；干熏腌渍水产品加工进口的主要贸易方式是一般贸易方式，采用一般贸易方式进口的数量为 9.6 万吨，同比增长 16.3%，占全部干熏腌渍水产品进口数量的 68.2%，进口金额为 0.9 亿美元，同比下降 19.5%，占全部干熏腌渍水产品进口金额的 63.1%。

分国别看，干熏腌渍水产品五大出口目的地按出口数量统计为日本、中国台澎金马关税区、美国、巴西和韩国，2015 年分别出口 2.3 万吨、1.7 万吨、1.2 万吨、1.1 万吨、1.1 万吨，出口数量合计占全部干熏腌渍水产品出口数量的 70.9%，同比下降 1.3 个百分点；前五大出口目的地按出口金额统计为中国台澎金马关税区、日本、韩国、美国和巴西，2015 年出口金额分别为 1.3 亿美元、1.1 亿美元、0.8 亿美元、0.6 亿美元、0.5 亿美元，出口金额合计占全部干熏腌渍水产品出口金额的 69.7%，与上年同期基本持平。干熏腌渍水产品前五大进口来源地按进口数量统计为印度尼西亚、韩国、马来西亚、菲律宾和坦桑尼亚，2015 年分别进口 12.6 万吨、0.8 万吨、0.1 万吨、0.1 万吨和 538.0 吨，进口数量合计占全部干熏腌渍水产品进口数量的 97.7%，与上年同期基本持平；前五大进口来源地按进口金额统计为印度尼西亚、韩国、加拿大、朝鲜和菲律宾，2015 年进口金额分别为 1.2 亿美元、

602.1 万美元、395.1 万美元、317.7 万美元和 183.9 万美元，进口金额合计占全部干熏腌渍水产品进口金额的 93.4%，同比下降 2.5 个百分点。

分地区看，干熏腌渍水产品前五大出口地区为辽宁、山东、福建、吉林和江苏，2015年出口数量分别为 5.5 万吨、2.3 万吨、1.4 万吨、0.6 万吨和 0.4 万吨，辽宁、山东和江苏同比分别下降 0.5%、13.5% 和 7.2%，福建和吉林同比分别增长 1.3% 和 26.0%，出口数量合计占全部干熏腌渍水产品出口数量的 96.4%，与上年同期基本持平；出口金额分别为 2.3 亿美元、1.2 亿美元、1.3 亿美元、0.6 亿美元和 0.2 亿美元，其中辽宁、山东、福建和江苏同比分别下降 4.3%、10.6%、6.2% 和 37.8%，吉林同比增长 23.7%，出口金额合计占全部干熏腌渍水产品出口金额的 93.5%，与上年同期基本持平。干熏腌渍水产品前五大进口地区为福建、浙江、上海、山东和江苏，2015 年进口数量分别为 6.8 万吨、3.0 万吨、1.5 万吨、0.7 万吨和 0.6 万吨，福建、山东和江苏同比分别增长 5.5%、104.5% 和32.9%，浙江和上海同比分别下降 6.3% 和 22.9%，进口数量合计占全部干熏腌渍水产品进口数量的 90.1%，与上年同期基本持平；进口金额分别为 0.6 亿美元、0.3 亿美元、0.2 亿美元、496.2 万美元和 321.0 万美元，山东和江苏同比分别增长 6.7% 和 63.6%，福建、浙江和上海同比分别下降 22.5%、42.4% 和 46.5%，进口金额合计占全部干熏腌渍水产品进口金额的 83.6%，比上年同期下降 7.8 个百分点。

（三）冻干腌贝参蛤类水产品贸易顺差扩大

2015 年，冻干腌贝参蛤类水产品累计进出口总量为 78.1 万吨，占水产品加工业进出口总量的 15.1%，增速与上年同期基本持平；累计进出口金额 36.4 亿美元，占水产品加工业进出口金额的 21.8%，同比增长 1.4%。其中，冻干腌贝参蛤类水产品累计出口量 44.8 万吨，同比增长 5.7%，出口金额 30.8 亿美元，同比增长 2.3%；累计进口量 33.3 万吨，同比下降 6.5%，进口金额 5.6 亿美元，同比下降 3.0%。

按贸易方式看，冻干腌贝参蛤类水产品出口的主要贸易方式是一般贸易。采用一般贸易方式出口的冻干腌贝参蛤类水产品数量为 39.4 万吨，同比增长 8.1%，占全部冻干腌贝参蛤类水产品出口数量的 87.8%，出口金额为 28.0 亿美元，同比增长 2.3%，占全部冻干腌贝参蛤类水产品出口金额的 90.9%；冻干腌贝参蛤类水产品进口的主要贸易方式是一般贸易方式，采用一般贸易方式进口的数量为 12.6 万吨，同比增长 5.8%，占全部冻干腌贝参蛤类水产品数量的 37.8%；进口金额为 2.1 亿美元，同比增长 11.0%，占全部冻干腌贝参蛤类水产品进口金额的 36.8%。

分国别看，冻干腌贝参蛤类水产品前五大出口目的地按出口数量统计为泰国、美国、韩国、日本和菲律宾，2015 年分别出口了 9.3 万吨、4.5 万吨、4.3 万吨、4.1 万吨、2.6 万吨，出口数量合计占全部冻干腌贝参蛤类水产品出口数量的 55.1%，比上年同期上升 5.1个百分点；前五大出口目的地按出口金额统计为泰国、美国、中国香港地区、中国台澎金马关税区和日本，2015 年出口金额分别为 6.5 亿美元、3.8 亿美元、3.7 亿美元、3.6 亿美元和 2.3 亿美元，出口金额合计占全部冻干腌贝参蛤类水产品出口金额的 64.8%，比上年同期上升 1.3 个百分点。冻干腌贝参蛤类水产品前五大进口来源地按进口数量统计为中国台澎金马关税区、日本、印度尼西亚、美国和朝鲜，2015 年分别进口了 8.0 万吨、5.6 万吨、4.0 万吨、3.8 万吨和 2.5 万吨，进口数量合计占全部冻干腌贝参蛤类水产品进口数量的

71.6%，同比上升 4.7 个百分点；前五大进口来源地按进口金额统计为日本、中国台澎金马关税区、印度尼西亚、美国和朝鲜，2015 年 1～12 月进口金额分别为 1.5 亿美元、0.8 亿美元、0.7 亿美元、0.6 亿美元和 0.4 亿美元，进口金额合计占全部冻干腌贝参蛤类水产品进口金额的 72.8%，同比上升 4.3 个百分点。

分地区看，冻干腌贝参蛤类水产品前五大出口地区为福建、山东、浙江、辽宁和河北，2015 年出口数量分别为 17.5 万吨、11.1 万吨、4.3 万吨、3.5 万吨和 2.9 万吨，福建和河北同比分别增长 30.8% 和 3.1%，山东、浙江和辽宁同比分别下降 9.5%、9.0% 和 1.7%，出口数量合计占全部冻干腌贝参蛤类水产品出口数量的 89.2%，比上年同期上升 0.5 个百分点；出口金额分别为 14.8 亿美元、4.8 亿美元、1.7 亿美元、2.6 亿美元和 2.4 亿美元，其中福建同比增长 19.9%，山东、浙江、辽宁和河北同比分别下降 9.6%、5.0%、1.1% 和 5.6%，出口金额合计占全部冻干腌贝参蛤类水产品出口金额的 89.5%，同比上升 1.0 个百分点。冻干腌贝参蛤类水产品前五大进口地区为山东、福建、辽宁、吉林和广东，2015 年进口数量分别为 10.6 万吨、10.1 万吨、6.5 万吨、3.1 万吨和 0.8 万吨，除吉林比上年同期下降 56.3% 之外，其他四省同比分别增长 8.6%、38.2%、37.0% 和 6.8%，进口数量合计占全部冻干腌贝参蛤类水产品进口数量的 93.4%，比上年同期上升 3.8 个百分点；进口金额分别为 1.0 亿美元、0.8 亿美元、0.6 亿美元、0.7 亿美元和 0.1 亿美元，除吉林比上年同期下降 56.3% 之外，其他四省同比分别增长 8.6%、38.2%、37.0% 和 6.8%，进口金额合计占全部冻干腌贝参蛤类水产品进口金额的 89.6%，比上年同期下降了 5.9 个百分点。

三、主要产品价格趋势分析

（一）活鲤鱼价格呈现倒"U"形走势

根据国家统计局 50 个城市主要食品平均价格监测数据显示，2015 年活鲤鱼价格基本稳

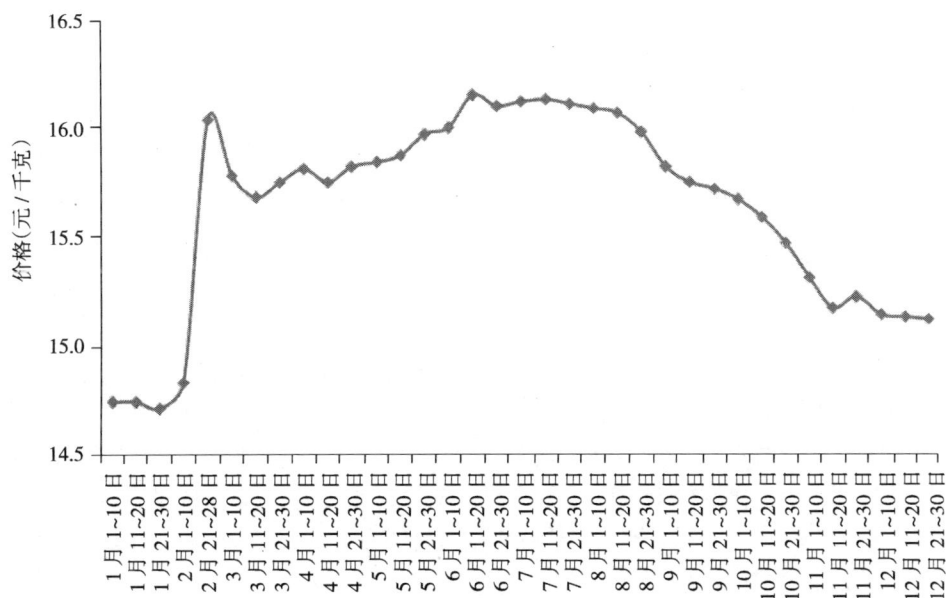

图 10-18　2015 年 1～12 月活鲤鱼价格波动情况

定在 14.7～16.2 元/千克之间，年度平均价格为 15.6 元/千克。从月度价格波动情况看，由于 2 月年关将近，活鲤鱼价格从 1 月 14.7 元/千克迅速增至 2 月下旬 16.0 元/千克，增速达 8.8%，年后价格出现小幅回落，接着 3～7 月价格呈逐月上升趋势，6 月中旬达到全年价格最高水平，为 16.2 元/千克；之后价格开始缓慢下滑，直至 12 月下旬价格下跌至 15.1 元/千克，达到全年最低水平，与 6 月中旬相比，下跌了 6.3%。

（二）活草鱼价格略有下降

根据国家统计局 50 个城市主要食品平均价格监测数据显示，2015 年活草鱼价格基本稳定在 15.5～17.1 元/千克之间，年度平均价格为 16.0 元/千克。从月度价格波动情况看，由于 2 月下旬年关将至，1～2 月价格呈迅速上升趋势，2 月下旬达到全年最高水平，为 17.1 元/千克；之后价格开始下滑，3 月下旬至 8 月下旬，价格基本稳定在 16.1～16.2 元/千克之间，9 月开始价格跌破 16.0 元/千克，随后一路下跌至 12 月的 15.6 元/千克，达到全年最低水平，与 2 月下旬比价格下滑了 8.9%。

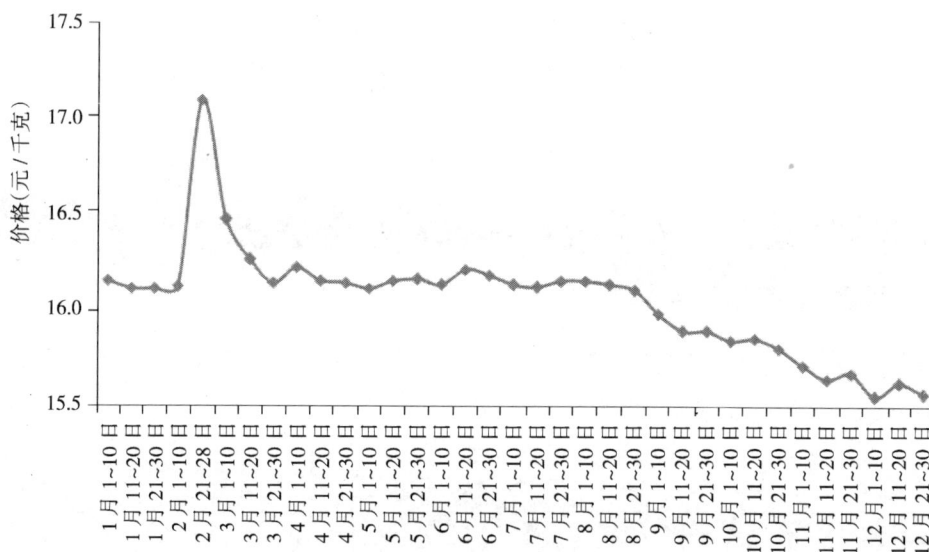

图 10-19　2015 年 1～12 月活草鱼价格波动情况

（三）带鱼价格总体呈现震荡上升趋势

根据国家统计局 50 个城市主要食品平均价格监测数据显示，2015 年带鱼价格基本稳定在 31.7～34.0 元/千克，年度平均价格为 32.5 元/千克。从月度价格波动情况看，1 月上旬价格 31.7 元/千克，为全年最低水平，由于临近过年，1～2 月价格呈现迅速上升趋势，2 月下旬达到全年价格最高水平，为 34.0 元/千克，与 1 月上旬比上升了 7.2%；之后价格开始下滑，直至 3 月下旬价格下降至 32.2 元/千克；3 月到 7 月价格呈现缓慢震荡上升趋势，7 月下旬价格升至 32.8 元/千克，8～11 月价格呈震荡下跌，11 月跌至 32.2 元/千克后价格出现小幅上涨，涨至 12 月下旬 32.8 元/千克。

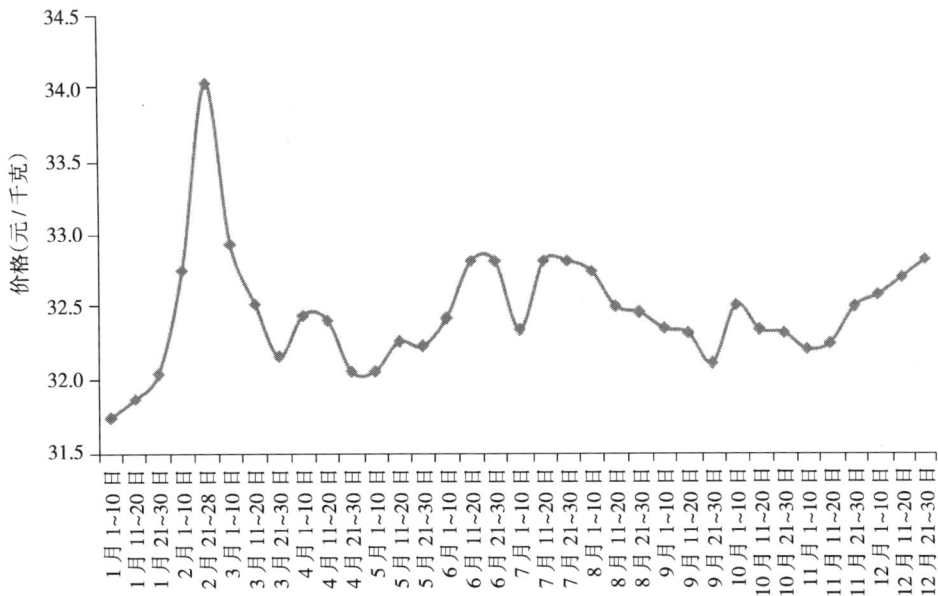

图 10-20 2015 年 1～12 月带鱼价格波动情况

四、上市企业情况

沪深两市共有水产品加工与制造业上市企业 10 家，其中，中水集团远洋股份有限公司主要从事水产品冷冻加工，从主营业务构成来看，中水渔业的产品中，金枪鱼、鱿鱼产品占 69.65%，水产品加工占 18.5%；獐子岛集团股份有限公司主要从事水产品冷冻加工、鱼糜制品及水产品干腌制加工等，该公司水产品加工业占 33.37%，水产养殖业占 33.07%，水产贸易业占 29.56%；山东东方海洋科技股份有限公司主要从事水产品冷冻加工、鱼糜制品及水产品干腌制加工和其他水产品加工、水果罐头制造，从主营业务构成来看，该公司海水养殖占 49.37%，水产品加工占 47.96%；大连壹桥海参股份有限公司主要从事海产品的育种、养殖、加工，从主营业务构成来看，该公司养殖业占 63.99%、加工业占 31.18%；百洋产业投资集团股份有限公司主要从事水产品冷冻加工、水产饲料制造、鱼油提取及制品制造等，从主营业务构成来看，该公司产品中冷冻水产品占 45.76%、鱼饲料占 35.36%、鱼粉鱼油占 7.56%、畜禽饲料占 6.16%；湛江国联水产开发股份有限公司主要从事水产品冷冻加工、鱼糜制品及水产品干腌制加工、水产饲料制造等，从主营业务构成来看，该公司产品中水产品占 85.37%、饲料占 12.71%；山东好当家海洋发展股份有限公司主要从事海参育种、养殖、加工及其他水产品加工等，从主营业务构成来看，水产养殖占 43.21%、食品加工 43.16%、捕捞占 12.87%；大湖水殖股份有限公司主要从事水产品冷冻加工、鱼糜制品及水产品干腌制加工等，从主营业务构成来看，水产品占 69.54%、药品占 19.62%；大连天宝绿色食品股份有限公司主要从事水产品冷冻加工、鱼糜制品及水产品干腌制加工、农产品加工等，从主营业务构成来看，水产品占 70.8%、农产品占 18.18%、冰激凌占 4.84%；海欣食品股份有限公司主要从事鱼糜制品及水产品干腌制加工，从主营业务构成来看，该公司产品中海欣速冻鱼肉制品占 62.85％、鱼极速冻鱼肉制品占 10.12％、海欣休闲食品占 7.63％。

2015 年，沪深两市水产品加工上市企业实现营业总收入 125.87 亿元，同比增长 3.83％，7 家企业收入均实现增长，中水集团远洋股份有限公司总营收增长最快，同比增长 37.69％；獐子岛集团股份有限公司总营收增长较慢，同比增长 2.43％。獐子岛集团股份有限公司、湛江国联水产开发股份有限公司和百洋产业投资集团股份有限公司总营收位居行业前三位，分别实现营业总收入 27.3 亿元、20.7 亿元和 18.6 亿元，獐子岛集团股份有限公司和百洋产业投资集团股份有限公司总营收同比分别增长 2.43％、4.66％，湛江国联水产开发股份有限公司总营收同比下降 2.77％。

表 10 - 1　2015 年沪深两市水产品加工上市企业营业总收入及同比增速

企业名称	营业总收入（亿元）	同比增长（％）
中水集团远洋股份有限公司	5.22	37.69
獐子岛集团股份有限公司	27.30	2.43
山东东方海洋科技股份有限公司	6.75	11.60
大连壹桥海参股份有限公司	5.79	7.27
百洋产业投资集团股份有限公司	18.60	4.66
湛江国联水产开发股份有限公司	20.70	－2.77
山东好当家海洋发展股份有限公司	9.87	12.00
大湖水殖股份有限公司	8.09	18.50
大连天宝绿色食品股份有限公司	15.40	－4.38
海欣食品股份有限公司	8.15	－4.74

2015 年，沪深两市水产品加工上市企业归属母公司股东净利润合计 0.49 亿元，较上年增加 4.76 亿元，7 家企业实现盈利，中水集团远洋股份有限公司、獐子岛集团股份有限公司和海欣食品股份有限公司出现亏损；5 家企业净利润增长分别为山东东方海洋科技股份有限公司、大连壹桥海参股份有限公司、百洋产业投资集团股份有限公司、山东好当家海洋发展股份有限公司和大连天宝绿色食品股份有限公司，其中山东好当家海洋发展股份有限公司净利润同比增长最快，为 71.03％。

1. 偿债能力分析　2015 年，沪深两市 10 家水产品加工上市企业中 1 家企业流动比率低于 1，较 2014 年减少 1 家；6 家企业流动比率在 1～2 之间，3 家企业高于 2。其中，山东东方海洋科技股份有限公司和湛江国联水产开发股份有限公司流动比率较高，分别为 3.43 和 2.49。山东好当家海洋发展股份有限公司流动比率低于 1，短期偿债风险较大。对应的速动比率，各上市企业中 4 家在 1 以上，其余 6 家低于 1。综合以上两个指标来看，山东东方海洋科技股份有限公司、湛江国联水产开发股份有限公司和海欣食品股份有限公司的资金流动性稍好于其他企业。2015 年，沪深两市水产品加工上市企业资产负债率为 45.41％，较上年下降 1.8 个百分点。各上市企业中 4 家企业资产负债率有所下降，其中山东东方海洋科技股份有限公司和大连壹桥海参股份有限公司降幅最大，分别为 20.93％和 6.94％。獐子岛集团股份有限公司和大连天宝绿色食品股份有限公司资产负债率连续两年较高，2015 年资产负债率分别为 79.75％和 58.29％。中水渔业、ST 獐岛、百洋股份、好当家、大湖股份和天宝股份的资产负债率较上年有所上升。

表 10-2　2014、2015 年沪深两市水产品加工上市企业资产负债率

企业名称	资产负债率（%）	
	2014	2015
中水集团远洋股份有限公司	9.30	35.68
獐子岛集团股份有限公司	76.29	79.75
山东东方海洋科技股份有限公司	45.93	25.00
大连壹桥海参股份有限公司	34.48	27.54
百洋产业投资集团股份有限公司	41.72	43.29
湛江国联水产开发股份有限公司	37.62	33.24
山东好当家海洋发展股份有限公司	38.44	42.71
大湖水殖股份有限公司	43.37	46.98
大连天宝绿色食品股份有限公司	57.91	58.29
海欣食品股份有限公司	24.24	22.36

2. 资产运营能力分析　2015 年，沪深两市水产品加工上市企业中水渔业、ST 獐岛、东方海洋、壹桥海参、百洋股份、国联水产、好当家、大湖股份、天宝股份、海欣食品的总资产周转率分别为 0.59 次、0.58 次、0.21 次、0.18 次、1.04 次、0.77 次、0.20 次、0.55 次、0.35 次、0.81 次，其中中水渔业、ST 獐岛和大湖股份的总资产周转率比上年提高，其他 6 家企业均有所下降，1 家持平。水产品加工上市企业中 9 家的总资产周转率都在 1 次以下，处于较低水平；各上市企业的应收账款周转率分别为 26.67、11.94、3.37、14.84、5.78、3.38、18.72、15.48、1.81、5.37，中水渔业的应收账款周转率连续两年在 20 以上，为行业中最高；各上市企业的存货周转率分别为 3.25、1.48、0.54、0.42、7.03、1.63、0.88、1.33、3.66、3.38，其中中水渔业、ST 獐岛、东方海洋、好当家和大湖股份的存货周转率有所上升。从以上指标综合情况来看，中水渔业和百洋股份的各项指标居行业前列，资产运营能力较好。

表 10-3　2015 年沪深两市水产品加工上市企业资产运营能力指标

企业名称	总资产周转率（次）	应收账款周转率	存货周转率
中水集团远洋股份有限公司	0.59	26.67	3.25
獐子岛集团股份有限公司	0.58	11.94	1.48
山东东方海洋科技股份有限公司	0.21	3.37	0.54
大连壹桥海参股份有限公司	0.18	14.84	0.42
百洋产业投资集团股份有限公司	1.04	5.78	7.03
湛江国联水产开发股份有限公司	0.77	3.38	1.63
山东好当家海洋发展股份有限公司	0.20	18.72	0.88
大湖水殖股份有限公司	0.55	15.48	1.33
大连天宝绿色食品股份有限公司	0.35	1.81	3.66
海欣食品股份有限公司	0.81	5.37	3.38

3. 盈利能力指标 2015 年，沪深两市水产品加工上市企业收入营业收入为 125.87 亿元，营业利润为 -2.2 亿元，营业利润较上年减少 2.48 亿元，其中壹桥海参和天宝股份营业利润率在行业中较高，分别为 43.0% 和 10.3%；上市企业中除中水渔业外，其他企业销售毛利率在 10% 以上，其中壹桥海参和海欣食品销售毛利率连续两年在 30% 以上，居全行业前列。2015 年，水产品加工上市企业每股收益较上年上升的仅有 ST 獐岛、东方海洋、百洋股份、好当家、大湖股份和天宝股份，每股收益较上年分别上升 1.33 元/股、0.027 5 元/股、0.004 3 元/股、0.02 元/股、0.002 4 元/股和 0.04 元/股。

表 10 - 4 2015 年沪深两市水产品加工上市企业每股收益排名

企业名称	股票名称	代码	每股收益（元/股）
大连天宝绿色食品股份有限公司	天宝股份	002220	0.33
百洋产业投资集团股份有限公司	百洋股份	002696	0.324 3
大连壹桥海参股份有限公司	壹桥海参	002447	0.26
山东东方海洋科技股份有限公司	东方海洋	002086	0.198 1
湛江国联水产开发股份有限公司	国联水产	300094	0.064 4
山东好当家海洋发展股份有限公司	好当家	600467	0.05
大湖水殖股份有限公司	大湖股份	600257	0.006 2
海欣食品股份有限公司	海欣食品	002702	-0.139 7
獐子岛集团股份有限公司	ST 獐岛	002069	-0.34
中水集团远洋股份有限公司	中水渔业	000798	-0.754

五、行业热点事件

1. 史上最严食品安全法实施，水产业迎来挑战 被称为"史上最严"的食品安全法于 2015 年 10 月 1 日起正式施行。新修订的《中华人民共和国食品安全法》内容新增了 50 多条，对 70% 的条文进行了实质性修订，新增一些重要的理念、制度、机制和方式。以监管制度为例，增加了食品安全风险自查制度、食品安全责任保险制度、食品安全全程追溯制度、食品安全有奖举报制度等 20 多项。水产业存在养殖环节滥用抗生素、激素和药物残留等问题；流通、加工环节存在使用孔雀石绿、氯霉素等不良行为，这些都与食品安全法相违背。2015 年山东、广东、北京等多地都曝出水产品的质量安全问题。当然，有一些水产安全问题由来已久，并非短时间内就能改变。不过随着食品安全法的落实，在监管部门的严打之下，这些食品安全问题有可能被放大，进而影响到整个水产行业的形象。食品安全，需要我们所有人的共同努力，未来水产业面临的挑战同样不小。

2. 水产行业跟进"互联网＋" 2015 年年初，李克强总理在《政府工作报告》中正式提出"互联网＋"的概念，随后国内各行各业就兴起了"互联网＋"的浪潮，水产行业也不例外，各大企业争相"触网"，打出"互联网＋"的口号。尽管这些行为有跟风的嫌疑，但不可否认的是，最近几年互联网对水产业的影响越来越大，互联网正改变着我们的养殖、流通、加工、出口等领域，手机微信、企业公众号等越来越深入影响我们的行业。不单是企业在变，养殖户也在变，养殖户获取信息的渠道、养殖户的思维等都在进步。"互联网＋"是未来发展的趋势，水产业也需要顺应这样的趋势进行改变，这样才能抓住新的机遇。

3. 水产养殖保险密集试行　水产养殖保险因其风险大、查勘定损难等特点，一直很少有商业保险公司愿意承保。不过最近几年，在政府的扶持支持下，一些商业保险公司开始尝试涉足水产养殖保险，保费一般是"国家财政补贴大部分＋养殖户负责小部分"。2015 年可谓是水产养殖保险的爆发年，一是越来越多的省份开始试点水产养殖商业保险；二是越来越多的养殖品种被列入承保范围。比较典型的水产养殖商业保险产品及案例包括：烟台市推出首个海水养殖天气指数保险产品、大连市签署海水鱼养殖保险第一单、对虾养殖保险首次引入江苏如东县、海南在临高澄迈试点推出南美白对虾保险、广西推出对虾养殖保险试点、珠海金湾区开展种养保险试点工作等。尽管这些养殖保险多数还在试点阶段中，而且参保要求条件较高，不过大范围的试点和试验，也为今后全面推广打下了坚实的基础。

4. 罗非鱼磺胺超标事件发酵，产业危机不断升级　2015 年对我国罗非鱼行业来说是异常困难的一年。年初国内的罗非鱼出口产品在欧美被检出磺胺超标，导致出口订单量大减，随后引发一系列连锁反应：加工厂降价收鱼，养殖户信心受挫，减少投苗和投料。在这场危机中，养殖户、苗场、加工厂、饲料厂等整个产业链都受到冲击，产业危机不断升级。整个2015 年，国内的罗非鱼行业都笼罩在磺胺超标的阴影下，加工厂订单少库存高、国内鱼价远低于成本价、养殖户投苗和投料积极性差。长时间的鱼价低迷，甚至引发了轰动业内的海南文昌浙江籍养殖户联合停料和卖鱼事件。由于养殖户信心低，2015 年罗非鱼投苗量大减，明年行业还将继续受其影响。

第11章／制 糖 业

2015 年，我国制糖业发展稳中向好，主营业务收入及利润增速都显著提升。其中，规模以上制糖业加工业企业数量为 297 家，比 2014 年减少 14 家；完成主营业务收入 1 200.6 亿元，同比增长 6.7%，比 2014 年同比增速增长 12.7 个百分点；实现利润总额 88.2 亿元，同比增长 393%，比 2014 年同比增速增长 69.2 个百分点。

一、行业经济运行情况

（一）企业数量减少，主要集中在西部地区

2015 年，全国规模以上制糖业加工业企业数量 297 家，占规模以上农产品加工业企业数量的 0.4%，比 2014 年减少 14 家，比 2013 年减少 7 家。分规模看，大型制糖业加工企业 19 家，占全部规模以上制糖业加工企业的 6.4%；中型企业 171 家，占 57.6%；小型企业 107 家，占 36.0%。因此，从企业规模看，制糖业加工业企业九成以上是中小型企业。分投资类型看，国有控股企业 49 家，占全部规模以上制糖业加工企业的 16.5%；集体控股企业 7 家，占 2.4%；私人控股企业 189 家，占 63.6%；港澳台商控股企业 6 家，占 2.0%；外商控股企业 18 家，占 6.1%；其他控股企业 28 家，占 9.4%。因此，从投资类型看，制糖加工业企业超半数是私人控股企业。分区域看，东部地区拥有制糖加工企业 79 家，占全国

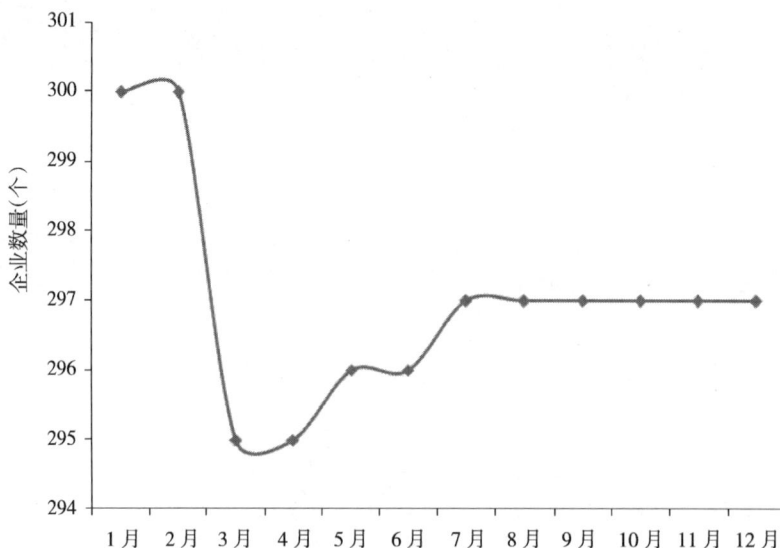

图 11-1　2015 年 1～12 月规模以上制糖业企业数量

规模以上制糖加工业企业的 26.6%；中部地区拥有企业 15 家，占 5.1%；西部地区拥有企业 189 家，占 63.6%；东北地区拥有企业 14 家，占 4.7%。可以看出，制糖加工业企业集中于西部地区。其中企业数量排名前五位的省份是广西、云南、广东、新疆和海南，规模以上制糖业加工企业数量分别为 95 家、56 家、34 家、13 家和 12 家，占全国的比例分别为 32.0%、18.9%、11.4%、4.4% 和 4.0%，排名前五位的省份企业数量合计达到 70.7%。

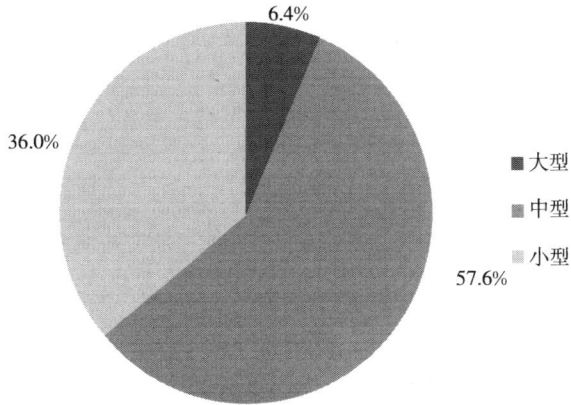

图 11 - 2　2015 年制糖业企业数量规模结构

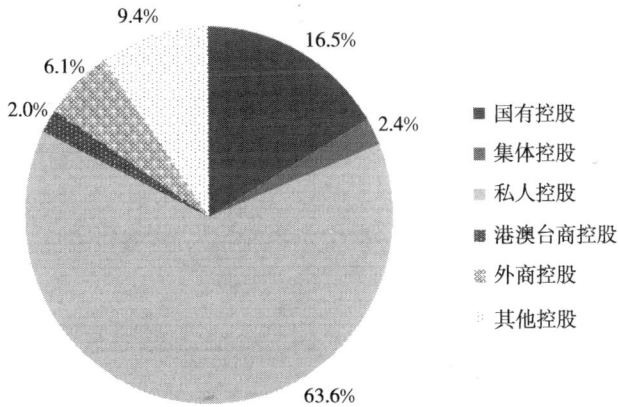

图 11 - 3　2015 年制糖业企业数量投资类型结构

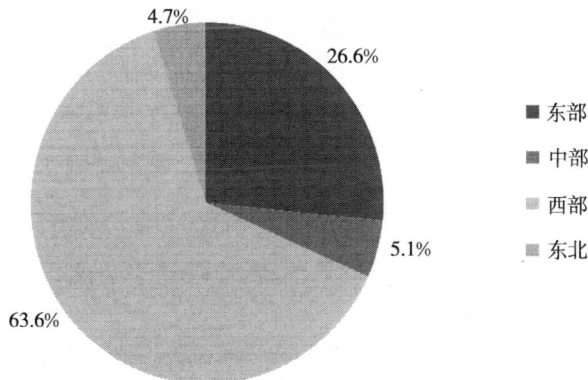

图 11 - 4　2015 年制糖业企业数量区域结构

（二）主营业务收入增速加快

2015 年，全国规模以上制糖业累计完成主营业务收入 1 200.6 亿元，占规模以上农产品加工业主营业务收入的 0.6%，同比增长 6.7%，比 2014 年同比增速增长 12.7 个百分点，比 2013 年同比增速下降 1.0 个百分点。

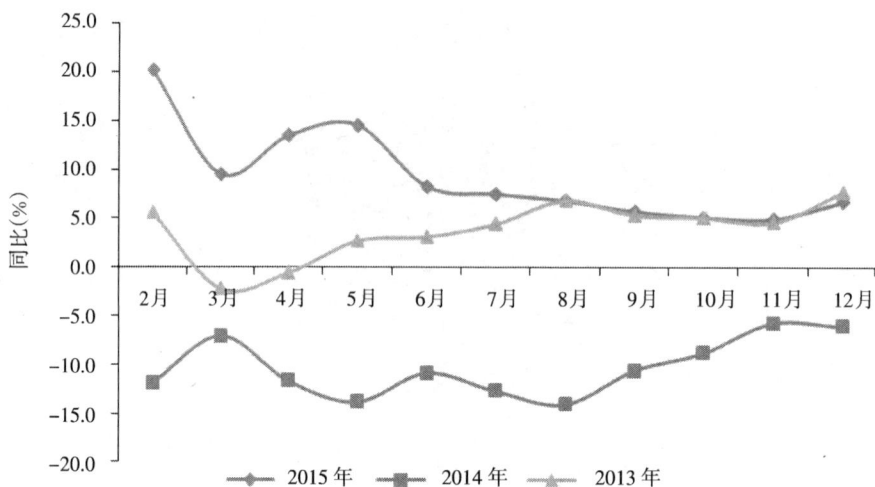

图 11 - 5　2013—2015 年规模以上制糖业主营业务收入累计同比增速

分规模看，大型企业完成主营业务收入 397.4 亿元，占全部规模以上制糖业主营业务收入的 33.1%，同比增长 11.4%；中型企业完成主营业务收入 619.3 亿元，占全部规模以上制糖业主营业务收入的 51.6%，同比增长 2.5%；小型企业完成主营业务收入 183.9 亿元，占全部规模以上制糖业主营业务收入的 15.3%，同比增长 11.9%。可以看出，中型企业的主营业务收入占比较大，但增速要低于大型企业和小型企业。

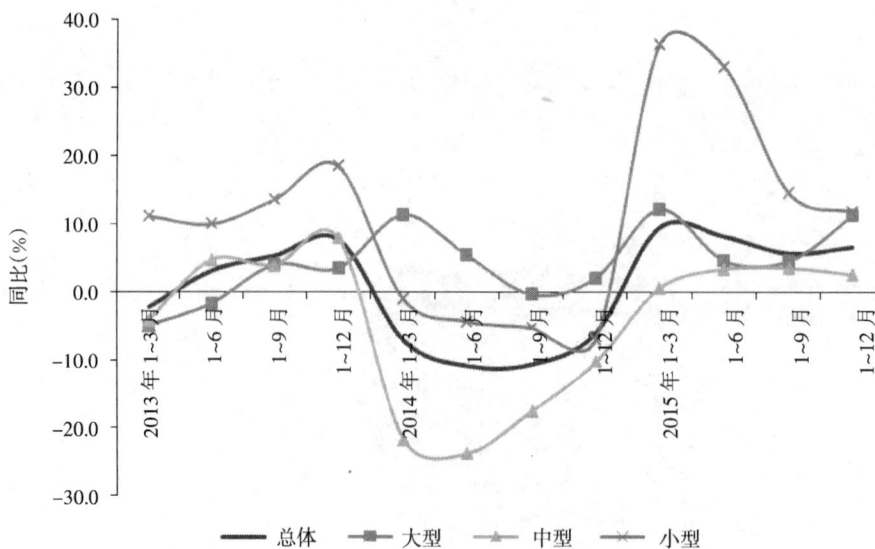

图 11 - 6　2013—2015 年制糖业分规模主营业务收入累计同比增速

分投资类型看，国有控股企业完成主营业务收入200.7亿元，占全部规模以上制糖业主营业务收入的16.7%，同比增长6.7%；集体控股企业完成主营业务收入23.9亿元，占全部规模以上制糖业主营业务收入的2.0%，同比下降2.9%；私人控股企业完成主营业务收入758.6亿元，占全部规模以上制糖业主营业务收入的63.2%，同比增长8.0%；港澳台商控股企业完成主营业务收入22.7亿元，占全部规模以上制糖业主营业务收入的1.9%，同比下降13.1%；外商控股企业完成主营业务收入118.8亿元，占全部规模以上制糖业主营业务收入的9.9%，同比下降0.9%；其他控股企业完成主营业务收入75.9亿元，占全部规模以上制糖业主营业务收入的6.3%，同比增长8.1%。可以看出，私人控股企业主营业务收入占比接近六成；国有控股和私人控股企业的主营业务收入增速要明显高于集体控股、港澳台商控股和外商控股企业。

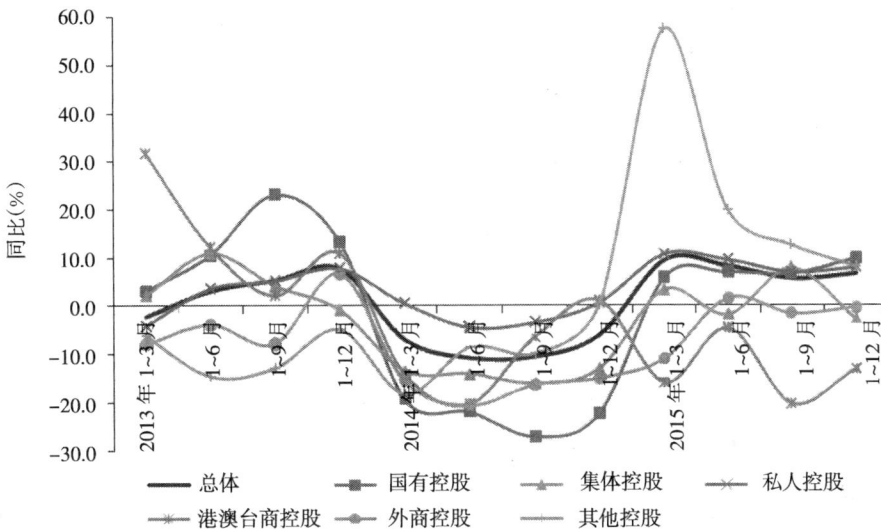

图 11 - 7　2013—2015年制糖业分投资类型主营业务收入累计同比增速

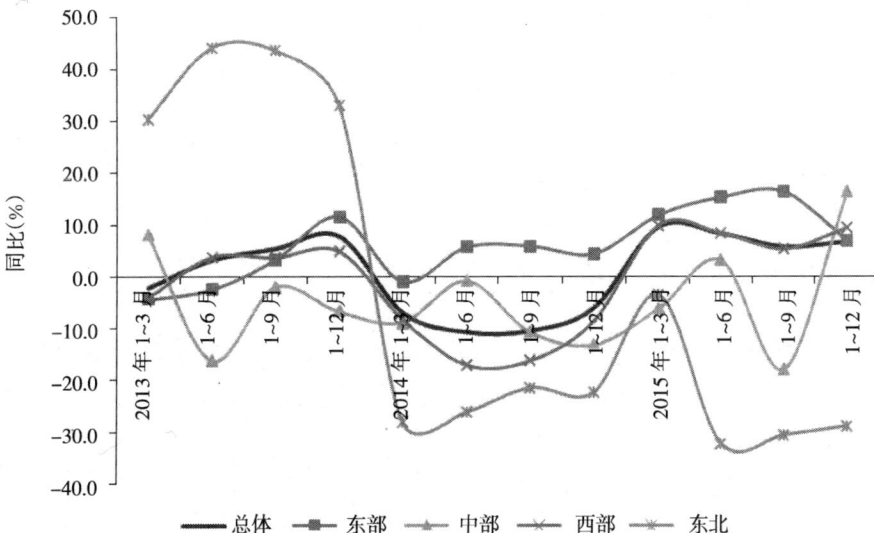

图 11 - 8　2013—2015年制糖业分区域主营业务收入累计同比增速

分区域看，东部地区企业完成主营业务收入 368.4 亿元，占全国规模以上制糖业主营业务收入的 30.7%，同比增长 6.9%；中部地区企业完成主营业务收入 38.6 亿元，占全国规模以上制糖业主营业务收入的 3.2%，同比增长 16.3%；西部地区企业完成主营业务收入 748.8 亿元，占全国规模以上制糖业主营业务收入的 62.4%，同比增长 9.4%；东北地区企业完成主营业务收入 44.7 亿元，占全国规模以上制糖业主营业务收入的 3.7%，同比下降 28.9%。中部地区制糖业主营业务收入增速明显更快，东北地区主营业务收入有较大下降。其中，主营业务收入排名前五位的省份是广西、山东、广东、云南和内蒙古，分别完成主营业务收入 526.4 亿元、157.4 亿元、131.8 亿元、112.3 亿元和 58.9 亿元，分别占全国制糖业主营业务收入的 43.8%、13.1%、11.0%、9.4% 和 4.9%，同比增速分别为 5.9%、19.2%、-9.4%、9.7% 和 26.2%。

（三）企业经济效益提高

2015 年，全国规模以上制糖业累计实现利润总额 88.2 亿元，同比增长 393.35%，比 2014 年同比增速增长 69.2 个百分点，比 2013 年同比增速增长 417.9 个百分点。制糖业主营业务收入利润率为 7.3%，比农产品加工业主营业务收入利润率高 0.6 个百分点，利润增速及主营业务收入利润率均达到近三年来最高。

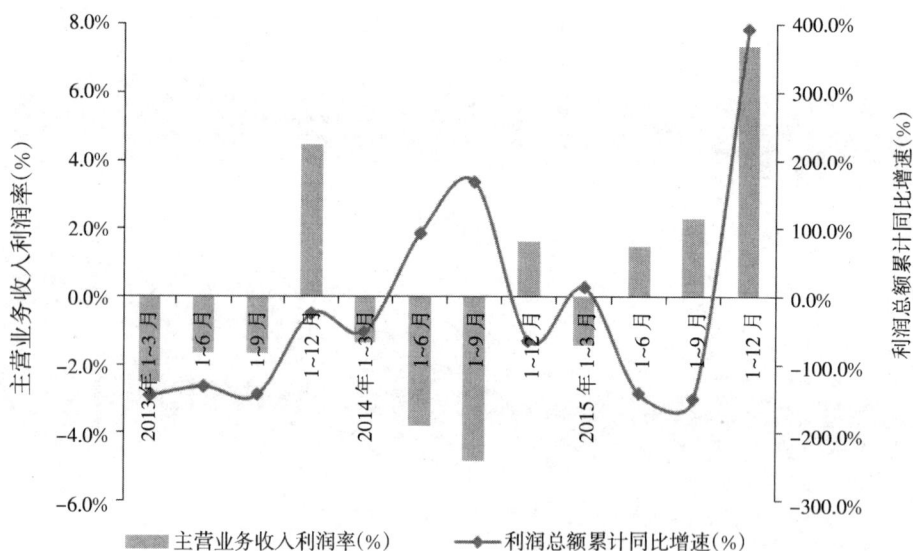

图 11-9　2013—2015 年制糖业利润总额增速与主营业务收入利润率

分规模看，大型企业实现利润总额 42.8 亿元，同比增长 70.0%；中型企业实现利润总额 42.8 亿元，同比下降 2 539.6%；小型企业实现利润总额 2.6 亿元，同比下降 147.3%。可以看出，大型企业利润总额增长速度较快，中小型企业利润总额下降幅度明显。分投资类型看，国有控股企业实现利润总额 7.1 亿元，同比下降 192.9%；集体控股企业实现利润总额 0.2 亿元，同比下降 189.9%；私人控股企业实现利润总额 49.1 亿元，同比增长 353.5%；港澳台商控股企业实现利润总额 1.4 亿元，同比下降 261.7%；外商控股企业实现利润总额 26.7 亿元，同比增长 46.4%；其他控股企业实现利润总额 3.7 亿元，同比下降 248.7%。可以看出，私人控股和外商控股企业利润总额增长速度较快，国有控股、集体控股和港澳台商控股企业利润总额下降幅度明显。分区域看，东部地区企业实现利润总额 1.2 亿元，同比下降 109.8%；中部地区企业实现利润总额 0.9 亿元，同比增长 2.2%；西部地区企业实现利润总额 85.1 亿元，同比增长 189.9%；东北地区企业实现利润总额 1.0 亿元，同比下降 381.6%。可以看出，西部地区企业实现利润总额的增长率明显高于其他地区，东部地区和东北地区利润总额显著下降。

二、主要产品贸易情况分析

（一）糖加工商品进出口情况好转

2015 年，全国糖加工商品累计进出口量为 492.1 万吨，同比增长 39.3%，增速较上年同期上升 62.4 个百分点。其中，累计出口量 7.5 万吨，同比增长 62.2%；累计进口量 484.6 万吨，同比增长 39.0%。全国糖加工商品累计进出口总额 18.2 亿美元，同比增长 18.8%，增速较上年同期上升 46.2 个百分点。其中，累计出口金额 0.5 亿美元，同比增长 23.0%；累计进口金额 17.7 亿美元，同比增长 18.7%。可以看出，糖加工产品的出口数量和金额较少但都增长较快；进口数量和金额较大，增速低于出口。

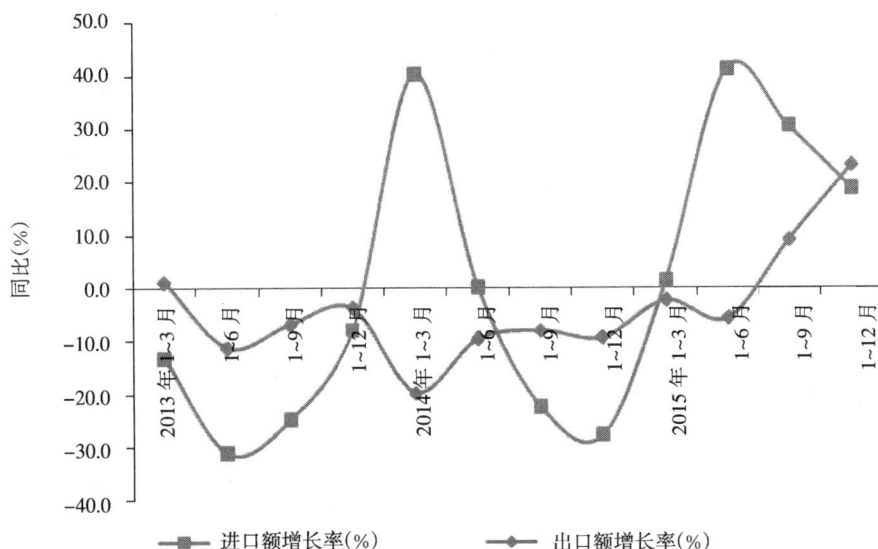

图 11 - 10　2013—2015 年糖加工商品进出口额同比增长率

按贸易方式看，糖加工商品出口主要的贸易方式是保税区仓储转口货物。2015 年，采用保税区仓储转口货物方式出口的糖加工商品数量为 3.3 万吨，同比增长 4 492.0%，占全部出口数量的 44.2%，出口金额 1 431.1 万美元，同比增长 1 345.2%，占全部出口金额的 30.7%；糖加工商品进口主要的贸易方式是一般贸易方式，2015 年，采用一般贸易方式进口的糖加工商品数量为 265.7 万吨，同比下降 0.2%，占全部进口数量的 54.8%，进口金额 10.0 亿美元，同比下降 12.9%，占全部进口金额的 56.5%。

分国别看，糖加工商品前五大出口目的地按出口数量统计为菲律宾、中国香港地区、美国、日本和马来西亚，2015 年分别出口 3.1 万吨、2.2 万吨、0.4 万吨、0.4 万吨和 0.3 万吨，出口数量合计占全部出口数量的 85.6％，比上年同比上升 5.3 个百分点；前五大出口目的地按出口金额统计为菲律宾、中国香港地区、美国、马来西亚和日本，2015 年出口金额分别为 1 312.8 万美元、1 243.4 万美元、444.8 万美元、339.8 万美元和 329.2 万美元，出口金额合计占全部出口金额的 78.8％，比上年同比上升 7.0 个百分点。糖加工商品前五大进口来源地按进口数量统计为巴西、泰国、古巴、澳大利亚和危地马拉，2015 年进口数量分别为 274.1 万吨、60.3 万吨、52.1 万吨、35.4 万吨和 31.8 万吨，进口数量合计占全部进口数量的 93.6％，增速与上年同期基本持平；前五大进口来源地按进口金额统计为巴西、泰国、古巴、澳大利亚和危地马拉，2015 年进口金额分别为 9.4 亿美元、2.3 亿美元、2.1 亿美元、1.2 亿美元和 1.2 亿美元，进口金额合计占全部进口金额的 92.0％，增速与上年同期基本持平。

分地区看，糖加工商品前五大出口地区按出口数量统计为广东、辽宁、天津、广西和云南，2015 年出口数量分别为 6 392.8 吨、272.3 吨、112.0 吨、94.7 吨和 65.0 吨，广东、辽宁和天津同比分别增长 63.1％、357.8％和 61 780.2％，广西和云南同比分别下降 44.3％和 3.1％，出口数量合计占全部出口量的 99.7％，比上年同期上升 1.3 个百分点；糖加工商品前五大出口地区按出口金额统计为广东、广西、辽宁、云南和天津，出口金额分别为 4 223.4 万美元、143.7 万美元、130.5 万美元、62.9 万美元和 40.2 万美元，广东、辽宁和天津同比分别增长 24.4％、310.5％和 8 984.7％，出口金额合计占全部出口金额的 98.8％，比上年同期上升了 2.0 个百分点。糖加工商品前五大进口地区按进口数量统计为山东、辽宁、广东、福建和广西，2015 年进口数量分别为 141.9 万吨、106.2 万吨、87.3 万吨、30.9 万吨和 28.2 万吨，除山东同比下降 6.9％外，其他四省同比分别增长 57.8％、117.8％、184.2％和 99.8％，进口数量合计占全部进口数量的 81.4％，比上年同期上升 2.2 个百分点；糖加工商品前五大进口地区按进口金额统计为山东、辽宁、广东、福建和广西，进口金额分别为 5.0 亿美元、3.9 亿美元、3.1 亿美元、1.1 亿美元和 1.0 亿美元，除山东同比下降 20.9％外，其他四省（自治区）同比分别增长 36.8％、76.3％、141.8％和 65.8％，进口金额合计占全部进口金额的 79.1％，比上年同期下降 0.8 个百分点。

（二）砂糖进出口增速加快

2015 年，全国砂糖进出口总量达到 69.7 万吨，占糖加工产品进出口总量的 14.2％，同比上升 105.1％；累计进出口总额为 3.4 亿美元，占糖加工产品进出口总额的 17.0％，同比增长 64.5％。其中，砂糖累计出口量 1.6 万吨，同比增长 63.6％；累计出口金额 983 万美元，同比增长 24.6％。砂糖累计进口量 68.1 万吨，同比增长 106.4％；累计进口金额 3.3 亿美元，同比增长 66.0％。可以看出，砂糖进口量远大于出口量，进口量和进口金额的增速大于出口量和出口金额的增速。

（三）绵白糖进出口量均较小

2015 年，全国绵白糖进出口总量达到 147.4 吨，同比下降 43.0％；累计进出口总额为 14.2 万美元，同比下降 64.7％。其中，绵白糖累计出口量 144.5 吨，同比下降 33.8％；累计出口金额 14.1 万美元，同比下降 61.0％。绵白糖累计进口量 2.9 吨，同比下降 92.8％；累计进口金额 1 876 美元，同比下降 95.6％。可以看出绵白糖的进出口量非常小，进出口量和进出口额均呈下降趋势。

三、主要产品价格趋势分析

根据广西糖网数据中心的数据显示，2015 年中国食糖指数综合价格范围在 4 557～5 609 之间，1～3 月价格逐渐上涨，进入 4 月开始缓慢下跌，直至 8 月出现反弹，上涨至 10 月后持续小幅下跌，12 月显示出上涨迹象。2015 年现货价格范围在 4 439～5 535 之间，价格变动趋势与综合价格基本一致。原糖价格指数范围在 10.9～16.1 之间，该指数从年初开始震荡下跌，9 月初出现回升迹象，此后快速上涨，12 月出现小幅震荡。从图 11-11 可以看出，2015 年原糖价格和综合价格 1～3 月呈反向变动趋势，3 月之后趋势基本一致。

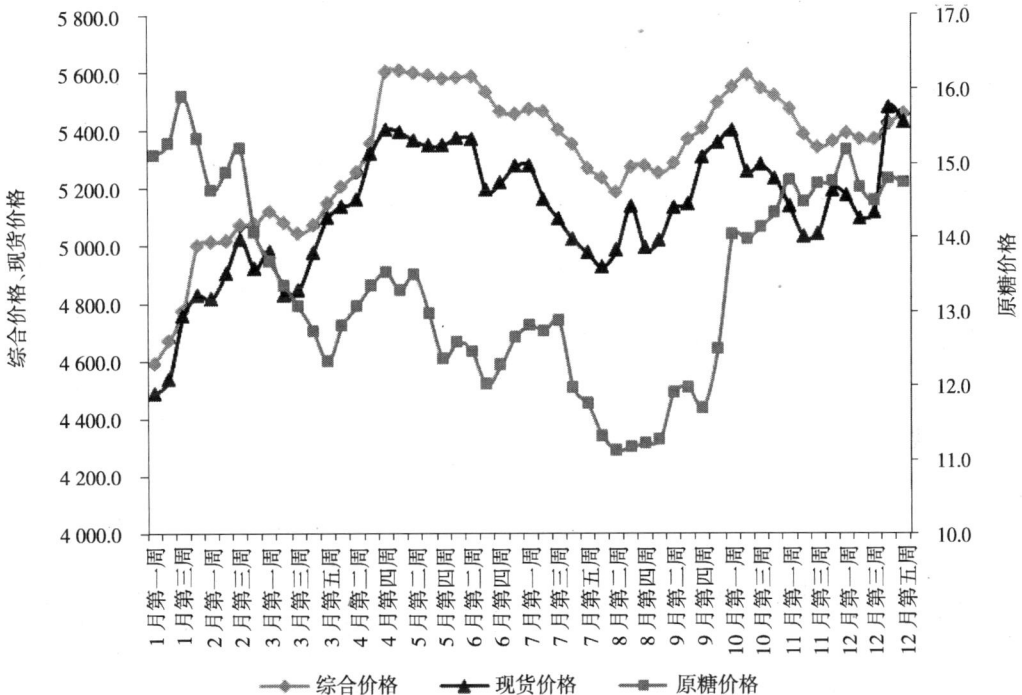

图 11-11　2015 年 1～12 月中国食糖价格指数

四、上市企业情况

2015 年，沪深两市共有制糖业上市企业 3 家，分别为广西贵糖（集团）股份有限公司、南宁糖业股份有限公司和中粮屯河股份有限公司。广西贵糖（集团）股份有限公司、南宁糖业股份有限公司均位于产糖大省（自治区）广西，产品主要以甘蔗为原料，机制糖为主。从主营业务构成看，广西贵糖（集团）股份有限公司（贵糖股份 000833）除主要从事制糖业（占主营收入 22.16%）外，还利用蔗渣造纸、废糖蜜造酒精等，造纸业占收入的 33.8%，还包括采矿业占 33.84%，化工占 4.24% 等；南宁糖业股份有限公司（南宁糖业 000911）

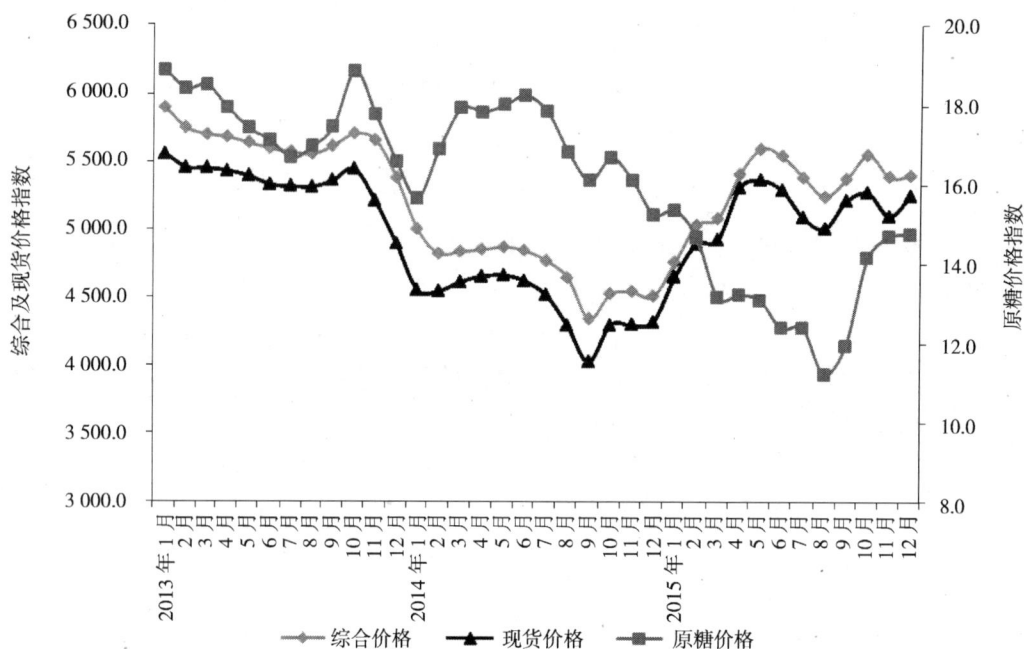

图 11-12　2013—2015 年中国食糖价格指数

说明：

1. 食糖指数综合价格数据计算方法是将全国各产区、各主销区的现货报价按不同的权重进行加权平均后得出，可有效过滤某天的突发因素，表现出全国食糖价格的长期变化情况。

2. 现货价格价格指数数据来源为广西糖网现货合同的当天收市价格。可有效表现出全国当天大批量的食糖成交价格情况。

3. 原糖价格指数数据来源为纽约期货交易所原糖的价格指数，可反映出纽约交易所原糖交易主力合约的长期走势。

是较为纯粹的制糖企业，一方面掌握核心资源土地，获得稳定的蔗源，另一方面获得种植收益。从主营业务构成看，该公司制糖业占主营业务收入的 85.21%，造纸业占 12.01%。中粮屯河股份有限公司（中粮屯河 600737）做为最大的甜菜糖生产企业，从主营业务构成看，该公司业务包括甜菜制糖、番茄加工和林果产品加工三大部分，分别占 113.04%、11.9% 和 0.13%（内部抵消－28.02%）。

2015 年，贵糖股份、南宁糖业和中粮屯河分别实现营业总收入 17.4 亿元、31.4 亿元和 117 亿元，其中南宁糖业和中粮屯河同比分别增长 16.55% 和 30.52%，贵糖股份同比下降 3.17%。从归属净利润方面看，三家企业均实现盈利，贵糖股份实现净利润最多为 1.35 亿元，中粮屯河净利润增长最快，同比增长 135.03%。

表 11-1　2015 年沪深两市制糖业上市企业营业总收入及归属净利润

企业名称	营业总收入		归属净利润	
	累计（亿元）	同比增长（%）	累计（亿元）	同比增长（%）
广西贵糖（集团）股份有限公司	17.4	－3.17	1.35	6.06
南宁糖业股份有限公司	31.4	16.55	0.598 5	—
中粮屯河股份有限公司	117.0	30.52	0.760 8	135.03

1. 偿债能力分析　2015 年，三家上市企业中贵糖股份的流动比率最高为 2.95，南宁糖业流动比率仅为 0.92。从表 11 - 2 可以看出，贵糖股份的流动比率呈现逐年上升趋势，从 2013 年开始大于 2，远高于其他两家企业。此外，贵糖股份的速动比率为 2.22，也明显高于其他两家企业，且呈现逐年上升态势，表明贵糖股份的资产变现能力较强，短期偿债能力增强。2013—2015 年，中粮屯河年的流动比率基本在 1.08 左右，速动比率也有明显上升但仍小于 1，表明该公司已采取一定措施进行改善。贵糖股份的资产负债率一直保持在较低水平，且逐年下降。中粮屯河在 2010—2012 年资产负债率相对较高，2013 年明显下降，2014 年和 2015 年又上升至 59% 左右。从以上指标综合来看，三家上市企业中贵糖股份的偿债能力较强。

表 11 - 2　2007—2015 年制糖业上市企业部分偿债能力指标

指标	股票名称	2015	2014	2013	2012	2011	2010	2009	2008	2007
资产负债率	贵糖股份	22.56	31.57	25.83	29.13	33.01	40.53	42.55	49.17	47.05
	南宁糖业	70.97	73.46	—	—	—	—	—	—	—
	中粮屯河	59.4	58.48	48.32	77.99	68.97	66.16	56.27	51.56	71.9
流动比率	贵糖股份	2.95	2.07	2.28	1.97	1.53	1.19	0.99	0.89	0.79
	南宁糖业	0.92	1.2	—	—	—	—	—	—	—
	中粮屯河	1.09	1.08	1.09	0.61	0.77	0.8	0.83	1	0.64
速动比率	贵糖股份	2.22	1.22	1.01	0.86	0.61	0.56	0.43	0.45	0.36
	南宁糖业	0.83	0.99	—	—	—	—	—	—	—
	中粮屯河	0.58	0.61	0.62	0.25	0.35	0.27	0.22	0.42	0.18

2. 资产运营能力分析　2007—2015 年，贵糖股份的总资产周转率高于其他两家企业（2013 年除外），2008 年较高，2015 年有所回落，降至较低水平仅为 0.75 次。中粮屯河总资产周转率波动较大，2013 年最高，在经历 2014 年的下降后，2015 年略有回升为 0.8。从应收账款周转率方面看，贵糖股份自 2009 年起应收账款周转率呈上升态势，且远远高于其他两家公司，表明该公司应收账款变现能力及流动性较强。中粮屯河应收账款周转率 2013 年为最高，近两年下降较快。南宁糖业的总资产周转率和应收账款周转率均处于较低水平。存货周转率方面，南宁糖业则高于其他两家企业，2014—2015 年贵糖股份存货周转率有较显著改善。

表 11 - 3　2007—2015 年制糖业上市企业部分运营能力指标

指标	股票名称	2015	2014	2013	2012	2011	2010	2009	2008	2007
总资产周转率（次）	贵糖股份	0.75	0.9	0.92	0.83	0.97	0.99	0.78	1	0.94
	南宁糖业	0.62	0.52	—	—	—	—	—	—	—
	中粮屯河	0.8	0.68	1.07	0.41	0.58	0.39	0.44	0.63	0.68
应收账款周转率	贵糖股份	42.70	37.08	30.25	28.75	28.19	24.79	19.92	21.60	17.69
	南宁糖业	6.21	5.58	—	—	—	—	—	—	—
	中粮屯河	10.72	9.92	18.67	5.57	7.45	7.53	5.45	7.31	10.61

（续）

指标	股票名称	2015	2014	2013	2012	2011	2010	2009	2008	2007
存货周转率	贵糖股份	4.25	3.28	2.94	2.45	2.82	3.29	2.90	3.91	4.39
	南宁糖业	6.65	6.51	—	—	—	—	—	—	—
	中粮屯河	2.55	2.50	3.95	1.22	1.48	0.88	1.01	1.49	1.52

3. 盈利能力指标　受市场低迷和国际环境影响，2012 年和 2013 年三家上市企业利润出现亏损，南宁糖业亏损还延续至 2014 年和 2015 年。贵糖股份和中粮屯河的营业收入利润率 2013 年为最低，2014 年和 2015 年销售毛利率、每股收益和利润率均有所回升。从各项指标对比上看，贵糖股份的各项盈利能力指标均高于其他两家企业，表明该公司在所处行业中盈利能力较强。中粮屯河各项盈利能力指标有下滑趋势，需提高资产运营效率，加强管理，提高盈利能力。

表 11-4　2008—2015 年制糖业上市企业部分盈利能力指标

指标	股票名称	2015	2014	2013	2012	2011	2010	2009	2008
营业利润率（%）	贵糖股份	4.58	3.95	−9.19	−0.30	2.17	7.56	3.16	5.64
	南宁糖业	−1.49	−12.64	−5.82	−11.54	1.42	3.56	4.02	1.53
	中粮屯河	1.05	0.25	−0.51	−3.79	0.71	−2.15	9.17	7.99
销售毛利率（%）	贵糖股份	22.47	11.05	7.95	12.09	19.82	18.86	16.38	18.49
	南宁糖业	14.76	8.54						
	中粮屯河	11.57	10.71	9.51	15.69	20.13	24.44	29.89	30.95
每股收益（元）	贵糖股份	0.22	0.1	−0.36	0.05	0.36	0.31	0.101 3	0.22
	南宁糖业	0.19	−1						
	中粮屯河	0.037 1	0.015 8	0.047 2	−0.732 5	0.032 2	−0.05	0.27	0.33

五、行业热点事件

1. 农业部部署加快推进甘蔗生产全程机械化　甘蔗生产是食糖供给的基本保障。受自然条件、生产成本等因素影响，我国蔗糖产业发展形势不容乐观。11 月 24 日，农业部在广西崇左市召开全国甘蔗生产全程机械化现场推进会，落实《糖料蔗主产区生产发展规划（2015—2020 年）》，推进甘蔗全程生产机械化加快发展。加快推进甘蔗生产全程机械化，对于提升糖业竞争力、确保产业安全和食糖供给安全、促进农民增收都具有十分重要的意义。

会议要求，当前和今后一个时期，各级农业（农机化）主管部门要着力做好七项重点工作。一是加强组织领导，把甘蔗机械化作为发展现代农业的重要内容，纳入当地经济社会发展的总体规划，统筹研究和协调解决发展中遇到的困难和问题。二是落实完善扶持政策，发挥好农机购置补贴政策作用，进一步完善重点装备研制、农机金融租赁、新型职业农民培育等支持农机化发展的措施。三是强化示范基地建设，遵循试点先行、示范带动、社会化服务的规律推进甘蔗生产机械化发展，力争 1～2 年内，打造出一批可学习借鉴的全程机械化样板。四是加快推进农机农艺融合，充分利用全国优势资源，综合研究完善适宜不同条件下的全程机械化生产技术规范。五是加快促进土地整治，开展"小块并大块"，建设适合大、中、小机械系统高效作业的高标准蔗田，为农机高效作业创造条件。六是加快促进机具研发，以推进甘蔗机收技术国产化为主攻点，带动甘蔗生产各环节所需机具生产制造本土化，尽快提高国产机性能。七是加快促进糖厂改造，配合有关部门支持糖厂技术改造、制（修）订机收甘蔗入厂收购标准、厂农务管理，探索建立机收与糖厂加工的有效衔接机制。

2. 国内糖企竞争力薄弱，发展陷入困境　《广西糖业年报》的统计显示，2012—2013 年度的制糖期，广西 103 家糖厂中，有 81 间糖厂亏损，亏损面达 78.6%；糖企亏损金额达 15.25 亿元。2013—2014 年制糖期，亏损额扩大到 31.69 亿元，亏损面进一步扩大到 86.27%。

目前，国内糖业呈现国内食糖产量供不应求，食糖价格却长期低于成本线运行，整个制糖产业连年亏损的局面。广西糖业协会理事长农光认为造成这一怪象的主要原因是原糖加工项目无序扩张，大量低价进口糖冲击国内市场。进口食糖持续上升，和关税保护不够有关。目前，中国是世界上食糖关税最低的国家。和澳大利亚、古巴、巴西等食糖生产大国相比，中国蔗糖生产依旧以单家独户单干为主，而单个家庭的生产规模通常很小，这和国外一个家庭种植上万亩土地平整、可以机械化操作的甘蔗生产基地相比，没有任何优势。对当下糖产业的困局，普遍存在尖锐对立的两种观点，一种是主张全力抢救，呼吁国家保护蔗糖产业发展；另一种是让市场来决定去留。

3. 我国开展打击食糖走私专项行动　2015 年糖业持续低迷，我国开展专项联合行动，跨部门、跨区域、跨境联动，从互市贸易、生产、加工、销售等全链条发力，构筑打、防、管、控立体防线，强力遏制食糖走私行为。我国食糖年消费量在 1 600 万吨左右，而国内糖产量、进口量等加起来只有 1 400 万吨，市场存在 200 万吨的缺口，糖价却长时间徘徊不前，走私糖的涌入是重要原因。每逢糖价上涨，西南边境走私糖案发率便相应提升。尽管我国有严格的法律，但暴利之下，总有人会铤而走险。走私一吨白糖就可获利千元。

国内控制进口糖政策并未松动。截至 2015 年 7 月，进口价格与我国国内糖价之间价差每吨达 250 美元，为历史最高记录。国内外糖价差别巨大，主要是由于巴西、泰国、印度等国家的规模化种植模式、气候等原因使其在成本及产量方面占尽优势。国内食糖产量继续下降，产需缺口进一步扩大，进口量以及进口政策仍是主导行情走势的关键因素。

4. 国家各部委在全国糖会上的发言摘要　国家发改委同志在发言中首先回顾了2014—2015 年制糖期食糖产销和食糖宏观调控工作，分析了 2015—2016 年制糖期行业所面临的形势，最后提出工作要求。他要求全行业在新一年制糖期里做好以下几项工作：一是要做好糖料收购工作，保护农民积极性；二是统筹协调，运用好食糖进口管控等宏观调控措施，保障总量平衡，保障市场供给，保障国内食糖市场基本稳定；三是建议行业协会加强组织协调，企业舍小利取大利、齐心协力，共同做好行业自律工作；四是从现实、从长远考虑，遵循市场规律，保障食糖基本供给能力，继续加大对糖业的支持和调控力度。他建议行业要重点解决好二个主要问题：一是研究建立保护农民积极性，稳定糖料生产的长效机制问题；二是理顺国内、外价格形成机制，促进糖业持续发展。最后，他希望全行业要居安思危，坚持不懈，共同为行业可持续发展而努力。

工业和信息化部消费品司同志在会上讲话。她肯定了过去一个制糖期中国糖业协会和制糖企业为实现行业减亏所做的工作，分析了行业发展面临的问题和解决思路，介绍了工信部对食糖行业管理的相关政策措施及所做工作。

商务部外贸司同志发表讲话。他在讲话中，介绍了商务部食糖进口管理工作、相关政策和取得的成绩，并表示新制糖期将继续加强食糖进口管理工作，希望全行业积极配合，继续做好食糖进口管理工作。

商务部市场运行司同志在讲话中，回顾了2014—2015年制糖期食糖临时存储计划实施情况，介绍了2015—2016年制糖期食糖临时存储计划的有关情况，并指出，未来国家储备糖投放原则是要遵循市场规律、保障市场平稳运行。

农业部农村经济研究中心同志回顾了2014—2015年制糖期运行情况和进出口形势，介绍了农业部高产创建、《糖料蔗主产区生产发展规划（2015—2020年）》实施情况，通报了糖料直接补贴政策、目标价格补贴政策和目标价格保险研究结果；指出糖业提高竞争力，要通过加强农业生产基础设施建设，不断提高糖料种植良种化、规模化、机械化等农业生产现代化水平，不断降低糖料生产成本，不断提高竞争力。

广西糖业局副局长张鲁宾表示原糖进口自律和自动进口许可管理工作对广西糖农增收、制糖企业减亏作出了巨大贡献；其次通报了2015—2016年制糖期甘蔗收购价格有关情况，并强调蔗区管理不放开；最后建议在新的制糖期一是加强食糖进口管理，二是继续严厉打击食糖走私，稳定国内食糖市场。

5. 云南蔗糖产业实现三个全国第一　在创新驱动战略引领下，云南省蔗糖产业实现了甘蔗出糖率2011年到2015年均居全国第一；蔗糖单线生产规模日处理能力达14 000吨，居全国第一；蔗糖企业绩效达标评比全国第一。涌现出"低纬高原甘蔗产业关键技术应用""蔗糖产业循环经济产业化技术"等一批重要科技成果，有力地支撑了云蔗产业提质增效。这与近年来云南省着力实施蔗糖产业振兴计划、国家蔗糖核心基地建设计划，在蔗糖产业的可持续发展中，以科技创新引导蔗糖产业转型升级是分不开的。据统计，"十二五"以来，国家级、省级科技计划立项支持蔗糖产业项目60余项，资助财政经费6 600万元。通过科技计划的支持，"十二五"期间云南省自主育成工农艺性状优良的品种10余个，在国内率先申请了品种权保护，在国外率先开展甘蔗新品种登记。